탄소중립 지속성장연구회 지음

탄소중립은 가능한가

탄소중립과 녹색경제 ㅣ 녹색 금융제 ㅣ 녹색경영과 국제거래

IS IT POSSIBLE TO BE
CARBON NEUTRAL

박영사

서론

　기후위기는 이제 전세계적으로 인식되고 있으며, 대응방안으로 대부분의 국가들이 탄소중립 목표를 제시하고 있다. 우리나라도 2018년 대비 2030년까지 탄소 배출량을 40% 감축하며, 2050년까지 탄소제로 달성을 목표치로 제시하고 있다. 경제사회 전반에서 탄소 배출량을 제로로 만들기 위하여는 가히 혁명적인 노력이 이루어져야 한다. 탄소 배출은 일반적으로 석탄이나 석유와 같은 에너지가 연소될 때 발생한다. 탄소를 줄이기 위해서는 기존의 화석연료의 사용을 탄소를 발생하지 않는 새로운 에너지로 바꿔야 한다. 우리의 산업과 경제를 움직이는 에너지를 바꾸는 것은 기존의 생산시스템이나 사회 인프라들의 본질적인 변화를 요구하게 된다. 저탄소경제로의 전환은 이른바 사회 전 분야에서 녹색혁명이 이루어져야 하는 커다란 변혁이라고 할 수 있다.

　탄소중립 달성을 위하여 우선 2030년과 2050년을 시한으로 제시된 목표들이 달성되어야 한다. 특히 2030년 NDC의 달성에 대하여는 많은 전문가들이 회의적인 의견을 보이기도 한다. 에너지, 산업, 빌딩, 교통 등 탄소배출을 인식하는 주요 분야들에서 총체적인 노력이 이루어져야 한다. 대부분의 선진국에서 경제부문의 총생산은 계속 증가함에도 불구하고 탄소발생량은 감소하는 비동조화가 달성되고 있으나, 우리나라의 경우 아직 자신있게 보여주기는 부족한 상황이다. 전체 사회에서 탄소가 어느 부분에서 많이 발생하고 있고, 어떤 계획으로 절감해 갈까 하는 구체적인 청사진이 있어야 한다.

　탄소중립의 달성을 위하여 전체적인, 그리고 각 부분에서 탄소 감축 추세가 면밀히 감시되어야 하나, 동시에 여러 가지 영역에서 관심을 가질 것들이 있다. 본서에서 이러한 다양한 영역과 이슈에 대하여 종합적으로 다루고 있다. 탄소중립 경제의 달성을 위해서는 자금과 기술의 효율적 공급이 중요하다. 녹색금융내지는 기후금융이라는 이름으로 다양한 수단들이 연구되고 있다. 녹색채권과 관련된 논의들, 그리고 탄소배출권 시장의 중심 논제들이 다루어지고 있다. 녹색금융은 공적

금융, 민간금융, 그리고 탄소시장으로 이루어 질 수 있다. 정부의 힘으로, 민간금융기관의 역할에 의하여, 그리고 탄소배출권의 거래를 통하여 탄소중립을 위한 각종 산업과 기술의 발전을 도모할 수 있다. 또한 기술의 발전은 기후창업의 활성화에 의해서도 촉진될 수 있다. 창업에 의한 경제 발전 촉진은 세계적인 추세이며 이는 탄소중립 경제 달성을 위해서도 의미있는 일이다. 탄소중립은 기본적으로 에너지의 전환에 의하여 이루어진다. 새로운 에너지원에 대하여 누가 지배력을 갖는가는 향후 세계 정치경제 움직임에 영향을 미칠 수 있다.

탄소 감축은 국내에서만 이루어지는 것이 아니라 해외에서, 특히 개도국에서 감축실적을 인정받을 수 있다. 이에 국외감축의 의미와 사례에 대하여도 본서에서 다루고 있다. 탄소절감 압력은 요즘 중요하게 여겨지는 ESG의 한 분야이기도 하며, 이러한 외부압력에 대하여 그린워싱에 대한 경계도 충분히 고려해야 하는 분야이다. 기업들의 탄소절감 정보의 외부공시가 중요해지며, 회계정보의 생산에서도 변화가 생길 수 있다. 최근에 진행되고 있는 디지털혁명과 관련하여 디지털기술에 의한 탄소중립 달성 방안에 대하여도 연구가 진행되어야 한다. 우리나라에서 기업들 중에서 탄소중립을 위하여 가장 역할이 기대되는 포스코의 사례도 포함되었다. 마지막으로 순환경제를 위한 예치금반환제도(Deposit Return System)도 유럽을 중심으로 확대되고 있는데, 우리도 진지하게 고민해야 한다.

탄소중립은 단순히 기후위기 대응을 위한 목표가 아니라, 변화해 가는 새로운 세계경제에서 리더십을 갖기 위하여 갖추어야 하는 항목이 되었다. 한국의 경제, 주요 산업들, 여러 기업들이 미래에 지속적인 글로벌 리더십을 갖기 위하여 반드시 적응, 달성해야 하는 전략적 과제이다.

작년 여름부터 여러 전문가들이 모이게 되었고, '탄소중립 지속성장연구회'를 만들면서부터 이 책의 발간을 계획하고 진행하여 왔다. 2025년 여름에 이 책이 세상이 나오는 것은 우리 연구회 모든 분들이 1년 남짓 같이 고민하고 연구해온 결과물이 태어나는 것이다. 이렇게 첫 번째 결과물을 만든 후에 지속적으로 연구하며 가치있는 성과물들을 계속 발표하는 연구회가 되고자 한다. 책 원고를 작성하고 편집하는 과정에서 수고를 많이 하신 박영사 장규식 팀장님과 탁종민 과장님께 다시 한 번 감사를 드린다.

2024년 8월

대표저자 김주태, 진 익

추천사

격세지감이다. 내가 어린시절을 보낸 1970년대만 해도 산업과 경제 성장의 원동력이요 경쟁력의 상징과도 같았던 석탄과 석유, 즉 화석연료가 불과 반세기만에 인류의 존속을 위협하는 부작용이자, 부담이 되었다.

세계는 탄소배출에 따른 지구온난화와 기후변화에 대응하고자 2050년까지 전 지구적 탄소중립을 결의했고, 우리나라 또한 2030년까지 온실가스 배출량을 2018년도 대비 40% 감축한다는 도전적인 목표를 선언하였다.

내가 몸담고 있는 인천공항 또한 대한민국의 관문으로서 친환경 에너지 자립 공항을 목표로 아시아공항 최초로 RE100에 가입, 세계의 목표보다 10년 앞선 2040년까지 사용전력 100%를 재생에너지로 조달하는 로드맵 수립을 완료한 것은 물론, 전 세계 공항 관련 유일의 국제인증인 국제공항협의회(ACI, Airport Council International)의 탄소인증평가에서 항공기 운항을 포함해 공항 전 지역의 탄소배출을 저감하고 관리해야 취득이 가능한 Level4의 아시아 최고 등급을 획득하며 세계의 탄소지우기 노력에 궤를 함께하고 있다.

그리고 탄소중립 시대를 열어가고자 노력하는 우리 모두에게 좋은 교재이자 참고서가 될 만한 이 책이 만들어졌다. 15명 전문가들의 꼼꼼한 분석이 돋보이는 연구의 결과물을 한 권의 책으로 확인할 수 있다는 것이 참 반가운 일이다. 탄소중립 여정에 좋은 지침서가 되리라.

먼 미래가 아닌 2050년, 불과 반반세기안에 탄소기반의 사회에서 벗어나 우리가 만들어낼 탄소중립의 시대는 또 어떤 격세지감으로 다가올지 그 모습이 기대된다.

2024년 8월

인천공항공사 사장 이학재

추천사

    폭염, 폭우 등 극한 기상이 잦아지면서 기후변화 혹은 기후위기는 일상화되었다. 지구가 인류에게 보내는 경고는 기후과학자들을 해석을 거쳐서 꽤 오래 전부터 소개되었지만 불길이 나에게 닿기 전까지는 강 건너 불이었다. 2020년부터 기후위기 대응을 위한 탄소중립 추구가 국제적인 대세가 되고 주요국들이 탄소중립을 명분으로 기술, 산업, 통상 관련 제도와 정책을 쌓아가고 있다. 탄소중립은 기후위기에 대응하는 국제사회의 공동의 비전이면서 기업, 산업, 국가의 경쟁력과 존망을 좌우하는 과제가 되었다. 탄소중립은 시간 압박이 강한, 인류가 경험한 적이 없는 거대한 난제라 시민, 기업, 정부 다들 당황하고 허둥대고 있다. 한 두장의 그림으로 도식화된 탄소중립 온실가스 배출경로와 에너지 전환 경로를 쉽게 찾아볼 수 있지만 실제로는 화성에 거대도시를 세우는 것보다 어려운 과제일 수도 있다. 각국 정상들과 지도자들이 틈만 나면 탄소중립을 외치고 있지만 다수의 기후 전문가들은 제 때에 탄소중립을 달성하기 어렵다고 보고 있다. 탄소중립은 과연 가능한가?

    하지만 냉정한 현실주의자라면 상념을 떨치고 당장 실행가능한 기후행동을 전개해야 한다. 2030년 국가온실가스감축 목표와 2050년 탄소중립 달성이 쉽지 않지만 정부는 에너지 정책, 배출권 거래제, 기후대응 기금, 기후공시 등 실행 중인 정책 수단과 제도의 강화를 통해 녹색경제로의 전환을, 기업은 기후 기술과 탄소시장, 다양한 감축사업 활용을 통해 녹색경영을 강화해야 한다. 다행히 아직 충분하지는 않지만 정부와 기업은 각각 녹색경제, 녹색경영 전환을 통해 온실가스 감축을 달성할 실행가능한 제도적, 재정적, 기술적, 경험적 수단을 가지고 있다.

    기후위기와 탄소중립을 다루는 저서가 홍수를 이루는 시기에 경제학자와 경영 전문가들이 차분하고 냉정하게 탄소중립 시대에 정부와 기업이 경쟁력을 유지하면서 기후행동을 강화하는 현실적이고 세부적인 수단과 방안을 소개하였다. 이 책은 현장에서 녹색경제와 녹색경영의 길을 찾는 공직자, 기업인들이 세부 이행 수단과 개념을 이해하고 현실적인 판단과 행동을 하는데 크게 도움이 될 것이다.

또한 탄소중립 달성에 유의미한 기여를 하고자 공부하고 경험을 쌓는 대학원생, 연구자, 유관분야 종사자들에게도 적합하고 유용한 교재이다. 이 책의 발간을 계기로 행정과 경영 일선에서 기후행동을 개선하고 강화하는 데 도움이 될 만한 기술적이고 실용적인 저술이 늘어나길 기대한다.

2024년 8월
한국에너지공단 이사장 이상훈

추천사

예상하지도 못하고 전례도 없던 새로운 리스크(risk)는 우리 사회의 주변에서 어느새 핵심부로 깊숙이 들어서곤 한다. 디지털 전환과 더불어 지속가능성 전환이 마치 쌍둥이처럼 동시에 진전되어 이제 새로운 패러다임으로 자리를 잡아가고 있다. 디지털 전환은 생성형 AI의 등장으로 그 진행 속도가 더욱 빨라지고 깊어지며 넓어지는 듯 하다. 그러니 뭐든지 똑똑한 AI에게 잘 물어보면, 그렇듯 한 답을 술술 내놓을 것이라는 기대감도 생기고 있다.

그러면, "탄소중립은 가능한가?"라는 질문에 답이 술술 나올 수 있을까? 가능하다면 언제 어떻게 가능할지 또 그렇지 않다면 왜 그러할지 등등 꼬리에 꼬리를 무는 질문을 잇달아 해도 속 시원한 답을 얻기는 상당히 어려울 것 같다. 정량적이기도 하고 정성적인 내용을 함께 살펴 봐야할 아주 복잡한 문제이기 때문이다.

탄소중립 지속성장 연구회에서 그동안 연구한 결과를 책으로 발간하는 소식을 접하며, 그 책에 우리가 궁금해 하는 질문에 대한 답이 있고 그 답으로 가는 지도가 있고 길이 있으면 좋겠다고 생각했다. 연구회 회원들께서 각고의 노력 끝에 탈고한 원고를 활자로 앉힌 초벌 파일을 받아 한 장씩 넘기며, 탄소중립과 녹색경제, 탄소중립 인프라와 녹색금융 그리고 녹색경영과 국제거래 등 3개 파트로로 구성된 16개 장은 마치 대학에서 한 학기 16주 강의 편성과 같아 하나의 완벽한 코스웍을 공부하는 듯한 느낌이 들었다. 읽어가면서 시험이나 과제 그리고 퀴즈로 다룰만한 사항에 별표도 그려보고 밑줄도 그어보게 되었다.

그러면서 느낀 이 책의 몇 가지 특징을 세 가지(3V)로 정리해 보았다.

첫 째는 가시성(Visibility)이다. 이 책에서 접하게 되는 데이터와 자료, 그림과 표를 통해 탄소중립을 시각적 서술을 하고 있기에 막연하고 모호하고 아련한 사항이 비교적 손에 잡힐 듯하다. 연구자들의 의도가 무엇이었는지를 짐작하기에 도움이 되며, 그래서 이 책에서 제시한 화두인 "탄소중립은 가능한가"에 대한 답에 해당하는 이미지가 도출되는 듯 하다.

둘 째는 가치(Value)를 다시 생각하게 한다는 점이다. 이제 탄소중립은 시대정신이 되고 있는 듯 하다. 누구를 위한 것이며 무엇을 위한 것인지에 대해서 가치판단의 기준을 새롭게 정립할 필요성과 당위성을 잘 설명하고 있다고 하겠다. 탄소중립은 모든 사람과 기업과 조직의 책임이라고 하겠다.

셋 째는 우리에게 비전(Vision)을 제시한다는 점에서 의의가 크다. 탄소중립연구회에서 축적한 지식을 기반으로 탄소중립의 가능성을 진단하고 그와 관련된 주요 이슈를 다각도로 분석하여 시사점을 제시하였다는 점이 주목된다. 탄소중립과 관련된 이론적 분석은 물론 포스코를 비롯한 관련 실제 사례를 통해 기업과 조직의 실행 방안을 가능할 수 있도록 하였다.

한국경영학회의 비전 2030인 "Leading Future Agendas of Business and Society"에 적합한 시의절절하며 미래지향적인 연구를 수행하신 모든 저자분들의 노고와 열정에 깊은 감사의 말씀을 드린다. 좋은 책을 먼저 읽고 여러분께 추천의 글을 드릴 수 있는 기회를 주신 김주태 교수님께 감사드린다. 많은 분들이 이 책을 통해 궁금하던 질문에 대한 답을 찾아가시기를 바란다.

2024년 8월
한국경영학회 회장 김연성

목차

01

탄소중립과 녹색경제

진익

1. NDC, 국가온실가스감축목표

2015년 프랑스 파리에서 진행되었던 제21회 유엔기후변화협약 당사국총회(COP21)에서 국가온실가스감축목표(Nationally Determined Contribution, NDC)에 대한 합의가 도출되었다. 당시 참석한 당사국들이 2050 탄소제로 사회를 달성하기 위한 중간단계로, 2030년 NDC를 스스로 정하여 시행해 나갈 것을 결의한 것이다. 유엔기후변화협약 사무국은 보다 확실한 탄소감축을 위해 2020년부터 5년 주기로 NDC를 수정·보완해 제출하도록 권고하고 있다.

이에 따라 당사국들은 NDC를 통해 2030 탄소감축목표를 제시하였다. 미국은 1990년 대비 50~52%, EU는 1990년 대비 최소 55%, 일본은 2013년 대비 46% 감축을 목표로 내세웠다. 한국 역시 지난 2019년 '2017년 대비 24.4% 감축'이라

---

1 본 원고는 국회예산정책처(2022, 2023, 2024)를 토대로 작성한 것임을 밝힌다.

는 목표를 유엔기후변화협약 사무국에 제출했다. 이후 2021년 '2018년 대비 40% 감축'으로 보다 향상된 NDC를 제출하며 탄소 감축을 위한 강한 의지를 내비쳤다. 기준연도 2018년부터 목표연도 2030년까지의 연평균 변화율은 −4.17%로서, 주요국을 크게 상회하는 수준이다.[2] 한국의 2030 NDC는 아래 그림을 통해 확인할 수 있다. 가운데 막대는 2019년 제출되었던 것이고, 오른쪽 막대가 2021년 상향 조정된 것이다. 기준연도인 2018년 총배출량 대비 2030년 순배출량의 비율은 약 60%이다.[3] 기준 연도 배출량 대비 감축목표량의 비율은 약 40%에 이른다. 정부는 부문별 감축목표와 계획을 세우고 이를 진행해 나가고 있다.[4]

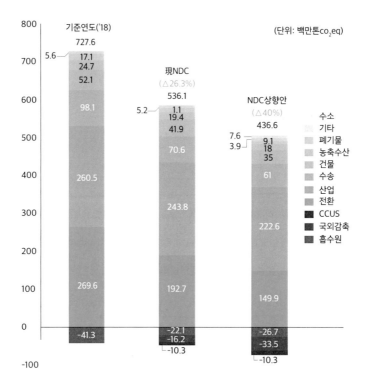

• 한국의 NDC 목표 •

자료: 환경부(2021)

---

2 주요국의 NDC 관련 감축률은 미국 -2.81%, EU -1.98%, 일본 -3.56% 등이다.

3 순배출량은 총배출량에서 흡수·제거량을 차감하여 산정한다.

4 NDC 관련 부문은 전환, 산업, 건물, 수송, 농축수산, 폐기물, 수소, 흡수원, CCUS, 국외감축 등이다.

NDC는 파리협정의 목표를 달성하기 위한 대표적 정책수단이다. 당사국들은 2025년에 보다 상향된 감축목표를 제시해야 하는 상황이다. 한국의 경우, 2021년 감축목표 상향 시, 이해관계자들 사이에서 상향속도에 대해 이견이 표출된 바 있다. 향후 추가적인 감축목표 상향 과정에서 상반된 견해가 다시 충돌할 가능성이 높다. 가능한 적은 시간과 비용으로 사회적 합의를 도출하려면, NDC 상향 속도에 대한 객관적 논의가 선행될 필요가 있다. 그 출발점으로서 목표연도 2030년까지 국가온실가스배출량이 어떤 경로를 따라 변화해 갈지를 가늠해 보자.

2. 온실가스 배출량 결정 요인

온실가스는 경제활동 과정에서 배출되는 만큼, 국가온실가스배출량 증감은 경제 여건의 변화와 밀접한 관계가 있다. 예를 들어, 국가온실가스배출량은 경제 둔화와 코로나19 발생의 여파로 2018년 이후 2년 연속(2019~2020년) 큰 폭으로 감소하였다. 2021년에는 코로나19 이후 경제활동 회복으로 국가온실가스배출량이 다시 증가하였다. 이러한 변화 양상은 앞으로도 경제 상황에 따라 국가온실가스배출량이 큰 영향을 받을 수 있음을 시사한다.

온실가스배출량 변동을 분석할 때 실무적으로 널리 사용되는 방법론은 STIRPAT이다. 이 방법론은 온실가스배출량 변동이 세 가지 요인들에 의해 결정된다고 가정한다. 해당 세 가지 요인은 인구 규모(population), 경제활동 수준(affluence: 1인당 GDP, 소득수준 등), 그리고 기술 수준(technology: 상품과 서비스를 생산하고 소비하는 데 사용되는 방법)이다. 이러한 관계에 회귀분석을 적용함으로써 각 요인이 전체 배출량 변화에 기여하는 정도를 평가할 수 있다.[5]

이러한 접근법에 따르면, 온실가스배출량(GHG emissions, C)은 ① 탄소집약도

---

5 이와 같은 논리구조에 회귀분석기법을 그대로 적용하는 STIRPAT(STochastic Impact by Regression on Population, Affluence and Technology)은, 온실가스배출량을 종속 변수로 설정하고 세 요인을 독립 변수로 포함하는 선형회귀방정식을 추정한다. 각 요인에 대한 계수를 추정함으로써 해당 요인이 전체 배출량 변화에 얼마나 기여하는지 통계적으로 평가하는 것이 가능하다.

(carbon intensity, C/E), ② 에너지 원단위(energy intensity, E/G), ③ 1인당 GDP(per capital GDP, G/P), 그리고 ④ 인구(population, P)로 분해될 수 있다.[6] 이때 C는 온실가스배출량, P는 총인구, G는 국내총생산, 그리고 E는 일차 에너지 소비량을 나타낸다. 이때 온실가스배출량(C)은 관련 정책(국가온실가스감축목표, 배출권거래제, 목표관리제 등)의 시행에 사용되는 대표적 지표이다. 또한 ①과 ②는 국가온실가스 배출량을 감축하기 위해 사용되는 정책수단이다. 예를 들어, 탄소집약도(C/E)는 일차 에너지 소비량에 상응하는 온실가스배출 수준을 보여주는 지표이다. 또한 에너지원단위(E/G)는 국가 경제의 에너지 효율성(energy efficiency) 수준을 보여주는 지표이다. 이러한 관계를 참조하여, 국가온실가스배출량을 결정하는 주요 요인과 경로를 아래 그림과 같이 표현할 수 있다.

● 국가온실가스 배출량 결정 요인 ●

자료: 국회예산정책처(2022)

STIRPAT을 적용할 때 고려할 점은, 관련 요인들이 상호작용함에 따라 국가온실가스배출량이 비선형적으로 변동할 수 있다는 것이다. 예를 들어, 국가온실가스배출량과 국민소득 사이 관계가 역U자형의 형태로 나타날 수 있다. 이러한 관계는 환경쿠즈네츠 곡선(Environmental Kuznets Curve: EKC)으로 불린다. 즉 경제발전 초기 단계에서는 환경오염과 국민소득 사이의 관계가 양(+)으로 나타나다가 경제발

---

6 다음과 같은 카야-항등식(Kaya Identity)이 성립한다. IPCC(2000)을 참조한다.
   C = (C/E) x (E/G) x (G/P) x P

전이 일정한 수준(turning point)을 넘어서면 두 변수 사이 관계가 음(-)으로 전환되는 경향이 있다. EKC 가설은 전미경제연구소(NBER) 보고서, 세계은행(WB) 보고서, 국제노동기구(ILO) 보고서 등에서 1990년대 초에 제시되었다. 이후 경제성장과 환경오염 사이 관계를 규명하기 위해 널리 활용되고 있다.[7] EKC 가설에 대한 실증분석 결과들을 보면 환경오염과 소득 사이 관계의 형태, 정점의 높이, 해당 정점에 도달하는 소득수준 등이 각국의 산업구조, 환경에 대한 선호도, 관련 기술 수준 등에 따라 달라질 수 있다.[8] 한국을 대상으로 수행된 실증분석도, 역U자형의 EKC가 관측된다는 결과를 제시한바 있다.[9] 이와 같은 주요 요인들 사이 상호작용은 최근에 새롭게 제시된 방법론을 사용하여 분석할 수 있다.[10]

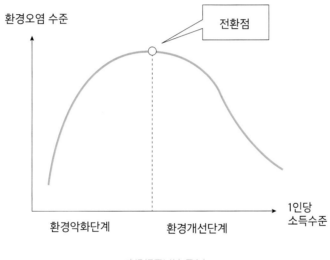

● 환경쿠즈네츠 곡선 ●

자료: 국회예산정책처(2023)를 토대로 재작성

---

7   관련 내용은 Grossman and Krueger(1991), Shafik and Bandyopadhyay(1992), Panayotou(1993)에서 확인할 수 있다.

8   Dinda(2004)을 참조한다.

9   조홍종(2022)을 참조한다.

10 통상적인 STIRPAT을 통해 확인할 수 있는 선형 관계만으로 요소들 사이 상호작용을 충분히 파악하기 어렵다. 요인들 사이의 비선형 관계를 고려하고자 하는 경우, CO-STIRPAT(component oriented STIRPAT)을 활용할 수 있다. 관련 내용은 Jin(2023a)에서 확인할 수 있다.

3. 국가온실가스배출량 변화 경로

구체적 예시로서 우리나라의 국가온실가스배출량의 향후 추이를 검토해 보자. STIRPAT 접근에 따라 인구, 국내총생산, 에너지를 주요 결정요인으로 고려한다. 인구와 국내총생산 관련 자료로는 국회예산정책처의 전망값을 사용한다. 그리고 로지스틱(logistic) 함수를 이용하여 국내총생산과 에너지소비 사이 비선형 관계를 설정한다. 다음으로 전체 에너지를 유탄소 에너지와 무탄소 에너지로 구분하고,[11] 이 둘 사이 비중은 정부가 제시한 에너지원 구성 조정안에 따르는 것으로 가정한다.[12] 유탄소 에너지 소비량과 온실가스배출량 사이에 대해서도 로지스틱 함수를 사용한 비선형 관계를 설정한다. 최근 42개년(1980~2022년) 관측값 출처는 국가 온실가스 배출량의 경우 온실가스종합정보센터, 에너지 소비량의 경우 KESIS 국가에너지통계종합정보시스템, 실질GDP와 인구의 경우 한국은행 ECOS시스템이다.

다음 그림에 제시된 전망결과를 보면, 2023년 중 국가온실가스배출량은 전년대비 감소할 것으로 전망된다. 인경제성장 둔화가 계속됨에 따라 에너지 부문과 산업 부문의 배출량 감소가 이어질 것이기 때문이다. 2024년에는 탄소집약도와 에너지원단위가 개선되는 결과로 온실가스배출량 감소가 지속될 것으로 보인다. 2024년 배출량 감소율이 줄어드는 이유는, 국내총생산이 2023년 중기 성장경로에서 하방으로 벗어난 이후 2024년 성장경로에 근접하는 수준으로 회복하리라 예상되기 때문이다. 경제성장률이 회복하는 과정에서 산업생산과 에너지 소비량도 증가할 것으로 예상된다. 국가 온실가스 배출량 감소율은 2022년을 저점으로 하여 점진적으로 줄어들 수 있다. 그러나 2025년 이후에는 에너지원단위 개선, 탄소집약도 하락 등의 효과가 점차 확대될 것으로 예상된다. 2023~2027년 기간 중 온실가스 배출량 감소 속도가 지난 5개년(2018~2022년) 동안 나타났던 감소속도에

---

11 일차에너지 수요 통계 항목 중 3개 항목(석탄, 석유, 가스)을 유탄소 에너지로, 나머지 항목(원자력, 수력, 바이오 및 폐기물, 지열 태양 및 기타, 열)을 무탄소 에너지로 구분한다.

12 10차 전력수급기본계획에 제시된 에너지원 구성조정 계획을 참조하여, 2022년 말 기준 무탄소 에너지(원자력, 신재생에너지)의 구성이 2030년까지 목표 수준으로 선형경로에 따라 조정된다고 가정한다. 산업통상자원부(2023)을 참조한다.

비하여 보다 높아질 수 있다.

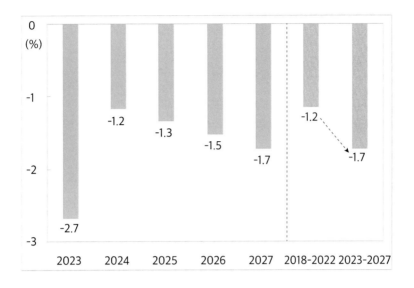

• 중기 온실가스 배출량 전망 •

자료: 국회예산정책처(2023)

　　이러한 변화의 동력을 확인하기 위해, 배출량 변화율을 카야−항등식의 네 개 항목(인구, 1인당 GDP, 에너지원단위, 탄소집약도)의 변화율로 분해하면 다음 그림과 같다. 이 그림은 2022년 온실가스 배출량 대비 2024년 배출량의 변화율을 보여주고 있다. 2개년(2023~2024) 동안 인구가 소폭 감소하고 1인당 GDP는 증가하는 가운데, 에너지원단위와 탄소집약도가 하락할 것으로 전망된다. 즉 에너지 수요관리 강화, 에너지 효율성 개선, 무탄소 에너지원(원자력, 신재생에너지) 비중 상승 등에 따른 배출량 감소 효과가 경제활동 활성화에 따른 배출량 증가 효과보다 크게 나타날 것으로 보인다. 즉 하락 요인(인구감소, 에너지원단위 하락, 탄소집약도 하락)이 강화됨에 따라 온실가스 배출량 감소 추세가 이어질 수 있다.

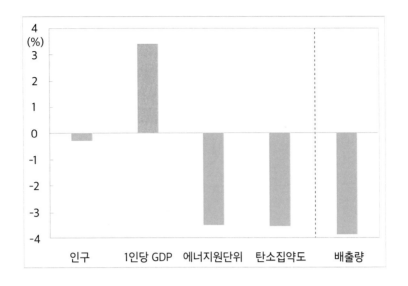

• 온실가스 배출량 증감 분해(2022~2024) •

자료: 국회예산정책처(2023)

4. 감축목표 달성 확률

한국 정부는 2030년 국가 온실가스배출량을 2018년(727.6백만 톤) 대비 40%(291백만 톤) 이상 감축하려는 목표와, 8개년(2023~2030년) 동안의 감축경로를 제시한 바 있다.[13] 다음 그림은 국가 온실가스 배출량에 대한 3개의 경로를 보여주고 있다. 경로[A]는 2022년 기준 에너지원 구성이 유지된다는 가정을 사용한 경로이며, 경로[B]는 에너지원 구성이 정부가 제시한 2030년 목표까지 선형으로 조정된다는 가정에 따른 경로이고, 경로[T]는 정부가 제시한 감축 목표 경로이다. 경로[B]와 경로[T]를 비교해 보면, 2026년까지 근사한 수준을 보이다 2027년 이후 격차가 확대될 것으로 보인다. 즉 향후 경제성장률이 국회예산정책처의 전망 수준을 따르고, 정부가 제시한 2030년 에너지믹스 조정안에 따라 에너지소비량이 변하는 경우, 2025년까지는 국가 온실가스 배출량이 목표 감축 경로에서 벗어날 확률은 낮

---

13 탄소중립녹색성장위원회(2023)을 참조한다.

다. 2026년 이후 격차는 전체 감축 목표 중 국제감축, CCUS 등을 통한 감축에 상응하는 부분이다.

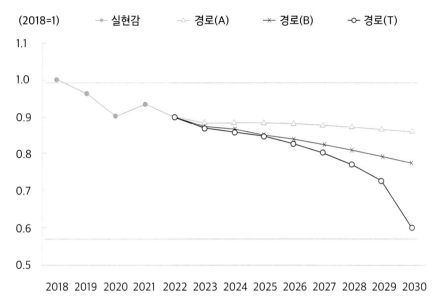

기후변화 대응은 중요한 국가 정책 의제 중 하나이다. 이를 반영하여 한국은 의욕적으로 국가온실가스 감축목표를 상향 조정하였다. 그런데 2023년 시점에서 평가하는 국가온실가스 변화 경로는 목표 경로를 상회한다. 향후 경제성장 둔화 상황이 계속되면 경제활동이 위축되어 국가온실가스배출량은 감소할 수 있겠지만, 경제성장이 정체되는 것은 우리가 기대하는 바가 아니다. 경제성장을 유지하면서 해당 목표를 달성하려면, 탄소집약도와 에너지 효율성을 개선해 가야 하는 상황이다. 정부가 에너지믹스 변화를 추진하고 있는 가운데 해당 계획의 달성 여부, 속도 등에 따라 탄소집약도가 달라지고 국가온실가스배출량도 영향을 받을

것이다. 정부가 추진하고 있는 에너지믹스 조정이 가속화되는 경우 국가온실가스 배출량 전망 경로가 보다 낮아질 수 있다.[14] 또한 정부는 에너지수요 관리 강화, 에너지 효율화 투자 촉진 등을 통해 에너지원단위를 낮춰갈 예정이다. 관련 정책이 효과를 거둠에 따라 나타날 에너지원단위 하락도 국가온실가스 배출량 경로를 낮출 수 있다. 다음 그림은 국가온실가스배출량 전망치를 고려한 NDC 이행 확률을 보여준다. 2030년까지 에너지믹스가 정부 목표 수준으로 조정되는 경로[B]의 NDC 달성 확률은, 에너지믹스가 2022년 상태에서 유지되는 경로[A]의 확률보다 높아지는 것을 확인할 수 있다. 그러나 경로[B]의 NDC 달성 확률도 2030년에 0으로 수렴하는 만큼, 보다 적극적인 정책 개입이 요청되는 상황이다.

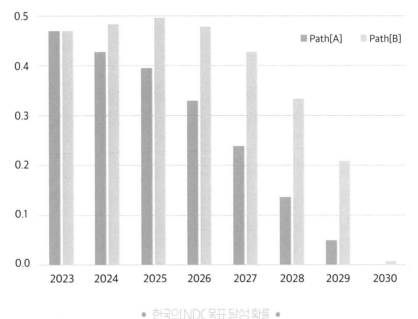

• 한국의 NDC 목표 달성 확률 •

자료: Jin(2024)

---

14 10차 전력수급기본계획에 따르면, 2021년 10월 정부가 제시한 「2030 NDC 상향안」에서 제시한 전환부문 온실가스 배출목표(149.9백만 톤) 달성을 위해 에너지원 구성을 조정할 예정이다. 향후 정부의 계획대로 에너지원 구성이 조정될 경우, 탄소집약도가 낮아지고 국가 온실가스 배출량 감축목표 달성에 기여할 수 있다.

참고문헌 ◆

국회예산정책처. 2022. "제3장 온실가스 배출량 전망". 2023년 및 중기 경제전망: II. 성장 및 금융 부문.

국회예산정책처. 2023. "제5장 온실가스 배출량". 2024년 및 중기 경제전망: IV. 성장 부문.

국회예산정책처. 2024. "제4장 온실가스 배출량". 2024 경제전망: IV. 성장 부문.

산업통상자원부, 「「제10차 전력수급기본계획(2022~2036)」 확정', 보도자료, 2023. 1. 12.

조홍종, 2022, "온실가스 배출량 산출 방법론 연구: 생산기반 배출량과 소비기반배출량 국제 비교." 국회예산정책처 정책연구용역 보고서.

탄소중립녹색성장위원회, '한총리 주재, 「2050 탄소중립녹색성장위원회」 전체회의 개최', 보도 자료, 2023.4.10.

환경부. 2021. "2030 국가 온실가스 감축목표(NDC) 상향안". 보도자료.

Dinda, S., 2004, Environmental Kuznets Curve Hypothesis: A Survey. Ecological Economics 49, 431–455.

Grossman, G.M., Krueger, A.B., 1991. Environmental impacts of the North American Free Trade Agreement. NBER. Working paper 3914.

IPCC, Emissions Scenarios, Intergovernmental Panel on Climate Change, Cambridge University Press, UK, 2000.

Jin, I. 2023. "Probability of Achieving NDC and Implications for Climate Policy: CO-STIRPAT Approach". Journal of Economic Analysis 2 (4):82–97. https://doi.org/10.58567/jea02040005.

Jin, I. 2024. "An Operational Framework for a Low-carbon, Green Growth Economy: CO-STIRPAT Dynamic System". Journal of Economic Analysis 3, no.4: 79. https://doi.org/10.58567/jea03040005.

Panayotou, T., 1993. Empirical tests and policy analysis of environmental degradation at different stages of economic development, ILO, Technology and Employment Programme, Geneva.

Shafik, N., Bandyopadhyay, S., 1992. Economic Growth and Environmental Quality: Time Series and Cross-Country Evidence. Background Paper for the World Development Report. The World Bank, Washington, DC.

에너지전환, 패권과 패러다임의 전환

박상욱

1. 과거에도 있었던 에너지전환

우리가 지금의 문명을 누릴 수 있었던 가장 큰 이유 중 하나를 꼽자면, 인간 스스로가 가진 힘 이상을 사용할 수 있게 된 것을 꼽을 수 있다. 도르래, 지렛대, 바퀴 등은 그 시작이었는데, 이 도구들도 결국엔 우리가, 혹은 동물이 에너지를 사용해야만 움직이는 것들이었다. 우리가 움직이지 않아도, 우리가 상상조차 할 수 없는 힘을 낼 수 있었던 것은 증기기관을 사용하면서 부터였다. 연료만 있으면 대신 일을 해주는 존재가 나타난 것이다. 우리는 이를 산업혁명이라고 부른다. 그런데, 이는 에너지의 전환이기도 하다. 이전까지의 에너지는 '날 것'이었다. 사람이나 동물이 내는 물리적인 에너지 혹은 고래의 기름이나 나무를 쪼개서 태우는 에너지였다. 증기기관은 석탄과 함께 비로소 능력을 뽐낼 수 있었고, 인간이 할 수 있는 일의 양도, 질도 전에 없던 수준으로 발전할 수 있었다. 이러한 증기기관은 이후 내연기관으로 전환됐고, 인류의 주력 에너지원은 석탄에서 석유로 바뀌었다.

그리고 '누가 그 에너지를 차지하느냐'는 문제는 '누가 지구의 패권을 장악하느냐'는 문제로 거듭났다.

'석유'하면 많은 분들이 중동을 떠올릴 것이다. OPEC을 구성해 전 세계 기름 값과 가스값을 쥐락펴락하는 산유국을 말하는데, 사실 가장 먼저 석유를 제대로 시추해 대규모로 상업적인 활용을 한 곳은 중동이 아니다. 1857년, 루마니아는 원유를 생산하며 세계 최초의 원유 생산국으로 기록됐다. 하지만, 그로부터 불과 2년 후, 루마니아를 뛰어넘는 석유부자가 나타났으니… 바로, 미국이다. '미국 부자'하면 가장 먼저 떠올리는 록펠러. 존 D. 록펠러는 세계 최초로 '석유왕'이라는 별명을 갖게 됐고, 미국은 세계 최대의 석유 생산국이자 수출국으로 부상했다. 증기기관과 함께 처음 산업혁명에 나섰던 것은 영국이었지만, 증기선으로 처음 바다를 누빈 것은 미국이었고, 이내 석유로 내연기관 시대를 좌지우지한 것 역시 미국이었다. 훗날 미국이 G1으로 거듭날 수 있었던 '시드 머니'는 바로, 이 석유였던 것이다.

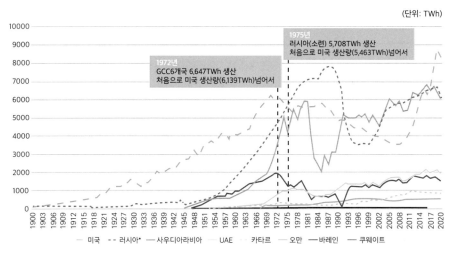

• 주요 산유국 석유 생산량 •

자료: Our World in Data, 정리 및 재구성: 박상욱

중동 지역의 석유생산이 미국을 넘어선 것은 그로부터 100년도 더 지나서였다. 1차 오일쇼크가 일어난 1973년의 직전인 1972년, 사우디아라비아가 3,538TWh, 쿠웨이트 1,946TWh, UAE 679TWh, 카타르 280TWh, 오만 163TWh, 바레인 41TWh를 생산하며 훗날 GCC(Gulf Cooperation Council, 걸프 협력 회의)를 구성한 6개국의 석유 생산량은 미국의 생산량(6,139TWh)을 넘어섰다. 미국이 독점하던 글로벌 석유 패권은 그 이후 흔들리기 시작했다.

오일 쇼크가 왜 1973년에 발생했는지에 대해선 여러 복합적인 이유가 있겠지만, 생산량도 그 이유 중 하나로 꼽을 수 있다. 1960년대까지는 미국이 세계 최대의 석유생산국으로 자리매김함으로써 '나머지 나라는 보조적인 역할'에 그쳤지만, 1972년 걸프의 주요 산유국 석유 생산량이 미국의 생산량을 넘어서고, 1973년 그 격차를 더욱 벌린 것은 그저 아무 의미 없는 우연으로 치부할 수 없는 사실이다. 미국과 걸프 국가 간 생산격차가 줄어든 것은 중동 산유국 입장에서 자국 영토에서 서구 열강이 마음껏 석유를 시추하며 경제적 이익을 가져가는 것을 '더는 묵과할 수 없다'고 나설 모멘텀으로 작용했다. 걸프 국가들이 한목소리를 내면, 전 세계 석유 시장에 막대한 영향을 미칠 수 있게 됐기 때문이다.

또, 냉전 체제 하의 소련이 세계대전 이후에도 G2로서 미국과 팽팽히 맞설 수 있었던 배경에도 든든한 '자국산 원유'가 있다. '든든한 뒷배'인 에너지가 없으면 국력의 과시도, 실질적인 사용도 불가능하기 때문이다. 공교롭게도 1975년 시작된 소련의 대미 석유생산 우위는 소련의 붕괴와 함께 끝났지만, 러시아는 2001년 다시금 우위를 차지했고, 이 우위는 2014년까지 계속됐다.

에너지가 곧 패권을 의미한 사례는 또 있다. 바로, 전쟁이다. 인류가 겪은 두 차례의 세계대전에서 에너지는 승패를 가르는 주요한 요소로 작용했다. 세계적인 에너지 석학 다니엘 예르긴은 그의 저서 <The Prize: The Epic Quest for Oil, Money and Power>에서 1차 세계대전을 '인간과 기계 사이의 전쟁'이라고 평가했다. 병력과 자원이 얼마나 많이, 멀리, 신속하게 옮겨질 수 있느냐가 성패의 열쇠였다는 이유에서였다. 그런데 1차 대전은 예르긴의 말처럼 '인간 vs. 기계'의 전쟁이기도 했지만 '석탄 vs. 석유'의 전쟁이기도 했다. 석탄의 동맹국과 석유의 협상국 사이의 전쟁이었던 것이다. 석탄을 이용한 증기기관 중심의 철도와 선박을 활용한 독일과 석유를 이용한 내연기관 중심의 선박과 자동차, 항공기를 활용한 영국 사이의 전투에서 독일은 전략적 우위를 거머쥐기 어려웠다.

영국이 발 빠르게 석유로의 전환에 나설 수 있었던 것은 윈스턴 처칠의 역할이 컸다. 1차 대전 발발 전인 1912~1914년, 영국에선 해군력 증강 프로그램을 통해 선박 연료의 대대적인 전환이 진행됐다. 안정적인 공급이 가능한 석탄을 사용하는 증기기관을 언제 수급이 끊길지 불안한 석유를 사용하는 내연기관으로 바꾸는 것에 대해 당시 영국 해군 내부에선 우려의 목소리가 컸다. 그러한 우려에도 처칠 당시 해군장관은 전환을 강행했고, 이는 영국 해군 사상 최대 규모의 화력 및 군비 증강 프로그램으로 기록됐다.

2차 대전에서도 관건은 '누가 안정적으로 석유를 공급받느냐'에 있었다. "일본의 국력과 군사력의 약점은 석유다. 시간이 지날수록 국가의 전쟁 수행 능력은 떨어지고, 군사적으로 무력화할 것이다." 1941년, 9월 일본 어전회의록의 기록 내용이다. 고노에 후미마로 당시 일본 수상은 이 회의에서 일본이 전쟁 그 자체보다 합성석유 생산 확대 계획에 더 많은 재정을 투입해야 한다고 주장했다. 그의 우려대로 실제 일본에 대한 석유 금수조치가 내려졌고, 동남아 지역에서 일본으로 향하는 석유 수송선은 연합국의 집중 공격으로 침몰을 거듭했다. 그 결과 1945년 1분기 일본의 석유 수입량은 '0'을 기록했다. 이에 일본 내에선 온 국민이 소나무 뿌리를 뽑는 데 동원됐다. '소나무 뿌리 200개면 전투기가 1시간 비행할 수 있다'는 정부의 선전도 이어졌다. 그러나 전쟁이 끝나고, 그 노력은 헛된 일이었음이 드러났다. 천황의 항복 이후, 일본의 소나무 기름을 시험해 보고자 미군이 군용 지프에 이를 주유했지만 시동조차 제대로 걸리지 못 하고 엔진이 눌어붙은 것이다. 예르긴은 일본이 진주만 공습 과정에서 하와이의 대규모 석유비축기지를 공격하지 않은 것은 매우 큰 전략적 실수라고 평가했다. 항구나 선박 등의 엄청난 피해에도 불구하고, 온전히 남아있던 석유 덕에 미국이 빠르게 반격을 할 수 있었다는 것이다. 결국, 전 세계에서 가장 많은 양의 석유를 생산하던 미국을 등에 업은 연합국은 보다 안정적으로 전장을 누빌 수 있었고, 2차 대전은 연합국의 승리로 끝날 수 있었다.

2. 또 다시 등장한 에너지전환

　인류가 불을 발견한 이래, 주력 에너지원은 무언가를 태워서 힘을 내는 것들이었다. 장작, 등유, 석탄, 석유, 가스… 연료의 전환은 있었지만 모두가 열에너지를 운동에너지나 기타 다른 종류의 에너지로 바꾸는 개념은 유지됐던 것이다. 그런데 더는 이러한 연소 행위를 이어 나갈 수 없게 됐다. 연소 과정에서 뿜어져 나오는 각종 물질들 때문이다. 우리가 지금껏 태워온 것은 모두 유기체이거나 유기체였던 것들이었다. 그 속에 담겨있는 탄화수소가 바로 에너지였다. 우리가 별 생각 없이 무언가를 태웠던 행위는 자연의 탄소순환체계를 뒤엉키게 만들었다.

　우리 모두는 학교 의무교육 과정에서 광합성에 대해 배웠다. '식물이 광합성 과정에 이산화탄소(CO_2)를 흡수해 산소(O_2)를 내뱉는다. 때문에, 식물은 우리에게 너무도 고마운 존재이다. 그런 식물이 밀집해있는 아마존의 열대우림은 지구의 허파다.'라고 말이다. 그런데, 이런 교육을 받을 때, 우리는 선생님에게 한 가지 중요한 부분을 되묻지 않았다. 바로, 탄소(C)는 어디로 갔느냐는 질문 말입니다. CO_2를 흡수해 O_2를 내놓은 식물은 그 C를 간직하고 있다. 탄소의 저장이다. 그리고, 이렇게 저장된 탄소는 초식동물, 육식동물을 거쳐 계속 쌓여간다. 그런 존재들이 생명을 다 해 죽고서 땅에 켜켜이 쌓이고, 묻히고… 수천만 년이 지나 석유나 가스가 된다. 우리가 '화석연료'라고 부르는 것은, 사실 지구가 스스로 찾은 최적의 탄소 저장체였던 셈이다. 이처럼 지구가 오랜 시간에 걸쳐 대기 중의 CO_2를 분해해 C를 꼭꼭 숨겨뒀는데, 우리 인간은 이를 다시 끄집어내 불과 0.00몇 초 만에 연소, 즉 산소와 만나게 만들었다. 결국, CO_2의 흡수와 분해, 저장까지 정말 오랜 시간이 걸렸지만, 인간이 이 C를 순식간에 다시 O_2와 결합시키면서 대기 중의 이산화탄소 농도는 치솟게 됐고, 지구의 온도 또한 높아지게 된 것이다.

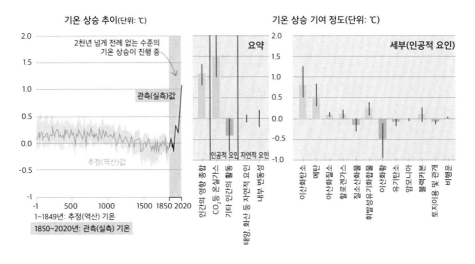

기온 상승 추이(단위: ℃)

2천년 넘게 전례 없는 수준의
기온 상승이 진행 중

관측(실측)값

추정(역산)값

1~1849년: 추정(역산) 기온

1850~2020년: 관측(실측) 기온

기온 상승 기여 정도(단위: ℃)

요약

인간의 영향 총합
CO₂등 온실가스
기타 인간의 활동
태양, 화산 등 자연적 요인
내부 변동성

인공적 요인   자연적 요인

세부(인공적 요인)

이산화탄소
메탄
아산화질소
할로겐가스
질소산화물
휘발성유기화합물
이산화황
유기탄소
암모니아
블랙카본
토지이용 및 관계
비행운

● 지구의 기온 변동 추이와 항목별 기여도 ●

자료: IPCC 6차 평가보고서, 정리 및 재구성 : 박상욱

　IPCC(Intergovernmental Panel on Climate Change, 기후변화에 관한 정부 간 협의체)는 2021년 공개한 WG(워킹그룹) I의 6차 평가보고서에서 지구가 산업화 이전 평균(1850~1900년) 대비 1.1℃ 가량 뜨거워졌다고 밝혔다. 그리고, 이렇게 기온이 변동된 것은 전적으로 인간의 인위적인 활동 때문이라고 분석했다. 인간의 활동 가운데 이산화탄소를 비롯한 각종 온실가스의 배출로 1.5℃가 높아졌고, 반대로 이산화황이나 질소산화물과 같은 미세먼지의 전구물질 배출 등으로 0.4℃ 정도 낮췄다는 것이다. 그간 "기후변화는 거짓말이다", "본래 지구의 자연스러운 온도 변화 패턴에 따른 것일 뿐, 인간의 온실가스 배출로 인한 것이 아니다" 등과 같은 기후회의론자들의 주장을 과학적인 근거로 반박하고, 기후변화는 부정할 수 없는 사실이라는 쐐기를 박았다. IPCC의 보고서는 195개국의 과학자뿐만 아니라 정부 관계자들도 함께 한 자리에서 보고서의 한 문장, 한 문장을 검토해 만장일치로 동의한 내용만 담기는 지고지난한 과정을 통해 만들어졌다. 위의 내용 또한, 이 과정을 거친 결과이다. 이제 남은 일은, 이 변화를 막거나 최대한 저지하는 일 뿐이다.

　우리가 택할 수 있는 가장 효율적인 이산화탄소 배출 감축 방법은 '안 태우는' 일이다. 수백 년 간 무언가를 태워가며 살아갔던 인류에겐 결코 쉽지 않은 일이다. 이러한 탈(脫)화석연료, 탈탄화수소는 이제 우리에게 익숙해진 키워드인 '탈탄소'를 의미한다. 그리고, 탈탄소의 핵심 방법론으로 손꼽히는 것은 전기화 (Electrification)이다. 기름을 태워 굴러가는 내연기관 자동차는 전기로 모터가 움직이는 전기차로, 가스를 태워 요리하던 가스레인지는 전기로 음식물을 가열하는 인덕션으로… 전기화는 이미 우리가 생활 속에서 경험하는 에너지전환이다. 그런데, 이를 통해 탄소 배출 감축이라는 본래의 목적을 제대로 달성하려면, 그 전기도 탄소 배출이 없는 '카본 프리(Carbon Free)'일 것이다. 세계 각국이 재생에너지로의 전환에 나선 이유이다.

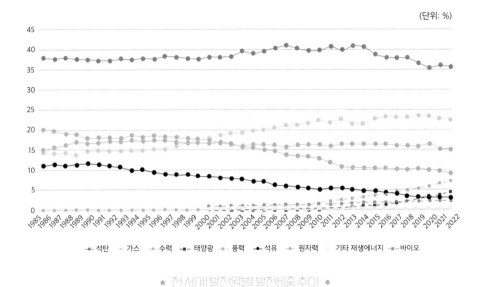

• 전 세계 발전원별 발전비중 추이 •

자료: Our World in Data, 정리 및 재구성: 박상욱

재생에너지의 확산세는 가히 무서울 정도이다. 2022년 기준, 전 세계에서 생산된 전력 가운데 7.5%가 풍력발전, 4.52%가 태양광발전에서 비롯됐다. 전 세계 전력의 27% 이상이 물(수력)과 바람(풍력), 햇빛(태양광)을 통해 만들어진 셈이다. 소위 '비연소 재생에너지'로 불리는 이들 셋 만으로도 이미 원자력발전은 물론 가스화력발전의 발전량을 넘어선 것이다. 아직 재생에너지의 비중이 걸음마 단계인 우리의 입장에선 '딴 세상 소리' 같지만, 이는 '세계 평균값'이다. 우리 빼고는 이

미 재생에너지로의 전환으로 상당 부분 진전을 거둔 것이다.

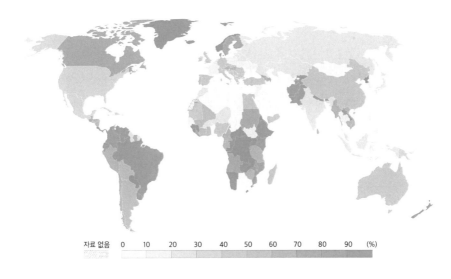

자료없음 0   10   20   30   40   50   60   70   80   90 (%)

● 2022년 국가별 재생에너지 발전비중 ●

자료 : Our World in Data, 정리 및 재구성 : 박상욱

    국가별로 보면, 그 차이는 더욱 두드러진다. 재생에너지는 마치 선진국의 전유물처럼 여겨지나, 중앙아프리카공화국(100%), DR콩고(99.73%), 에티오피아(99.93%), 나미비아(95.54%), 잠비아(92.21%), 시에라리온(90.48%), 케냐(89.78%), 모잠비크(81.41%) 등 아프리카 지역에선 주력 발전원을 넘어 거의 '유일한 발전원'으로 거듭난 상태이다. 규모도 크고, 복잡해 건설에도, 운영에도 어려움이 많은 화석연료발전이나 원자력발전을 건너뛰고, 아예 전기가 필요한 장소 곳곳에서 직접 재생에너지로 전력을 생산하고, 소비하게 된 것이다. 이들에게 재생에너지는 에너지 자급률을 높임과 동시에 국가의 전력 접근성 자체를 높이는 해결책이었다. 또, 미국(22.52%), 캐나다(69.74%) 등 북미 선진국뿐 아니라 영국(41.45%), 프랑스(24.54%), 독일(42.95%), 스페인(42.22%) 등 서유럽 선진국과 노르웨이(98.97%), 스웨덴(68.38%), 핀란드(54.9%) 등 북유럽에서도 재생에너지는 실험적인 대체 에너지원이 아닌 주력 발전원으로 거듭난 지 오래다.

아시아라고 해서 상황이 크게 다르진 않다. 우리가 아시아 온실가스 주범으로 꼽는 중국도 2022년 기준, 재생에너지의 발전비중이 30.67%에 달한다. 또 다른 '세계의 공장', '각종 오염물질 배출의 근원지'로 꼽히는 인도도 재생에너지의 비중은 20.48%를 기록 중이다. 정부의 탄소중립 선언 직전, 한국전력이 해외 석탄화력발전 사업 추진을 결정한 베트남(51.55%)과 인도네시아(19.62%)도 우리나라(9.21%)보다 재생에너지 비중이 더 높다. 멀고도 가까운 이웃, 일본 또한 23.63%에 달한다. 아시아의 산유국인 말레이시아도 전력 생산에서 재생에너지의 비중이 19.04%에 이른다. 그럼에도 우리는 이러한 에너지전환을 애써 외면한 채 이런 이유를 대곤 한다. "사계절이 뚜렷하고, 장마도 있고, 국토 면적도 작다." 사계절은 한국의 전유물이 아니고, 장마는 동아시아 몬순 지역의 공통 특징이며, 우리보다 국토 면적이 작은 나라도 많은데도 말이다.

도대체 왜, 전 세계가 이렇게 에너지전환에 전력투구 중인 것일까? 갑자기 모두가 불현 듯 '지구를 지키자'고 도원결의를 한 것일까? 물론, 전 지구적인 도원결의가 없었던 것은 아니다. 2015년, 세계 각국은 파리협정을 통해 온실가스 배출을 줄이기로 뜻을 모았다. 1997년 채택된 교토협약에선 선진국들에게만 온실가스 배출 감축 의무를 부여했지만, 새로운 체제 하에선 그 의무가 모든 나라들로 확대됐다. 몇몇 나라만 해서는 그 끝을 모르게 치솟는 기온 상승을 막기에 역부족이었기 때문이다. 이러한 국제적 노력의 일환으로, 우리나라는 2030년 온실가스 배출량을 정점인 2018년 때에 비해 40% 줄이고, 2050년엔 배출량과 흡수량이 일치해 '플러스 마이너스 제로'가 되는 탄소중립을 달성하겠다고 약속했다. 우리가 2030 NDC라고 부르는, 2030년 국가 온실가스 감축목표를 40%로 상향하기로 결정했던 2021년, 곳곳에선 반발의 목소리가 쏟아졌다. "뿜어내기는 선진국들이 다 뿜어내고서 왜 우리가 뒤늦게 책임을 져야 하느냐"는 불만에 공감하는 이들도 많았다.

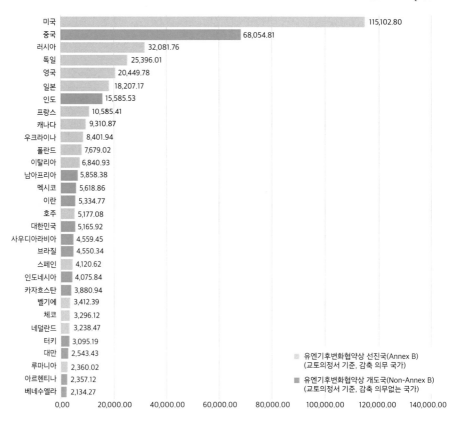

(단위: MtCo₂eq.)

국가	배출량
미국	115,102.80
중국	68,054.81
러시아	32,081.76
독일	25,396.01
영국	20,449.78
일본	18,207.17
인도	15,585.53
프랑스	10,585.41
캐나다	9,310.87
우크라이나	8,401.94
폴란드	7,679.02
이탈리아	6,840.93
남아프리카	5,858.38
멕시코	5,618.86
이란	5,334.77
호주	5,177.08
대한민국	5,165.92
사우디아라비아	4,559.45
브라질	4,550.34
스페인	4,120.62
인도네시아	4,075.84
카자흐스탄	3,880.94
벨기에	3,412.39
체코	3,296.12
네덜란드	3,238.47
터키	3,095.19
대만	2,543.43
루마니아	2,360.02
아르헨티나	2,357.12
베네수엘라	2,134.27

■ 유엔기후변화협약상 선진국(Annex B)
(교토의정서 기준, 감축 의무 국가)

■ 유엔기후변화협약상 개도국(Non-Annex B)
(교토의정서 기준, 감축 의무없는 국가)

● 1850~2021년 화석연료 사용에 따른 누적 이산화탄소 배출량 상위 30개국 ●

자료: Global Carbon Project, 정리 및 재구성: 박상욱

1850년 이래 세계 각국이 수백 년 동안 뿜어온 이산화탄소의 양을 살펴보면, 그 책임을 따져볼 수 있다. 전통 강대국인 미국과 러시아, 그리고 산업혁명의 발원지인 영국과 독일, 그리고 처음으로 '세계의 공장'이라는 타이틀이 부여된 중국이 Top 5를 차지했습니다. 우리나라는 어떨까? 누적 배출량 기준, 세계 17위를 기록하고 있다. 200개 가까운 나라들 가운데 17위인 우리나라는 '남 탓'을 할 처지가 아닌 것이다. 또한, 교토협약 체제 하에서 우리나라는 이미 한 차례 '까방권'을 사용했다. 교토협약은 OECD 회원국들에 대해 온실가스 감축 의무를 부여

했는데, 당시 OECD 회원국 중 단 두 나라만이 감축 의무에서 제외됐다. 바로, 한국(1996년 가입)과 멕시코(1994년 가입)이다. 이제는 자타공인 선진국으로 분류되는 입장에서, 과거 수백 년 간 누적 배출량으로도 그 책임이 막중한 한국은 이제 앞장서서 감축해야 하는 상황이 됐다.

다시 돌아와서, 도대체 왜 그리도 많은 나라들이 재생에너지로의 전환에 박차를 가하는 것일까? 탄소 감축 이외의 요인이 무엇인지 살펴보려고 한다.

화석연료는 말 그대로 땅 속, 혹은 바다 속에 묻힌 천연자원이다. 에너지의 유무가 국가의 위치에 따라 결정되는 것이다. 소위 'Oil & Gas'로도 불리는 화석연료를 두고 지정학적인 갈등 구도가 만들어진 이유이다. 에너지원이 있는 나라는 갑, 없는 나라는 을이 되는, 수요와 공급에 의해 국가 사이의 관계가 정립될 수밖에 없었다. 묻혀있는 화석연료는 많은데 기술이나 정치·외교·군사적 역량이 떨어지면 이를 빼앗길 수도, 국토 내 화석연료 매장량이 거의 없거나 아예 없어도 기술과 자본, 정치·외교·군사적 역량이 막강하면 이를 뺏을 수도 있었다. 기술도, 자본도, 나라의 역량도 중간 수준이라면 절묘한 처세술에라도 능해야 했다.

일찍이 전쟁을 통해 석유 공급망의 중요성을 깨달은 일본은 전후 국가 재건 과정에서 적극적인 자원외교에 나섰다. 정부는 에너지원의 수입에 있어 장벽을 없앴고, 상사 기업들은 세계 곳곳을 돌아다니며 저렴한 공급원을 찾는 일에 매달렸다. 1차 오일쇼크를 앞두고는 통상산업성 산하에 자원에너지청을 설립한 일본은 중동 산유국과 미국—이스라엘 진영이 첨예한 갈등을 겪자 과감히 동맹인 미국이 아닌 산유국의 편에 서기도 했다. "일본은 어쩔 수 없이 독자적인 입장을 취할 수밖에 없다. 맹목적으로 따르는 것은 시대착오적인 발상이다." 나카소네 야스히로 당시 통산성 장관의 말이다.

에너지원 앞에 장사 없던 화석연료의 시대를 지나 새로운 에너지전환의 시대를 맞이하면서, 세계 각국은 말 그대로 각축전을 벌일 수 있게 됐다. 햇빛은, 바람은, 수위의 고저차는 어디서든 구할 수 있는 요소이기 때문이다. 바야흐로 자본과 기술만 있다면 누구나 에너지원을 확보할 수 있는 시대가 찾아왔고, 그 에너지원이 주력 에너지원으로 쓰일 수 있는 시대가 찾아온 것이다. 유럽이 재생에너지로의 전환에 가장 발 빠르게 나섰던 이유 역시, 바로 여기서 찾을 수 있다. 세계에서 가장 먼저 산업혁명을 이룩한 것은 영국이었지만, 그 수혜를 가장 많이 입은 나라는 영국이나 그와 인접한 유럽 국가가 아니고, 대서양 건너편 저 멀리에 있는 이주자들의 나라, 바로 미국이었다. 유럽의 인적 자원과 자본이 건너가 간신히 황무지를 개간했던 나라인데, 그 땅에서 엄청난 양의 석유가 나왔기 때문이다.

그런 유럽이 다시금 패권을 되찾는 데에 있어 재생에너지는 더할 나위 없이 좋은 방법이었을 것이다. 1990년대를 기점으로 온실가스 배출량은 점차 감소세로 돌아섰고, 교토 체제 하에 감축 의무도 부여됐었던 만큼 이 기회를 거절할 이유는 없었을 것이다. 2019년 연말, EU는 우회적으로 이러한 패권 되찾기의 포부를 밝혔다. "세계 최초의 탄소중립 대륙이 되겠다." 우르줄라 폰 데어 라이엔 EU 집행위원장의 취임 일성을 통해서였다. 사실, 그 이전부터 재생에너지로의 전환에 적극적으로 나섰던 유럽이었다. 프랑스 등 국가 차원의 탄소국경세 도입 여부도 진작에 논의됐었다. 그럼에도 여전히 이를 '레토릭'으로 보는 이도 많았다. 우리나라가 그랬고 정치권도, 산업계도 모두 그랬다.

"EU 등 선진국이 온난화 방지를 위해 화석연료에 배럴당 10달러의 탄소세를 부과하게 되면, 자동차와 석유, 섬유, 전자제품 등 우리나라의 15개 주력상품의 수출이 연간 16억 3천만 달러 감소할 것으로 추정된다." 1994년 우리나라 산업연구원의 연구 결과이다. 지금으로부터 30년 전에 이미, 자국 내 탄소세 부과 시 자국 상품의 대외경쟁력 악화를 막기 위해 탄소세를 도입 안한 나라에 상계관세나 국경세 등을 부과할 수 있다고 내다본 것이다. 그로부터 30년 후, EU는 실제 CBAM(Carbon Border Adjustment Mechanism, 탄소국경조정제도)을 도입했다. 우리에겐 30년의 대비할 시간이 있었지만, 그 누구도 당시 산업연구원의 경고를 귀담아 듣지 않았고, 결국 우리는 헐레벌떡 '마른하늘에 날벼락'처럼 급히 대응해야만 했다.

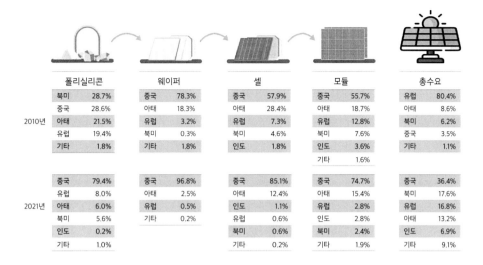

	폴리실리콘		웨이퍼		셀		모듈		총수요	
2010년	북미	28.7%	중국	78.3%	중국	57.9%	중국	55.7%	유럽	80.4%
	중국	28.6%	아태	18.3%	아태	28.4%	아태	18.7%	아태	8.6%
	아태	21.5%	유럽	3.2%	유럽	7.3%	유럽	12.8%	북미	6.2%
	유럽	19.4%	북미	0.3%	북미	4.6%	북미	7.6%	중국	3.5%
	기타	1.8%	기타	1.8%	인도	1.8%	인도	3.6%	기타	1.1%
							기타	1.6%		
2021년	중국	79.4%	중국	96.8%	중국	85.1%	중국	74.7%	중국	36.4%
	유럽	8.0%	아태	2.5%	아태	12.4%	아태	15.4%	북미	17.6%
	아태	6.0%	유럽	0.5%	인도	1.1%	유럽	2.8%	유럽	16.8%
	북미	5.6%	기타	0.2%	유럽	0.6%	인도	2.8%	아태	13.2%
	인도	0.2%			북미	0.6%	북미	2.4%	인도	6.9%
	기타	1.0%			기타	0.2%	기타	1.9%	기타	9.1%

● 태양광발전패널 밸류체인 점유율 변화 ●

자료: IEA, 정리 및 재구성: 박상욱

　　유럽이 서둘러 전환에 나섰던 2010년, 전 세계에서 만들어진 태양광 패널 완제품의 80.4%는 유럽에 집중됐다. 태양전지의 원재료인 폴리실리콘부터 웨이퍼, 셀, 모듈에 이르기까지 밸류체인 전 과정에 걸쳐서도 유럽은 꽤나 큰 비중을 차지했다. 그런데, 이러한 전환의 낌새를 빠르게 눈치 챈 나라가 등장했다. 바로, 중국이다. 중국이 주도권을 잡기까진 불과 10년도 채 걸리지 않았다. 시민사회의 논의나 공론화, 주민 수용성 확보와 같은 민주적 절차가 필수적이지 않은 만큼, 절대자의 결단만으로 즉각적인 변화가 가능했고, 드넓은 국토에 걸쳐 새로운 에너지 시대에 필요한 자원 또한 풍부했기 때문이다.

　　2021년, 태양전지의 원재료인 폴리실리콘의 79.4%가 중국에서, 웨이퍼의 96.8%와 셀의 85.1%, 모듈의 74.7%도 중국에서 만들어졌다. 그리고 중국은 단순히 태양광발전의 '원산지'를 넘어 '최대 수요지'로 거듭났다. 중국 한 나라에 공급된 태양광 패널이 북미와 유럽 대륙 전체에 보급된 양을 넘어설 정도였다. 태양광 발전에 있어서만 그랬던 것이 아니다. 같은 해, 전 세계에 새로 보급된 풍력 발전 용량은 총 93.6GW였다. 이중 50.91%가 중국에 설치됐다. 그 결과, 2021

년 전 세계 태양광 패널 공급 Top 10 기업 중 9곳이 중국 기업, 전 세계 풍력 터빈 공급 Top 10 기업 중 6곳이 중국 기업이었다. 이젠 '그래도 태양전지는 한국이 글로벌 1등 아니냐'며 자기합리화를 하는 것도 어렵다. 한때 세계 1위였던 국내 태양광 기업의 판매량 순위는 시간이 흐를수록 자꾸만 밀려나고 있다. 조만간 Top 10 리스트가 모두 중국 기업으로 도배될 상황인 것이다.

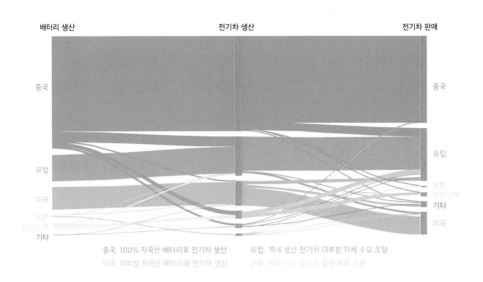

• 2021년 이차전지 및 전기차 글로벌 무역 플로우 •

자료: IEA, 정리 및 재구성: 박상욱

전 세계적으로 빠르게 확산 중인 전기차에 있어서도 상황은 마찬가지다. 2021년 기준, 전 세계 전기차 배터리 생산의 65%, 전기차 생산의 55%, 전기차 판매의 50%가 중국에서 이뤄지고 있다. 글로벌 전기차 생산에 있어 중국을 빼고는 이야기를 할 수 없는 상황이 된 것이다. 석탄과 석유, 천연가스, 우라늄과 같은 전통 자원의 매장 및 생산량에 있어 중국의 비중은 그리 높지 않았다. '그래도 BEV(Battery Electric Vehicle, 배터리 전기차)는 몰라도, FCEV(Fuel Cell Electric Vehicle, 연료전지 전기차)는 우리나라가 최고 아니냐'고 위로할 수 있는 상황도 아니다. FCEV 승용차 시장은 BEV에 밀려 여전히 대중화가 요원하며, 그나마 승용 부문보다 가능성이 엿보이는 화물차 시장의 경우, 중국 한 나라의 비중이 40%를 넘고 있다. 50% 조금 넘는 생산량을 유럽과 북미, 그리고 한국 등 기타 아태 국가가 나눠갖고 있는 상황이다. 폴리실리콘과 함께 대표적인 미래 자원으로 꼽히는 희토류와 리튬, 구리, 니켈, 코발트에 있어서도 중국 한 나라의 생산량이 북미나 유럽, 중남미, 유라시아 등 다른 대륙 단위의 생산량을 가볍게 뛰어넘고 있다.

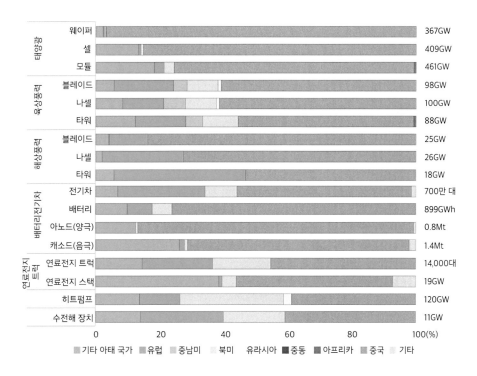

● 2021년 친환경 에너지 기술 생산 용량 비중 현황 ●

자료: IEA, 정리 및 재구성: 박상욱

에너지전환은 수백 년 동안 이어진 에너지 지형, 에너지 패권 그 자체를 뒤바꾸고 있다. 유럽이 CBAM을 시작으로 REPowerEU 등을 통해 에너지전환과 자국 산업 및 패권의 확보와 보호에 나서자 미국은 IRA(Inflation Reduction Act, 인플레이션 감축법)를 통해 반격에 나섰고, 이에 EU는 다시 CRMA(Critical Raw Materials Act, 핵심원자재법)으로 맞불을 놨다. 이러한 총성 없는 전쟁이 펼쳐지는 가운데 한국에선 '재생에너지가 원자력보다 낫다', '원자력이 재생에너지보다 낫다'와 같은 소모적인 논쟁과 정쟁만 반복됐다. 그렇게 1차 에너지의 수입의존도가 90%를 넘는 에너지 안보 취약 국가, 대한민국의 기회는 조금씩 멀어져만 갔다.

3. 산업계 배출 감축의 관건이 된 전력부문

에너지전환은 비단 국가 간의 패권 경쟁을 넘어 산업과 개별 기업의 경쟁력 확보에도 큰 영향을 미친다. EU와 일본, 미국 등 글로벌 주요 시장에서 지속가능경영에 대한 압박이 커지면서 기업의 온실가스 감축은 단순한 사회적 책무를 넘어 투자자의 유지 및 유치 등 기업 존립의 핵심이 됐다. 기업이 배출하는 온실가스는 Scope 1에서 3까지 크게 3가지로 구분된다. Scope 1은 직접배출로, 기업의 담벼락 안에서 뿜어져 나오는 온실가스를 의미한다. Scope 2는 간접배출 가운데 전력 사용에 따른 온실가스 배출을 의미하고, Scope 3는 그 밖의 모든 간접배출을 포괄한다. 임직원의 출퇴근 또는 출장 과정에서의 온실가스 배출부터 협력사나 하청 업체의 원자재 및 부품 생산 과정에서의 배출, 완성품의 운송 및 유통, 사용, 폐기에 이르는 전 과정에서의 배출 등이 이에 해당한다. 완성품 제조 및 판매 기업이 아닌 납품 기업의 입장에선, 자사의 고객사가 배출하는 온실가스까지도 Scope 3에 해당한다.

2024년 기준, 전 세계적으로 Scope 1과 2에 대해선 상당히 강력한 규제 체제가 만들어지고 있다. 각국의 금융당국이 이를 공시 의무 항목으로 설정하는가 하면, 다수의 투자기관이 이를 투자의 바로미터로 활용하고 있다. 반면, Scope 3의 경우 그 범위가 너무 넓기에 공통의 기준을 설정하기까진 추가적인 논의가 필요한 상황이다.

　Scope 1~3 가운데 기업의 입장에서 감축 효율성이 높은 것은 Scope 2이다. Scope 1의 경우, 제조 공정의 전면적인 전환이나 대규모의 효율 개선 투자 없이는 감축이 어렵다. 또, 실제 감축 효과가 나타나기까지는 관련 기술의 R&D 및 상용화나 신규 설비의 설치에 긴 시간이 소요된다. 이처럼 막대한 비용과 준비 기간이 필요한 Scope 1 감축과 달리, Scope 2의 경우 재생에너지 조달 등을 통해 즉각적으로 감축을 달성할 수 있다. 기업이 사용하는 전력의 믹스를 바꿈으로써 전력의 원단위 배출량을 변화할 수 있기 때문이다. 민간 차원의 이니셔티브인 RE100이 전 세계적으로 빠르게 확산될 수 있었던 이유이다.

　수출 상위 품목으로 손꼽히는 반도체 및 전자제품, 자동차를 제조하는 국내 기업의 배출현황을 살펴보면, Scope 2는 감축에 필요한 시간뿐 아니라 절대적인 감축량의 측면에서도 효율적임을 알 수 있다. 삼성전자와 SK하이닉스, 현대자동차의 Scope 1, 2 배출량을 보면, 전력 사용에서 비롯된 온실가스 배출량이 해당 기업의 사업장 내에서 직접적으로 뿜어져 나온 온실가스의 양을 크게 웃돈다. Scope 2 배출이 Scope 1 배출의 최소 1.4배에서 최대 2.5배에 달할 정도인 것이다.

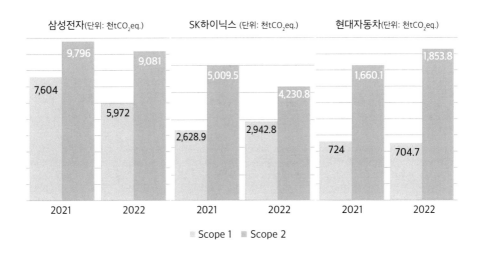

● 국내 주요 기업의 온실가스 배출량 ●

자료: 각 기업 지속가능경영보고서, 정리 및 재구성: 박상욱

삼성전자의 경우, 2022년 Scope 1 배출은 597만 2,000톤, Scope 2 배출은 908만 1,000톤을 각각 기록했다. SK 하이닉스(2022년 Scope 1 배출 294만 2,800톤, Scope 2 배출 423만 800톤)와 현대자동차(Scope 1 배출 70만 4,700톤, Scope 2 배출 185만 3,800톤) 또한 Scope 2 배출이 훨씬 많았다. 이처럼 에너지(전력) 집약적인 산업군의 경우, Scope 2 배출이 기업의 전체 배출에 미치는 영향은 막대하다. 하지만 여기서 문제가 하나 있다. Scope 1과 달리, Scope 2의 경우 기업이 이를 조절하는 데에 한계가 명확하다는 점이다. 전력 사용량 절감을 위해 효율을 개선하는 일은 기업이 스스로 할 수 있는 일이다. 하지만 국내에서 전기를 생산하는 과정에서 뿜어져 나오는 온실가스를 줄이는 것은 기업이 할 수 있는 영역 밖의 일이다. 전 세계적으로 탄소 중립 선언이 잇따른 2020년, 요시다 켄이치로 소니 회장이 고노 다로 당시 행정개혁상에게 "정부가 재생에너지 확대를 위해 무언가를 해주지 않는다면, 나라를 떠날 수밖에 없다"고 말한 이유이다. 더욱이 전력시장의 독점이 이뤄지는 한국에선 정부의 에너지 정책에 기업의 Scope 2 배출이 좌우될 수밖에 없다.

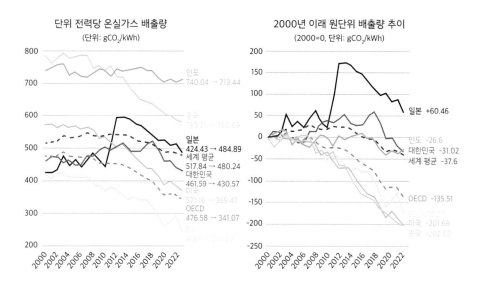

자료: Ember, 정리 및 재구성: 박상욱

● 국가별 전력 온실가스 배출 ●

에너지전환이 가속화한 2000년 이래, 전기의 원단위 배출량은 지속적으로 감소 중이다. 전 지구적 차원에서 봤을 때, 1kWh의 전기를 만들 때 뿜어져나온 이산화탄소의 양은 2000년 517.84g에서 2023년 480.24g으로 7.3% 감소했다. OECD 평균으로는 476.58g/kWh에서 341.07g/kWh로 28.4%나 줄었다. 세부적으로 보면, 미국은 같은 기간 571.16g/kWh에서 369.47g/kWh로, EU는 419.1g/kWh에서 243.83g/kWh로 전력의 청정화에 박차를 가했다. 한국의 경우, 2023년 기준 430.57g/kWh로 세계 평균보다는 낮지만 OECD 평균보다는 여전히 높은 수준을 보였다. 특히, EU와의 격차는 2000년 42.49g에서 2023년 186.74g으로 크게 벌어졌다. 같은 양의 전력을 사용하더라도, 사업장이 어디에 위치해있느냐에 따라 기업의 Scope 2 배출이 달라지는 것이다.

다른 나라의 생산을 대리하는 '글로벌 생산 기지'로서 자국 영토 내 배출(Territorial Emissions)이 소비 기준 배출(Consumption Based Emissions)보다 많은 중국의 2023년 원단위 배출량은 580.69g/kWh로 여전히 세계 평균을 크게 뛰어넘고 있다. 그러나 중국은 2000년 이래 가장 많은 감축을 기록한 국가이기도 하다. 20여 년의 시간 동안 무려 202.62g을 줄여낸 것이다. 감축량으로만 따져보면, 세계 평균(37.6g)이나 OECD 평균(-135.51g)은 물론, 미국(201.69g)과 EU(175.27g)를 뛰어넘을 정도이다. 또 다른 '글로벌 생산 기지' 인도의 경우에도 2023년 713.44g/kWh의 원단위 배출을 기록하며 2000년 대비 26.6g을 줄였다. 한국의 감축폭(31.02g)과 비슷한 수준이다. 이 두 나라는 이러한 성과를 바탕으로 기후변화에 관한 국제적 논의에서 자국의 목소리를 크게 내고 있고, 실제 그 목소리는 상당한 영향력을 보이고 있다. 지난 2021년, 영국 글래스고에서 열린 제26차 유엔기후변화협약 당사국총회 폐회식이 단적인 예이다. 당시 두 나라는 "석탄화력발전의 단계적 폐지"가 담긴 글래스고 합의문 초안에 공식적인 반대 의사를 표명했다. 폐회식 당일 갑작스런 반대에도 불구하고, 결국 합의문의 내용은 "석탄화력발전의 단계적 감축"으로 바뀌고 말았다.

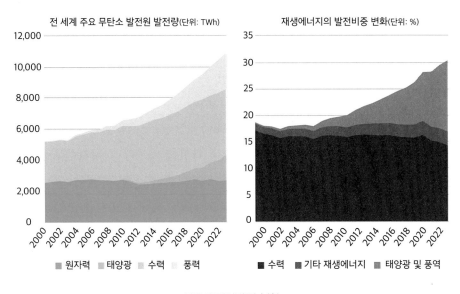

전 세계 주요 무탄소 발전원 발전량(단위: TWh)

■ 원자력 ■ 태양광 ■ 수력 ■ 풍력

재생에너지의 발전비중 변화(단위: %)

■ 수력 ■ 기타 재생에너지 ■ 태양광 및 풍역

● 글로벌 전력발전 현황 ●

자료: Ember, 정리 및 재구성: 박상욱

이러한 전력의 청정화는 화석연료 의존을 줄이고, 재생에너지를 중심으로 무탄소 발전원을 늘린 결과이다. 글로벌 기후에너지 싱크탱크 엠버(Ember)가 2024년 5월 공개한 <Global Electricity Review 2024>에 따르면, 전 세계 발전비중에서 재생에너지가 차지하는 비중은 처음으로 30%를 넘어섰다. 전 세계 태양광 발전량은 2000년 1.03TWh에서 2023년 1,630.53TWh로 1,583배가 됐고, 풍력 발전량은 31.14TWh에서 2,304.09TWh로 약 74배가 됐다. 전통 재생에너지원인 수력 발전량 또한 같은 기간 2,629.08TWh에서 4,209.86TWh로 증가했다. 전통 에너지원이자 대표적인 무탄소 발전원 가운데 하나인 원자력의 경우, 이 기간 발전량은 2,540.46TWh에서 2,685.75TWh로 소폭 늘었다.

재생에너지 확산을 이끈 두 축은 태양광과 풍력이었다. 최근 20여년(2000~2023년) 간의 발전량 데이터를 살펴보면, 21세기 초반 재생에너지 확산을 이끈 것은 풍력이었다. 태양광은 최근 10년새 무섭게 발전량이 늘어나며 풍력이 이끌었던 재생에너지 확대를 든든히 밀어주고 있다. 전년 대비 발전량 증가폭을 보더라도, 2018년 태양광은 +129.75TWh를 기록하며 풍력(+128.93TWh)의 연간 증가폭을 따라잡

더니, 2023년엔 전년보다 무려 307.21TWh 더 많은 전기를 생산하면서 풍력의 전년 대비 증가폭(+205.57TWh)을 가뿐히 뛰어넘었다.

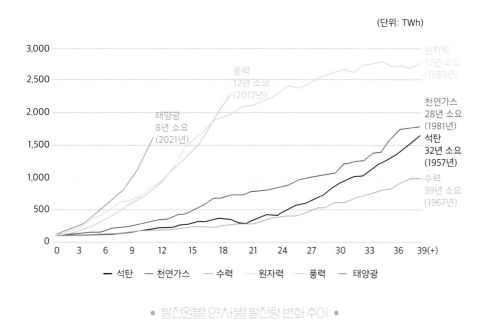

(단위: TWh)

• 발전원별 연차별 발전량 변화 추이 •

자료: Ember, 정리 및 재구성: 박상욱

　재생에너지의 이 같은 확산세는 전례없는 수준이다. 석탄과 천연가스, 수력, 원자력 등 여타 발전원과 비교해보더라도, 전 세계 총 발전량이 1,000TWh를 넘어서기까지 소요된 시간은 월등히 짧다. 수력발전은 발전량 1,000TWh 돌파까지 39년이 걸렸다. 석탄화력발전은 32년, 천연가스화력발전은 28년이 지나서야 1,000TWh를 넘어섰다. 반면, 원자력과 풍력발전은 각각 12년이 걸렸고, 태양광발전은 이 기간을 8년으로 단축시켰다.

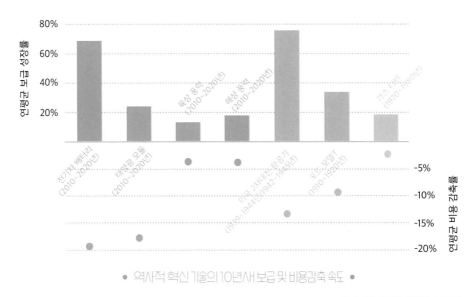

● 역사적 혁신 기술의 10년새 보급 및 비용감축 속도 ●

자료: IEA, 정리 및 재구성: 박상욱

재생에너지를 비롯한 에너지전환의 주요 핵심 기술의 발전 속도는 과거 역사적인 사례들과도 비교된다. IEA는 2023년 9월 발표한 <Net Zero Roadmap: A Global Pathway to Keep the 1.5℃ Goal in Reach> 보고서에서 전기차 배터리와 태양광발전 모듈, 육상 및 해상 풍력발전 터빈과 다른 역사적인 혁신 기술 사례의 보급 속도 및 비용 감축 속도를 비교했다.

전기차 배터리의 보급 확산 속도는 2차 세계대전 당시 미국의 항공기의 확산 속도와 겨룰 정도였다. 당시 기술의 발달과 수요의 급증이 맞물려 미국산 항공기 생산은 연평균 75% 증가했다. 전기차 배터리의 경우, 연평균 70% 증가했고, 비용은 연평균 19% 감소했다. 가격 측면으로 보면, 비교된 항공기보다도 더 빠르게 저렴해진 셈이다. 태양광 모듈의 경우, 연평균 24%씩 보급이 늘었고, 비용은 연평균 18% 저렴해졌다. 대량 생산을 통한 비용 절감의 역사적 사례인 포드의 모델 T보다도 더 빠르게 가격이 저렴해진 것이다. 풍력발전 터빈의 경우, 가스 터빈과 견줄 만한 확산 속도를 보이는 중이다. 연평균 감축률은 가스 터빈보다도 크다.

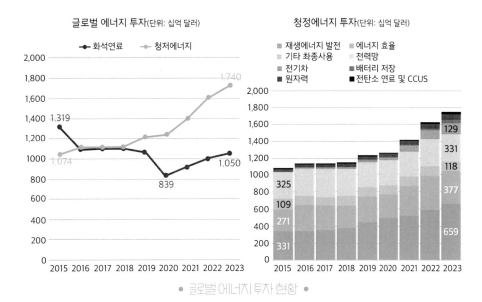

글로벌 에너지 투자 현황

자료: IEA, 정리 및 재구성: 박상욱

　　이러한 전환을 가능케 한 것은 투자의 변화이다. 2015년, 전 세계에서 석유와 천연가스, 석탄 등 화석연료에 투입된 투자규모는 1조 3,190억 달러, 청정에너지 투자규모는 1조 740억 달러를 기록했다. 하지만 2016년, 이내 둘의 순위는 뒤바뀌기 시작했고, 탄소중립 선언과 그린뉴딜 정책 등이 전 세계적으로 붐을 일으키며 그 격차는 더욱 커졌다. 2023년, 화석연료 투자규모는 1조 50억 달러로 줄어들었고, 청정에너지 투자규모는 1조 7,400억 달러로 증가했다.

　　청정에너지의 세부 분야별 투자규모 변화를 살펴보면, 재생에너지 분야의 투자 확대가 전체 확대를 이끌었다. 3,310억 달러였던 재생에너지 발전 투자는 2023년 6,590억 달러로 배 수준이 됐다. 또 다른 무탄소 발전원인 원자력 발전의 경우, 2015년 290억 달러에서 2023년 630억 달러로 340억 달러 가량 증가했고, 전기차의 경우, 2015년 10억 달러에도 미치지 못 했던 투자규모가 2023년 1,290억 달러로 급증했다.

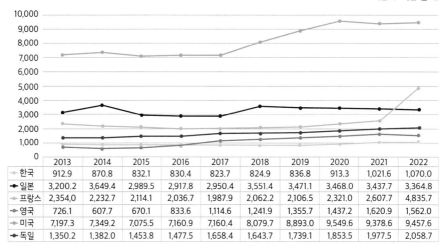

(단위: 백만 달러)

	2013	2014	2015	2016	2017	2018	2019	2020	2021	2022
한국	912.9	870.8	832.1	830.4	823.7	824.9	836.8	913.3	1,021.6	1,070.0
일본	3,200.2	3,649.4	2,989.5	2,917.8	2,950.4	3,551.4	3,471.1	3,468.0	3,437.7	3,364.8
프랑스	2,354.0	2,232.7	2,114.1	2,036.7	1,987.9	2,062.2	2,106.5	2,321.0	2,607.7	4,835.7
영국	726.1	607.7	670.1	833.6	1,114.6	1,241.9	1,355.7	1,437.2	1,620.9	1,562.0
미국	7,197.3	7,349.2	7,075.5	7,160.9	7,160.4	8,079.7	8,893.0	9,549.6	9,378.6	9,457.6
독일	1,350.2	1,382.0	1,453.8	1,477.5	1,658.4	1,643.7	1,739.1	1,853.5	1,977.5	2,058.7

● 대형 원전 가동 유경험국의 저탄소 에너지 RD&D 예산 추이 ●

자료: IEA, 정리 및 재구성: 박상욱

대규모 원전의 가동을 포함한 무탄소 전원의 확산을 추구하는 선진국들의 저탄소 에너지 기술 R&D 예산을 비교해 보면, 한국의 열악한 상황은 여실히 드러난다. 최근 10년(2013~2022년) 한국과 일본, 프랑스, 영국, 미국과 독일의 예산을 보면, 한국의 예산 규모는 6개국 중 가장 적다. 2022년 기준, 10억 7천만 달러로 일본(33억 6,480만 달러)의 3분의 1 수준에 불과하다. 녹색성장에 이어 탄소중립 선언까지 야심차게 이뤄진 국가이나 예산은 제자리걸음을 거듭한 것이다. IRENA는 2050년까지 전 세계적으로 계획된 청정에너지 투자규모가 103조 달러에 달한다고 분석했다. 이는 2022년의 1조 3,080억 달러와 비교할 수 없는 수준의 증가이다. 이러한 투자 가운데 절반 이상은 재생에너지와 전력망 및 에너지 유연성, 에너지 절감 및 효율, 최종 에너지 사용에서의 전기화에 투입되는 것으로 나타났다.

산업통상자원부는 2024년 5월, <재생에너지 보급 확대 및 공급망 강화 전략>을 통해 탄소중립과 에너지 안보를 위한 질서있고 체계적인 재생에너지 확대에 나서겠다고 밝혔다. 이를 실현하기 위한 주요 정책 추진 방향으로는 ① 건강한 해상풍력 산업생태계 조성, ② 질서있는 태양광 확산, ③ 새로운 시장에 맞는 제도 전환, ④ 해외 시장 진출 지원 등을 제시했다. 지금까지의 각종 선언과 이 전략의 실현을 위해선 '의지의 표명' 못지않게 '예산 확대'라는 실천이 뒤따라야 할 것이다. 또한, 산업용 108.9달러/kWh, 가정용 172.8달러/kWh의 OECD 평균 전기요금(2019년 기준, IEA)과 달리, 원가조차 제대로 반영 안 된 한국의 요금(산업용 94.8달러/kWh, 가정용 102.4달러/kWh) 또한 정상화가 시급하다. 지금의 요금 체제를 고수할 경우, 한전의 적자 악화를 넘어 재생에너지 확대와 전력망 확충, 유연성 자원 확보와 같은 에너지전환의 재원 마련은 물론, 에너지 소비 절감과 효율 개선과 같은 행태 변화의 유인은 어려울 수밖에 없다.

4. 트렌드에 민감한 나라, 대한민국

사실 우리나라는 에너지전환의 중요성을 일찍 깨달았던 나라이다. 이는 1978년 2월 15일과 7월 21일 대한뉴스에서도 확인할 수 있습니다.

"(박정희 대통령은) 동력자원부 순시에선 태양열 에너지의 개발과 보급에 힘쓰고, 광산의 안전 대책에 만전을 기하라고 지시했습니다."
〈1978년 2월 15일, 대한뉴스 제1172호 - 박정희 대통령 연두순시〉

"박 대통령은 원자력발전소를 우리 역사상 처음으로 건설하고 제1호기 준공식을 갖게 된 것은 조국 근대화와 민족중흥의 도정에서 이룩한 하나의 기념탑이라고 강조하고, 이제 우리는 태양열과 조력, 풍력 등 새로운 자원을 연구개발하는 데에도 더욱 적극적으로 힘써야겠다고 말했습니다."
〈1978년 7월 21일, 대한뉴스 제1194호 - 고리 원자력 발전소 준공 및 기공식〉

이후 에너지전환은 잠시 국가의 중차대한 관심사에서 벗어났지만, 밀레니엄을 앞두고 다시금 터닝 포인트를 맞았다. 1998년 4월, 유엔 기후변화협약에 대응하기 위해 국무총리를 위원장으로 하고, 재정경제부와 환경부 등 10개 부처가 함께한 범정부 대책기구가 구성된 것이다. 온실가스 배출 저감 계획을 수립하고, 청정에너지의 보급 확대, 에너지 저소비형 산업구조로의 전환 등을 추진하는, 오늘날

〈탄소중립녹색성장위원회〉의 원조 격인 기구가 최초로 구성된 것이다. 이 기구는 1999~2001년 4개년의 '제1차 대책'을 내놨고, 2001년 9월 〈기후변화협약 대책위원회〉로 확대·개편됐다. 그리고 2008년, 대한민국은 세계 최초로 녹색성장을 기치로 내세웠고, 새로운 에너지의 중요성은 다시금 대통령의 발언으로 강조됐다.

"비록 탄소시대에는 뒤졌지만 다가올 수소시대에는 앞서 나가야 합니다. 그 길은 어려운 일임에 틀림없습니다. 단절의 고통과 불편도 따를 것입니다. 하지만 산업화는 늦었지만 정보화를 앞당겼듯이 대담하고 신속하게 나아간다면, 반드시 녹색강국으로 거듭날 수 있습니다.

(중략)

우리는 안전과 신뢰, 그리고 법치를 통해 선진국의 기초를 다질 것입니다. 녹색성장으로 수소시대의 중심에 설 것입니다. 생활공감정책으로 행복한 삶을 추구할 것입니다. 조금 전 여기에 섰던 아이들이 자신의 적성과 자질에 맞는 교육을 받고, 지구촌의 미래를 함께 설계하는 자랑스러운 지구시민이 될 수 있도록 우리 모두 힘을 합칩시다."

〈2008년 8월 15일, 이명박 대통령 광복절 축사〉

이듬해 〈녹색성장위원회〉가 출범했고, 2011년 북유럽의 덴마크와 녹색성장 동맹을 맺었다. 국가 간 녹색성장을 내걸어 맺은 세계 최초의 동맹이다. 그러나 '녹색성장'이라는 이름은 박근혜 정부 시절 '창조경제'라는 이름으로 지워졌고, 해외에선 독일 폭스바겐발 '디젤 게이트'가 터졌다. 뒤늦게 드러난 경유차의 배신과 함께 녹색성장의 대표 정책 중 하나였던 한국의 '클린 디젤 정책'은 문재인 정부 시절인 2018년, 미세먼지 관리 종합대책 발표와 함께 공식 폐기됐다. 단순히 기억에서 잊혀지는 것을 넘어 유종의 미조차 거두지 못 할 뻔한 녹색성장은 정부가 정권 후반기 '그린뉴딜'과 '탄소중립'을 이야기하고, 〈탄소중립위원회〉를 출범시키면서 불씨를 되살렸다. 그리고 윤석열 정부에서 〈탄소중립위원회〉의 이름을 〈탄소중립녹색성장위원회〉로 바꾸며, 녹색성장은 화려한 부활의 신호탄을 쐈다.

1970년대부터 이어진 정부의 에너지전환, 온실가스 감축 대응을 보면, 해외와 그 속도가 비슷하거나 더 앞서갔을 정도이다. 그러나 안타깝게도 온실가스 배출량은 2018년까지 상승세를 이어갔고, 재생에너지 발전비중은 좀처럼 높아지지 않았다. 단순히 에너지의 청정화만 못 한 게 아니다. 1인당 에너지 사용량도 계속해서 늘어만 갔다. 청정에너지로의 전환과 함께 에너지 효율 증대, 사용량 감축으로 효과를 배가했던 선진국들과는 사뭇 다른 모습이다. 지금의 뒤처진 기후변화 대응에 마냥 정부 탓만 할 수 없는 이유이다. 그렇다면, 어떻게 해야 진정한 '한 걸음'을 나아갈 수 있을까? 우리가 그러지 못 한 배경을 찾는 데에서 그 힌트를 얻을 수 있다.

에너지 정책은 자기강화적 경로의존성이 매우 강한 정책이다. 가벼운 승용차는 100km/h의 속도로 달리다가도 완전히 멈추기까지 수초의 시간 밖에 걸리지 않지만, 무게가 수백t에 달하는 기차는 수십 초의 시간이 걸리는 것처럼, 관성의 힘이 강한 것이다. 그렇다 보니 정책의 방향을 바꾸기도 어렵거니와 그 방향을 바꾸는 데엔 오랜 인내와 노력, 그리고 비용과 시간이 필요하다. 우리나라는 석유 한 방울 안 나는 지리적 약점에도 불구하고, 석유에서 부가가치를 얻는 일에 집중하며 경제 성장을 일궜다. 자동차, 석유화학, 섬유 등이 대표적이다.

이러한 접근법과 방법론은 우리 정부의 수소 전략에서도 그대로 드러난다. 정부는 2019년 1월, 수소 경제 활성화 로드맵을 발표했다. 수소경제가 한국의 미래 성장 동력이 될 것이라는 이명박 전 대통령의 발언 이후 10년 5개월이 지나서야 나온 첫 로드맵이지만, 에너지전환에 선도적인 독일보다 1년 반 가량 앞선 것이었다. 그런데, 이렇게 선도적으로 국가 차원의 수소전략을 발표했을 당시, 우리나라는 그린수소를 생산할 원천기술을 갖고 있지 않았다. 전략의 대부분은 FCEV와 FCEV에 연계된 수소 충전소 등 공급망에 대한 내용이었다. 마치, 석유 없이 석유로 굴러가는 자동차와 석유화학, 섬유로 부를 축적했던 것처럼, 수소 없는 수소경제를 통해 경제의 도약을 꿈꾸는 듯 보일 정도였다.

이는 정부의 로드맵 수립 당시, 탄소중립과 같은 기후변화 대응과 에너지 자립에 대한 장기적 전략이 부재했기 때문이라고 설명될 수밖에 없다. 독일의 경우,

수소전략의 핵심 역할은 탄소중립 달성의 수단에 있었다. 때문에 그린수소의 생산 및 공급에 대한 세부적인 전략이 중요 내용으로 담겼다. 그러나 우리나라가 수소 전략에서 가장 강조한 것은 경제적 기대효과였고, 제시한 비전은 "세계 최고수준의 수소경제 선도국가로 도약"이었다. 도약의 밑바탕은 수소 그 자체가 아닌, 수소를 활용한 다운스트림에 있었다. 로드맵 수립을 준비하던 그때, 탄소중립은 한국의 주요 어젠다도 아니었다. 그 결과, 2023년 기준, 지금까지 우리나라에서 상업적으로 쓰이는 수소는 모두 화석연료에서 비롯된 그레이수소이고, 여전히 그린수소의 자체 생산은 실증 단계에 머물러있다. 청정수소의 중요성이 강조된 것은 2021년 발표된 제1차 수소경제 이행 기본계획에서였다. 기본계획에서 정부는 2050년 전체 수소 공급량의 100%를 청정수소로 공급하며, 이러한 청정수소의 자급률을 60%로 끌어올리겠다고 밝혔다. 그러나 목표로 하는 전체 공급량 2,790만t 가운데 해외 도입분의 비중은 2,290만t에 달한다. 실질적으로 국내에서 자체 생산하는 청정수소는 500만t에 그치고 있다. 최근 30년(1991~2020년), 화석연료 체제 하의 우리나라 에너지 자급률인 17.6%도, 그로부터 30년 후인 2050년 우리나라의 수소 자급률인 17.9%도 서로 대동소이한 셈이다.

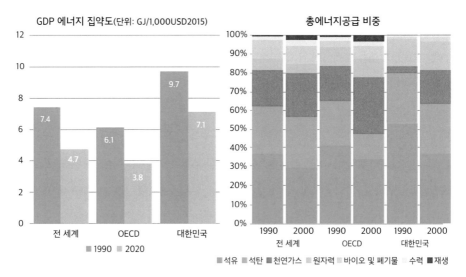

● 글로벌 에너지 집약도 및 공급 현황 ●

자료: IEA, 정리 및 재구성: 박상욱

지금껏 화석연료 없는 화석연료 기반 체제의 성장이 가능했던 것은 화석연료의 공급과 가격을 안정시키기 위해 정부와 산업계가 모두 노력했던 덕분이다. 그 결과 화석연료의 부재에도 우리 경제의 탄소집약도는 세계 평균과 비교해 매우 높았고, 지금도 여전히 높은 편이다. 그리고 여전히 이들 산업이 우리 경제에서 차지하는 중요도 또한 높다. 에너지전환에 가장 취약한 경제산업 구조를 가졌음에도, 결국 지금의 대한민국을 만든 성공의 자산이 좌초자산으로 변할 가능성이 커졌음에도, 그래서 그 누구보다 발 빠른 대응과 변화가 요구되는 상황임에도 몸놀림이 가벼울 수 없는 것이다. 정부도, 정치권도, 산업계도, 시민사회도, 지금까지의 체제에 너무도 익숙해졌다. 변화에 따르는 충격과 그 충격에 따른 거센 반발 앞에 그 누구도 먼저 총대를 메려 하지 않았다. 그린뉴딜에 나서고, 탄소중립을 선언한 나라가 됐음에도 계속해서 국내에 석탄화력발전소의 건설을 진행하고, 인도네시아와 베트남에 새로 석탄화력발전소를 짓는 촌극이 그 대표적인 사례이다.

　화석연료의 공급과 가격 안정을 위한 정부의 노력은 에너지 효율 증대와 소비 감소엔 악영향을 미쳤다. 전력 생산에서 가장 큰 비중을 차지하는 것이 화석연료이고, 그 화석연료를 전량 수입에 의존하는 상황에서, 우리나라의 전기 요금은 화석연료의 자급이 가능한 나라보다도, 전기의 생산원가보다도 저렴한 수준이 오랜 기간 이어졌다. 난방을 위한 열 또한 대부분을 수입 에너지원에 의존함에도 겨울철 우리의 실내 옷차림은 우리보다 GDP가 훨씬 높은 선진국들보다 가벼웠다. 에너지전환을 위해선 전력 생산 부문을 넘어 산업 곳곳에 엄청난 투자가 뒤따라야 하는데, 비정상적인 가격은 그러한 재원 마련을 어렵게 만들었다. 또, 우리의 변화를 이끌어내는 가장 큰 요인 중 하나인 가격이 비정상적인 상태를 유지함에 따라 우리는 그 변화의 필요를 느끼지 못 했고, 알게 모르게 변화를 거부할 수밖에 없었다. 오늘의 저렴함, 편안함, 달콤함에 빠져 우리는 계속해서 돌아올 수 없는 티핑 포인트를 향해 나아갔던 것이다.

　그럼에도 아직 희망은 있다. 변화와 적응에 능한 대한민국이기 때문이다. 패스트 팔로워(Fast Follower)를 넘어 트렌드 세터(Trend Setter)의 역할을 해 본 경험이 있는 나라이고, 국민이고, 기업이기 때문이다. '한강의 기적'이라고 했을 때, '언제적 이야기를 아직도 하느냐'는 비아냥이 있을지도 모른다. 그러나 이러한 기적을 경험한 나라는 지구상에서 매우 드물다. 이미 우리가 보유한 기술과 자본, 뛰어난 인적자원을 활용한다면, 에너지전환 시대의 패권 경쟁에서 충분히 뒤처지지 않을 것이고, 어쩌면 선도도 가능한 수준이다. 세계 최고 수준의 태양전지 기술도, 연료전지 기술도, 이차전지 기술도 갖고 있으니 말이다.

그린수소의 밑바탕이 되는 재생에너지 잠재량 또한, 주요 선진국과 비교해 결코 낮지 않다. 햇볕이 부족해서 문제일까? 우리나라의 평균 일사량(GHI Median)은 하루 평균 3.99kWh/㎡로, 영국(2.59kWh/㎡), 독일(2.95kWh/㎡), 프랑스(3.48kWh/㎡) 등 유럽 주요 선진국뿐 아니라 일본(3.61kWh/㎡)보다도 높다. 면적이 좁아서 문제일까? 국내 농지 면적 16~17% 가량에만 영농형태양광 발전시설을 설치해도, 국가 신재생에너지 전원 목표인 108.3GW를 달성할 수 있을 정도이다.

풍력발전 여건의 경우, 독일이나 영국 등이 접한 강한 바람의 북해보다 못하지만, 사업성은 충분하다. 이미 쉘, 토탈 등 전통의 글로벌 에너지 기업과 오스테드와 같은 글로벌 재생에너지 기업들이 우리나라에 대규모 투자를 하고, 해상풍력 사업을 추진하고 있을 만큼 말이다. 정작 해외에선 한국의 햇빛과 바람에 눈독 들이고 사업을 추진하고 있는데, 우리는 이를 외면하고 있다. 모르고 외면한다면 우매한 것이고, 알고도 외면한다면 훗날 역사적인 책임을 피할 수 없을 것이다.

탄소중립의 실현

김주태, 김도희

세계 곳곳에서 발생하는 이상기후에 따른 재난 등 기후 위기는 현실이 되고, 기후 위기 대응의 시급성이 두각 되면서 탄소중립(Net Zero 또는 Carbon Neutrality) 개념이 등장했다. 탄소중립이란 온실가스 배출을 최대한 줄이고, 배출된 온실가스는 흡수(산림 등), 제거(CCUS: Carbon Capture, Utilization and Storage)해서 배출량이 Zero가 되는 개념이다. 즉 배출되는 탄소와 흡수되는 탄소량을 같게 해 탄소 '순배출이 0'이 되게 하는 것으로, 이에 탄소 중립을 '넷−제로(Net-Zero)'라 부른다.

탄소중립은 모두가 지켜야 할 시대적 과제라는 공감대와 합의를 바탕으로 국제사회의 규범이 되었다. 스웨덴(2017), 영국, 프랑스, 덴마크, 뉴질랜드(2019), 헝가리(2020)등 6개국에서 이미 '탄소중립'을 법제화하였으며, EU(유럽연합)은 '그린 딜'(2019.12)을 통해 2050년 탄소중립 목표 발표하고, 중국은 2020년 UN총회에서 2060년 이전까지 탄소중립 달성을 선언하였다. 일본은 2020년 의회 연설에서 2050 탄소중립 목표를 선언, 미국 에너지부는 2020년 산업 탈탄소화 로드맵을 발표했다. 탄소배출 감축을 위해서 한국은 2020년에 2050 넷 제로를 달성하겠다는 목표를 수립하였으나, 기후변화 대응 측면에서는 여전히 G20 평균에 미치지 못하고 있다. 본 장에서는 한국의 탄소 배출량의 추이를 분석하고, 어떠한 노력이 이

루어지고 있는지를 정리하였다. 그리고, 해외의 사례를 비교하였다.[1]

1. 국내 배출 추이 분석 및 부문별 배출량 분석

국내 온실가스 총배출량은 1990년대 이후 꾸준한 증가세를 기록했다. 온실가스 총배출량은 2018년 7억 2,700만 톤으로 정점을 기록한 후 2019년 7억 만 톤, 2020년 6억 5,620만 톤까지 감소하였다가 2021년에는 6억 7,900만 톤으로 증가했다. 특히 에너지 분야의 온실가스 배출량이 큰 폭으로 증가하고 있으나 GDP대비 온실 가스 배출량은 감소하는 추세이다. 2021년 기준 국내 이산화탄소 배출량은 2018년도 정점으로 증가한 이후, 소폭의 감소세를 보였으나, 현재 배출량이 다소 높아 지속적으로 감소세가 이어질 수 있을지 의문이다.[2]

표 3-1. 우리나라 온실가스 총배출량과 GDP 대비 및 1인당 배출량

(단위: 백만 톤 CO2eq. 톤 CO2eq./십억 원 . 톤 CO2eq./인)

	2010	2011	2012	2013	2014	2015	2016	2017	2018	2019	2020
총배출량(백만 톤 CO$_2$eq.)	656.1	684.8	688.0	697.3	692.1	692.6	693.7	710.6	727.0	701.0	656.2
에너지	565.7	594.7	596.0	604.5	596.9	600.3	602.2	615.6	632.6	611.6	569.9
산업공정	53.0	53.0	54.4	55.1	57.9	54.5	53.5	56.5	55.8	52.2	48.5
농업	22.1	21.1	21.5	21.3	21.4	21.0	20.8	21.0	21.1	21.0	21.1
폐기물	15.4	16.0	16.1	16.4	15.8	16.9	17.2	17.6	17.4	16.5	16.7
GDP 대비 온실가스배출량 (톤 CO$_2$eq./십억 원)	459.9	462.9	454.2	446.2	429.1	417.7	406.4	403.6	401.2	378.5	356.7
1인당 온실가스 배출량 (톤 CO$_2$eq./인)	13.2	13.7	13.7	13.8	13.6	13.6	13.5	13.8	14.1	13.5	12.7

자료: 국가지표체계, 2023)

---

1   이하의 내용은 2023년 국회예산정책에 제출된 연구보고서, '2050 탄소중립 실현을 위한 국내외 산업 전략 평가분석'을 바탕으로 작성되었다.
2   국가지표체계(2023)을 참조한다.

온실가스 배출량은 2018년도 정점을 기록한 후 2년 동안 감소하다 2021년 6억 7,960만 톤으로 다시 증가하였다. 이는 코로나 이후 위축되었던 산업활동이 회복되면서 발전량 증가에 영향을 준 것으로 보인다. 온실가스 배출량은 2022년 6억 5,450만 톤으로 다시 감소하였는데, 이는 에너지 다소비 업종의 온실가스 배출 감소, 무탄소 에너지 비중이 증가 등을 원인으로 볼 수 있다. 2022년 국내총생산(GDP)이 전년 대비 2.6% 증가하는 상황에서 온실가스 배출량은 감소하여 탈동조화 가능성에 대한 기대가 커진 상황이다.[3]

표 3-2. 최근 5개년 국가 온실가스배출량

(단위: 백만톤 , %)

연도	2018	2019	2020	2021	2022
배출량	727	701	656	678	655
증가율	2.3	-3.5	-6.4	3.3	-3.5

주: 2022년 수치는 잠정치임 / 자료: 국회예산정책처

지난 5개년(2018-2022년) 에너지원단위와 탄소집약도 모두 하락 추세에 있는데, 2018년을 정점으로 국가 온실가스 배출량이 하락한 것은 에너지원단위와 탄소집약도의 하락이 1인당 GDP 상승보다 컸기 때문이다.

---

3   국회예산정책처(2023). 2024년 및 중기 경제 전망 IV[성장부문] 내용을 참조한다.

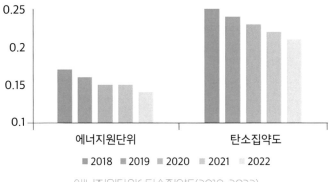

● 에너지원단위&탄소집약도(2018-2022) ●

주: 에너지원단위는 실질 GDP(십억 원) 대비 일차에너지 수요(1,000toe)의 비율로, 탄소집약도는 일차에너지 수요(1,000toe) 대비 국가 온실가스 배출량(백만 톤)의 비율로 산정함

자료: 국회예산정책처

2022년 온실가스 감소는 대부분 산업부문과 전환부문에서 발생했다. 산업부문과 전환부문의 배출량 변화 기여도 합은 -3.85%p로, 배출량변화 -3.48%의 대부분을 차지했다. 세부적으로 산업부문의 기여도는 -2.40%p, 전환부문은 -1.45%p, 수송 부문 -0.12%p, 건물부문 0.21%p, 기타부문 0.24%p이다.

표 3-3. 온실가스 배출량 부문별 기여도(2022년)

(전년동기대비, %, %p)

부문	비중	변화율	기여도
총배출량	100.0	-3.48	-3.48
전환	33.0	-4.48	-1.45
산업	38.7	-6.22	-2.40
수송	14.5	-0.81	-0.12
건물	6.9	2.99	0.21
농축수산	3.7	1.19	0.04
폐기물	2.4	-0.62	-0.01
기타	0.8	29.09	0.24

자료: 국회예산정책처

지역별로 살펴보면 충청남도에서 타지역에 비해 압도적으로 많은 탄소를 배출했다. 2위인 전남에 비대 2배 가까운 수치인 연간 약 1억 5,400만 톤의 탄소배출량을 기록했는데, 이는 충청남도 산업구조가 원인으로 작용할 수 있다. 충청남도 역내에 국내 주요 제조기업들의 생산 및 발전 시설이 집중되어 있으며, 핵심 제조업인 철강, 자동차, 반도체 및 디스플레이 산업은 에너지 소모량 및 탄소배출량이 높기 때문이다.

2. 국내 탄소배출 감소를 위한 노력

탄소배출 감축을 위한 국제사회의 노력에 발맞추어 2021년 한국은 2050년 넷제로(순배출량 0)을 달성하겠다는 목표를 수립했으며, 한국 정부는 2050년 탄소중립 목표 시점의 중간인 2030년 국가 온실가스 감축목표를 기후변화협약 사무국에 제출했다. 당초 2018년 배출량 대비 26.3%였던 2030년 온실가스 배출량 감축목표를 상향하여 2030년까지 온실가스 배출량을 2018년 대비 40% 감축을 목표로 설정했다. NDC(Nationally Determined Contribution) 상향으로 한국은 2030년까지 탄소배출량을 4억 3,660만 톤까지 감소시키는 것이 목표이다.

부문별로 살펴보면 전환 부문에서 44.4% 감축하여 연간 1억 4,990만 톤까지 감축 목표로 하며, 산업부문은 14.5% 감축하여 연간 2억 2,260만 톤까지, 건물 분야에서 32.8% 감축하여 연간 3,500만 톤까지, 수송 분야에서 37.8% 감축하여 연간 6,100만 톤까지 감축하는 것이 목표이다.[4]

---

4 국가온실가스종합정보센터(2022) 내용을 참조한다.

표 3-4. 한국의 부문별 2030 온실가스 감축목표(온실가스종합정보센터, 2022)

(단위: 백만 톤)

구분	부문	기준연도('18)	現 NDC('18.7) ('18년比 감축률)	NDC 상향안('18.7) ('18년比 감축률)
배출량*		727.6	536.1 (△191.5. △26.3%)	436.6 (△291.0. △40.0%)
배출	전환	269.6	192.7 (△28.5%)	149.9 (△44.4%)
	산업	260.5	243.8 (△6.4%)	222.6 (△14.5%)
	수송	52.1	41.9 (△19.5%)	35.0 (△32.8%)
	건물	98.1	70.6 (△28.1%)	61.0 (△37.8%)
	농축수산	24.7	19.4 (△21.6%)	18.0 (△27.1%)
	폐기물	17.1	11.0 (△35.6%)	9.1 (△46.8%)
	수소	–	–	7.6
	기타(탈루 등)	5.6	5.2	3.9
흡수 및 제거	흡수원	−41.3	−22.1	−26.7
	CCUS	–	−10.3	−10.3
	국외 감축	–	−16.2	−33.5

※ 상기 표의 배출량에 부문별 간접 배출량은 포함되어 있지 않음
· 기준연도('18) 배출량은 총배출량, '30년 배출량은 순배출량(총배출량 − 흡수 · 제거량)
· 국내 추가 감축 수단을 발굴하기 위해 최대한 노력하되, 목표달성을 위해 보충적인 수단으로 국외 감축 활용

2050 온실가스 순 배출량 0을 위해 온실가스 총배출량을 최소화한 A안과 CCUS(대기 중에 있는 이산화탄소뿐 아니라 산업 공정에서 발생하는 이산화탄소를 포집해 활용하거나 이를 저장하는 기술)같은 탄소흡수 및 제거기술을 활용한 B안을 상정하였다.

각 부문별 감축목표를 살펴보면 A안의 배출량 목표는 0이며, B안은 2,070만 톤까지 감축이 목표이다. 산업 부문에서는 2050년 까지 5,110만톤까지 감축이 목표이며 이는 2018년도 대비 80.4% 감축한 수치이다.

건물 부문에서는 2018년도 대비 88.1% 감축된 수치인 620만톤으로 설정하였으며 이는 고효율 전자기기 보급과 저탄소 청정에너지 보급 등의 변화에 따른 기대수치이다. 수송 부문은 A안에서는 내연기관을 전면 전환하여 1,260만 톤, B안에서는 일부 내연기관차의 대체연료 사용하여 1,460만 톤까지 감축하는 것이 목표이다. 폐기물 부문은 폐기물 감량 및 재활용 등을 통해 2018년 1,710만 톤에서 440만 톤까지 74% 감소를 목표로 수립했다.

전환, 산업, 수송에 필요한 수소를 생산하는 과정에서 B안은 부생 및 추출수소 생산으로 인한 900만 톤 온실가스 배출 예상되지만, 배출된 탄소는 흡수원, CCUS, DAC의 3가지 방법으로 상쇄하여 순배출량 제로를 목표로 한다.

표 3-5. **2018년 대비 2050년 온실가스 목표 배출량**

구분	부문	'18년	A안	B안	비고
배출량		686.3	0	0	
배출	전환	269.6	0	20.7	A안은 화력발전 전면중단 B안은 화력발전 중 LNG 일부 잔존 가정
	산업	260.5	51.1	51.1	
	건물	52.1	6.2	6.2	
	수송	98.1	2.8	9.2	A안은 전기·수소차 등 무공해차로의 전면적인 전환, B안은 내연기관차의 대체연료(e-fuel 등)사용 가정

배출	농축수산	24.7	15.4	15.4	
	폐기물	17.1	4.4	4.4	
	수소	–	0	9	A안은 국내생산 수소 전량을 수전해 수소(그린 수소)로, B안은 부생·추출 수소 일부 생산 가정
	탈루	5.6	0.5	1.3	
흡수 및 제거	흡수원	-41.3	-25.3	-25.3	
	이산화탄소 포집 및 저장·활용 (CCUS)	–	-55.1	-84.6	
	직접공기포집 (DAC)	–	–	-7.4	포집탄소는 차량용 대체연료로 활용 가정

자료: 2050 탄소중립위원회(2021)

이러한 목표치에 비해 아직 결과는 미미한 실정이다. 국내 온실가스 배출량은 대체적으로 감소하였으나, 실제 온실가스 배출실적은 목표에 미치지 못하였으며, 특히 에너지 효율성을 판단하는 에너지 집약도 지표가 목표치에 다다르지 못했다. 전환, 산업 부문은 2021년 기준 목표치를 달성하였으나, 그 외 부문은 더 많은 노력이 필요한 상황이다.[5]

전환부문은 온실가스 배출량이 총 2억 2,250만 톤으로 2018년도 대비 17% 감소했으며, 산업 부문은 온실가스 잠정 배출량은 3억 8,050만 톤으로 2021년 목표배출량 대비 2.2% 낮은 수치로 목표치를 달성했다.

수송부문은 온실가스 배출량이 9,900만 톤으로 2021년 목표 배출량인 9,160만 톤 대비 8.01% 초과 배출하였으며, 농축산 분야에서는 2021년 목표인 1,970만 톤보다 7.6% 높은 2,120만 톤을 배출하였다. 흡수원분야는 2018년 기준 국내 온실가스 흡수량은 4,560만 톤으로 NDC 상향안의 9%를 담당하고 있으나, 2021

---

5 2050탄소중립위원회(2021) 내용을 참조한다.

년 산림부문은 목표치의 절반 수준에 그쳤다. CCUS 기술을 활용해 2019년과 2020년 모두 100톤을 포집했으나 2021년 결과는 실적 자료가 충분하지 않으며 2030 구체적인 로드맵이 제시되지 않아 보완이 필요하다.

이렇듯 부족한 감축 실적과 함께 한국은 1인당 온실가스 배출량이 매우 높은 나라로 평가된다. 2019년까지 1인당 온실가스 배출량은 13.2 톤으로 G20 평균의 2배에 가까운 수치이다.

긍정적인 것은 우리나라 산업부문에서 가장 온실가스 배출량이 높은 철강산업의 이산화 탄소의 배출량이 감소하고 있다는 것이다. 2022년 전국 대형사업장 887곳의 연간 대기오염물질 배출량은 72톤으로, 2018년도 194톤에 비해 빠르게 감소하고 있다. 이는 에너지 효율 개선 및 환경 관련 투자 확대의 영향으로 예측된다.

3. 향후전망

2024년도에 국가온실가스 배출량은 1.2% 감소할 전망이다. 경제성장의 둔화가 지속되고 에너지 부문과 산업 부문의 배출량 감소가 이어질 것으로 예상되기 때문이다. 2개년(2023~2024) 동안 인구가 감소, 1인당 GDP는 증가의 상황에서 에너지원단위와 탄소집약도가 하락할 것으로 전망된다. 즉 에너지 수요관리 강화, 에너지 효율성 개선, 무탄소 에너지원(원자력, 신재생에너지) 비중 상승 등에 따른 배출량 감소 효과가 경제활동 활성화에 따른 배출량 증가 효과보다 크게 나타나, 온실가스 배출량은 감소할 것으로 전망해볼 수 있다.

2023－2027년(중기)에는 국내 탄소배출량 감소 및 배출량 감소폭의 확대, 탄소집약도 하락, 에너지원단위 개선 등의 효과 확대가 전망된다. 2030년까지 국내 탄소배출량 경로를 예측해 보면 국제감축, CCUS 등의 부문에서 정부 감축 목표를 충족하는데 어려움을 겪을 것으로 예상되어, 이에 대한 대응이 필요할 것으로 보인다.

4. 해외현황

1) 해외 탄소배출 현황

2019년 기준 국가별 연료 연소에 의한 탄소배출량을 살펴보면 중국, 인도 같은 몇몇 개발도상국을 제외하면 대부분 산업이 발달한 선진국들이 상위권에 포진되어 있다. 탄소 배출량이 가장 많은 나라는 중국으로 나타났으며, 연간 이산화탄소 배출량 92억 5,790만 톤으로 전 세계 총 탄소배출량의 28.2%를 배출한다. 두 번째로 탄소 배출량이 많은 나라는 연간 이산화탄소 배출량 47억 6,130만 톤으로 전 세계 탄소배출량의 14.5%를 배출하는 미국이다. 1850년부터 집계한 누계 탄소 배출량이 1위를 기록하고 있다. 중국과 미국의 탄소 배출량을 합치면 연간 140억 1,920만 톤으로 전 세계 배출량의 절반에 가까운 42.7%를 차지한다.

선진국의 이산화탄소 배출은 천천히 감소하는 추세지만 1인당 이산화탄소 배출량이 이미 높다. 지금까지 배출된 이산화탄소 배출량의 절반은 전 세계 인구의 12%에 불과한 선진국에서 배출했으며, 개발도상국들은 선진국들에 비해서 낮은 수준의 배출량을 보이고 있다.[6]

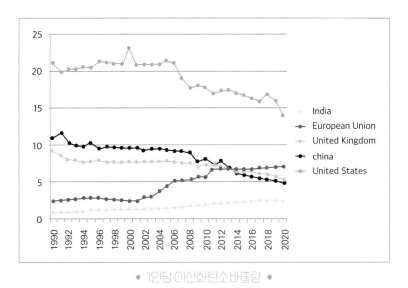

● 1인당 이산화탄소 배출량 ●

자료: Our World in Data(2022)

---

6   Our World in Data(2022)를 참조한다.

2010년부터 2019년까지의 통계를 살펴보면, G20 국가들의 에너지 관련 이산화
탄소 배출량과 총에너지 공급량은 꾸준히 증가하고 있다. 에너지 관련 이산화탄소
배출량은 전 세계의 인구 증가세보다 빠르지만 GDP성장보다는 느린 추세이다.

GDP		
2021	2020	2010-2019
+6.1%	-3%	+3.5%

Energy-related CO_2 emissions		
2021	2020	2010-2019
+5.9%	-4.9%	+1.1%

Total primary energy supply (TPES)		
2021	2020	2010-2019
+5%	-4%	+1.5%

Population		
2021	2020	2010-2019
+0.4%	0.6%	+0.8%

Carbon intensity of the energy sector		
2021	2020	2010-2019
-0.9%	+0.9%	-0.3%

Energy intensity of the economy		
2021	2020	2010-2019
-1.1%	-1.1%	-1.6%

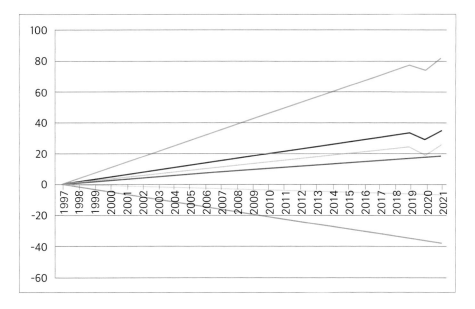

• 글로벌 에너지 관련 주요 지표 •

자료: Climate Transparency(2022a)

2015−2019년의 1인당 온실가스 배출량은 대부분 G20국가에서 감소하고 있다. 우리나라 포함 6개국을 제외한 14개국에서 감소세가 나타났으며, G20 평균 감소세는 1%이다. 가장 감소세가 큰 나라인 인도네시아는 34% 감축되었다. G20 국가의 탄소배출은 분야별로는 에너지, 교통, 부문에서 점차 증가했으며, 산업 부문에서는 감소했다. 많은 국가에서 탄소배출을 감축했으나 중국, 인도 등에서 배출량이 증가해 감축이 상당 부분 상쇄되었다. OECD 국가 중에서는 우리나라와 튀르키예를 제외한 모든 나라에서 감소했다.[7]

OECD 국가들은 특히 경제성장률보다 에너지소비 증가율이나 온실가스 배출 증가율이 낮아지는 이른바 탈동조화(decoupling) 현상이 뚜렷하게 나타나는 중이다. 미국, 일본, 독일, 프랑스, 영국 등 주요 OECD 국가들에서는 꾸준한 GDP 증가에도 불구하고 온실가스 총배출량 또는 배출량 증가율이 하락세를 보이고 있다. 특히 1990−2017년에는 모든 OECD 국가가 탈동조화를 기록했다. 경제 성장률과 온실가스 배출량 증가율의 차이를 이용하여 산정된 탈동조화 지수(DI: Decoupling Index)를 살펴보면 OECD 전체와 영국, 독일, 일본, 미국이 강한 탈동조화 국면에 진입했음을 알 수 있다.

종합하면 우리나라의 탄소배출량 정점은 2018년으로 최근에서야 탄소배출량 감축이 시작된 것과 반대로 많은 나라들이 탄소배출 감축이 이미 진행 중이다. 탄소배출 주요국의 대부분을 차지하는 선진국들은 탄소배출량 정점을 기록한지 비교적 오래 되었으며 이미 탄소배출 감축이 상당부분 진행 중이다. 특히 영국의 경우에는 강한 탈동조화 현상이 일어나며 이미 탄소배출량 10위권 밖으로 벗어났다.

다만 중국, 인도와 같은 개발도상국에서는 탄소배출량 증가 현상이 계속해서 나타나고 있으며, 특히 이 국가들은 탄소배출량이 매우 커 통계지표에서 큰 영향을 차지 향후 이러한 나라들이 전 지구적 탄소배출량 증가 및 온실가스 감축 계획 성공에 큰 영향을 미칠 것으로 예측된다.

---

7 Climate Transparency(2022a) 내용을 참조한다.

5. 해외 국가들의 탄소 감축을 위한 노력

1) 유럽

친환경 역량이 기업의 핵심 경제력으로 부상하면서, 미국과 유럽을 중심으로 한 전 세계적 기후위기 대응과 그린전환이 본격화되고 있다. EU집행위원회는 2019년에 2050년까지 탄소중립 달성과 경제사회의 경쟁력 도모를 위한 신규 성장 계획인 그린딜을 발표하였다. 2030년까지 에너지 집약 산업인 철강, 화학, 시멘트 등의 탈탄소화를 강조하며 약 1조 유로를 투자할 계획을 발표했다. EU는 전체 이산화탄소 배출량의 5%, 산업 이산화탄소 배출량의 25%를 차지하고 있는 철강산업에서 발생하는 탄소를 절감하여 친환경 철강 생산을 크게 확대하기로 했으며, EU는 주로 화석연료 사용을 줄이고 수소를 사용한 철강 생산 공정으로 탄소를 절감할 계획으로 탄소 포집 기술 R&D를 확대할 계획이다. EU의 철강산업은 친환경 철강을 위해 가장 많은 노력을 하고 있으며, EU와 산업계의 활발한 협력이 진행 중이다. EU는 2030년까지 철강 생산의 30%가 친환경 수소를 사용한 친환경 공정으로 생산될 것이라고 기대하고 있다. 유럽 시멘트 협회(CEMBUREAU)는 유럽 그린딜에 따라 시멘트 산업의 탄소중립 로드맵을 발표했으며, 1990년 대비 2030에는 40%를, 2050년까지 완전한 탄소중립을 이룰 것이라고 선언했다.

2023년 2월에는 「그린딜 산업계획」을 발표했는데, 2019년 제안된 유럽 그린딜의 일환으로, 2050년 넷제로 목표 달성을 위한 친환경산업 육성을 위해 국가별 보조금 규제 완화, EU 차원의 공동 기금 조성 등의 내용이 포함된 계획이다. 이는 미국의 「인플레이션감축법」, 일본의 「그린성장전략」 등 주요국의 친환경산업 육성 정책에 대응하기 위해 제시된 유럽의 친환경 산업전략이며 무역 상대국의 차별적인 보조금 정책으로 인한 시장왜곡 및 불공정 경쟁으로부터 역내 산업을 보호하려는 목적을 가진다.[8]

---

8 국회예산정책처(2023). 2024년 및 중기 경제 전망 II(생산부문) 내용을 참조한다.

2023년에는 핵심 원자재의 채굴, 가공 및 재활용이 EU 역내에서 이루어질 수 있도록 노력하기 위한 규정인 「핵심원자재법」을 발표하였다. 주요 목표로는 2030년까지 EU내 전략원자재 34개(4년마다 업데이트)의 채굴 역량을 연간 소비량의 10%, 가공 역량을 40%, 재활용 역량을 15% 이상 확보하는 것이 목표이며 특정 국가에 대한 개별 전략원자재의 수입 의존도를 연간 소비량의 65%를 넘지 않고 다변화하도록 규정하고 있다.

또한 역내 2차 원자재 확대를 위해 회원국별 재활용 제도를 개선하고 핵심원자재 회수율을 고려한 재활용 시스템을 준비 중이다. 이와 관련된 대표적인 법안이 「배터리법」 및 「공급망 실사지침」이다. 그린전환과 관련하여 EU는 역외거래에도 2023년 10월부터 역외에서 생산된 제품에 대해 탄소국경조정제도를 적용한다. 탄소국경조정(Carbon Border Adjustment Mechanism, CBAM) 제도는 역외 생산 제품에 대해 EU와 동일한 탄소배출 규제를 적용하고 그 차이를 수입 가격에 반영하는 것이다. CBAM은 그린딜 정책의 후속 조치로서 2021년 7월 발표된 'Fit for 55'의 12개 입법안 중 탄소가격 관련안이다. CBAM은 2023년 10월부터 2025년까지 시범 운영되며, 2026년 1월 1일 이후 탄소배출권 무상할당제 축소와 연계하여 CBAM 인증서 제출이 의무화된다. CBAM 관련 인증서 발행비용으로 한국 수출기업의 이익감소 및 매출 감소가 예상된다.

유럽 그린딜은 온실가스 배출, 자원고갈, 환경오염을 배제하면서 경쟁력있는 경제 체제로 전환시키는 새로운 패러다임에 대한 시대적 요구를 반영하고 있으며 정치, 사회, 경제 전반에 다양한 변화를 주고 있으나 기후·환경 위기에 대응한다는 명분하에 EU의 기후·환경·노동 규제를 외국 및 외국 기업에 적용해 보호무역 수단으로 악용하거나 EU 기업의 경쟁력을 높이는 등 EU의 실익을 취하려는 의도가 숨어 있다는 지적도 있다.

2) 미국

미국 에너지부는 2020년 산업 탈탄소화 로드맵을 발표했다. 2020년 기준 미국의 에너지 관련 이산화탄소 배출량은 제조부문이 전체 배출량의 83%이었고 화학, 정유, 철강 순으로 많은 배출량을 가졌다. 미국 정부는 가장 큰 탄소절감 효과를 얻을 수 있는 5대 주요 산업부문에 집중하여 에너지 효율성, 산업 전기화, 에너지원, 탄소 포집·활용·저장 등 4대 핵심 축을 위주로 투자 예고했다. 철강은 산업 분야 중 가장 온실가스 배출량이 많아 중장기적으로 선별된 투자 필요성 제기되는 분야이며, 미국의 화학산업은 산업 전기화, 에너지원 변경에 대한 감축 효과를 크게 인정 받아 이에 대한 투자가 이루어질 예정이다. 미국의 시멘트 산업을 대표하는 PCA(Portland Cement Association)는 2022년 미국 시멘트 산업의 2050년 탄소중립을 위한 로드맵을 발표했다. 2050년까지 미국 내에 약 1,124억 제곱미터의 건축물을 건설할 전망이기 때문에 콘크리트의 탈탄소화는 필수로 여겨진다.

그린전환과 관련해서 미국의 관련 정책으로는 미국이 코로나19 이후 글로벌 공급망 회복과 기술패권을 유지하기 위해 발표한 산업정책 중 하나인 「인플레이션 감축법(Inflation Reduction Act, 이하 IRA법)」이 있다. IRA법은 기후변화 대응, 보건 분야 복지 개선, 기업 과세 개편 등에 총 7,730억 달러 규모의 예산을 투입하여 미국의 재정적자 해소 및 친환경 경제로의 전환을 통해 미국의 인플레이션을 감축하는 효과를 도모하는 법이다. 이 IRA법의 핵심은 전기차 보급 확대를 위해 북미(미국, 캐나다, 멕시코)에서 최종 조립된 중고차와 신차에 각각 최대 4,000달러와 7,500달러의 세액공제를 해주는 것이며 에너지 안보 및 기후변화 법안의 목표는 크게 아래의 다섯 가지로 구분된다.

표 3-6. **IRA 에너지 및 기후변화 목표 및 프로그램**

	목표 및 프로그램
1	에너지 비용 절감노력(Lowers energy costs for Americans)
2	미국의 에너지 안보 강화 노력(Increase American energy security)
3	경제 전반에 걸친 탈탄소화(Decarbonizing all sectors of the economy)
4	소외된 지역사회에 대한 투자(Investments into disadvantaged communities)
5	농촌과 산림 , 지역사회의 기후 대응 투자 지원(Resilient rural communities)

자료: 국회예산정책(2023)

미국정부는 IRA법안에는 친환경 관련 세제혜택 및 인센티브 투자지원 정책, 공급망전반에 걸친 재생에너지 촉진과 기후 기후변화 대응책이 포함되어, 기후변화 대응을 통해 온실가스 감축과 에너지 전환목표 달성뿐만 아니라 그 과정에서의 신흥 청정 산업 부흥 및 일자리 창출을 목표로 하고 있다. 특히 미국은 자국 에너지 밸류체인 확보를 최우선 과제로 삼아 추진하고 있어, 태양광·풍력·원자력 등 친환경 에너지 기업에게 세액공제 혜택 연장과 추가 세액공제 조항으로 기존 및 신규 프로젝트 추진과 추가 투자자금이 투입되고 있다.

3) 일본[9]

일본은 2020년 10월 '2050 탄소중립 달성'을 선언한 뒤, '그린성장전략'(2020년 책정, 2021년 개정)과 '그린이노베이션기금'(2021년) 등 관련 정책을 추진해 왔다. 일본은 2050탄소중립 달성을 목표로, 2030까지 2013 대비 46% 감축을 목표로 하고 있다. 2021년 3월에는 연구개발 및 프로젝트를 지원하는 '그린이노베이션 기금'을 신설하였으며, 같은 해 5월에는 해상풍력, 수소 등 14개 분야의 단계별 지원계획인 '그린성장전략'을 개정하였다. 2021년도 10월에는 에너지기반 이산화탄소 45% 감축, 에너지 지급률 30%달성 등의 내용을 담은 '제6차 에너지기본계획'을 발표했다.

배출량을 살펴보면 일본의 온실가스 배출량은 세계 7위이며 2013년 배출량 14억 900만 톤을 정점으로 이후에는 점차 배출량이 감소하고 있다. 2021년에는 2013년 대비 약 20%의 온실가스 배출량이 감소했다(대외경제책연구원, 2023). 1인당 온실가스 배출량도 2019년 기준 일본의 1인당 온실가스 배출량은 9.2톤으로, 2014년부터 2019년까지 9.7%가 감소했다.

부문별 이산화탄소 배출 비율은 전력 부문이 41%로 가장 많은 비율을 차지했으며, 산업부문이 27%로 2번째 비율을 차지했다. 수송은 18%, 건물은 10%로, 기타 3%로 뒤를 이었다.

---

9   이하 내용은 KIEP(2023). 일본 'GX추진 전략의 주요 내용과 시사점'을 바탕으로 구성되었다.

발전원별로 살펴보면 선진국들과 마찬가지로 천연가스의 비중은 점차 증가하고 있으며, 석유발전 비중은 감소하고 있다. 가장 많은 비중을 차지하고 있는 천연가스 발전비중은 38%, 다음으로 석탄 29%, 재생가능한 에너지원이 25% 순으로 나타났다. 재생가능한 에너지원 또한 빠르게 증가하고 있으며 재생가능한 에너지 중 수소 9.3%, 태양열 9%, 바이오 연료 5.3%, 풍력 1%로 나타났다.

2023년 7월 일본 정부는 미국과 EU의 인플레이션 감축법(2022.8)과 그린딜 산업계획(2023.2) 발표에 따른 국제적 움직임에서 경쟁력을 확보하기 위해, 화석 에너지에서 청정에너지로의 산업 및 사회 구조 전환을 의미하는 녹색전환(Green Transformation) 분야 총괄 정책인 'GX 추진전략'을 발표했다. 2023년 7월에 발표된 GX추진전략은 2021년도에 발표된 6차 에너지기본계획과 지구온난화대책계획 등을 총망라하며, 2023년 5월에 성립된 'GX추진법'과 '탈탄소 전원법'에 의거하여 작성되었다. 2023GX정책은 '안정적인 에너지확보'와 '성장지향형 탄소가격제 도입', '국제협력 강화', '사회 전반에 걸친 GX추진'이 주요 내용이다.

먼저, 안정적인 에너지확보를 위해 기업 대상으로는 보조금 도입, 가정 대상으로는 에너지 고효율 단열차 보수 등 주택에너지 효율화를 지원할 예정이며, 재생에너지 비율 증가 목표 달성을 위해서 전국규모의 전력계통 정비, 차세대 태양전지 '페로브스카이트') 연구개발 도입 지원 등 중장기적 대책을 강구했다. 또한 '수소기본전략'을 통해 수소, 암모니아 공급망 구축을 위한 인프라를 정비할 예정이다.

다음으로, 성장지향형 탄소가격제도입과 2050년 탄소중립 달성을 위해 10년간 150조 엔 규모의 GX 투자가 필요하다고 인식하고 GX 경제이행채(국채)를 신설하고, 2023년부터 10년간 20조 엔 규모를 발행할 예정이다. GX경제이행채의 재원을 마련하기 위해 배출권 거래제(2026년 예정), 유상할당(2033)제도 추진, 탄소부과금(2028 예정), GX추진 기구설립을 추진할 예정이다. 또한 국제협력을 위해 일본의 주도로 설립된 미얀마를 제외한 아세안 국가들과 호주, 일본이 참여하는 아시아·태평양 지역 탈탄소 공동체인 AZEC와 아시아 에너지 전환 이니셔티브를 통해 금융, 기술, 지원 및 정책 협조를 제공할 계획이다. 사회 전반에 있어서도 탈탄소 시범지역 선정 및 지역별 중점대책 강구, 기업 대상 대응책 파악 및 지원체계, 인재육성 방안 모색 등 각 산업의 상황에 맞게 국가적 지원을 강화할 예정이다. 일본 또한 국계적 흐름에 발맞추어 탄소중립 달성을 가속화하고 있어 관련 산업의 발전이 기대되며 우리나라에 미치는 영향을 보다 예의주시할 필요가 있다.[10]

4) 중국[11]

중국은 세계 최대 이산화탄소 배출국이며 전 세계 이산화탄소의 1/4 이상을 배출하고 있다. 2021년도 중국의 탄소 배출량은 110억 톤으로 전 세계적으로 압도적으로 많은 배출량을 보이고 있다. 중국은 WTO에 가입 이후, 2021년도까지 연평균 6%의 속도로 탄소배출량이 증가하였는데, 같은 기간 GDP성장률이 8.7% 인 것을 감안할 때, 매우 빠른 증가세로 볼 수 있다. 중국은 코로나사태였던 2020년도에도 탄소배출량이 증가했는데, 같은 시기 탄소배출량이 급감한 주요국가들과는 대조적인 모습이었다(대외경제정책연구원, 2022). 산업별로는 석탄사용이 약 79억 6,000만 톤으로 가장 많은 탄소배출량을 차지하고 있으며, 온실가스 배출에서도 전력 및 열에너지 생산에서 가장 많은 탄소가 배출되고 있다.

시진핑 주석은 2020년 9월 제75차 유엔총회 기조연설을 통해 "2030년 탄소 피크와 2060년 탄소중립달성"의 탄소중립 목표를 국제적으로 선언했다. 중국은 2060 탄소중립 실현을 선언한 이후, 시장 메커니즘에 기반한 다양한 환경 정책을 추진해 왔다.

먼저 탄소배출권 시장추진을 살펴보면, 중국은 탄소배출권 시장을 금융시장과 탄소배출 감축이라는 측면에서 그 기능을 강조해 오고 있다. 2013년도부터 2021년도까지 지역 탄소배출권거래소는 약 3,000개의 기업이 참여하였고, 거래량과 거래액은 2.4억 톤, 58.66억 위안을 기록했으며 실제 환경 개선효과, 금융권에서의 가시적인 성과를 보였다. 2021년도에는 2005년 대비 50.8% 감소하였으며

---

10 KIEP(2023) 내용을 참조한다.

11 KIEP(2022). '중국의 시장 기반 탄소중립 정책 동향 및 전망 내용'을 바탕으로 구성되었다.

2021년 7월에는 상하이에 전국 규모 탄소배출권 거래소가 공식적으로 출범하기도 했다. 앞으로도 중국의 탄소배출권 시장은 업종확대 등 점차 확대될 예정이다.

다음으로 중국은 녹색전력 시장을 추진하고 있다. 녹색전력 시장은 태양광과 풍력 등의 방식으로 생산된 전력만을 거래하는 거래소를 의미한다. 2021년 9월 국가발전개혁위원회와 국가에너지국이 <녹색전력 거래 시범사업 방안>을 발표하며 시장이 설립되었다. 녹색전력의 거래는 공급자와 수요자 간 직접거래와 전력망 업체를 통한 간접 구매로 구분할 수 있다. 녹색전력 생산능력은 2011년 28%에서 2021년도 47% 수준으로 상승하는 등 공급자의 역량은 강화되고 있지만, 상대적으로 수요자가 부족한 상황을 녹색 전략 시장을 통해 개선해 나갈 것을 기대하고 있다. 실제로 공급자는 녹색시장을 통해 안정적인 수요자 확보할 수 있고, 수요자는 중장기 계약을 통한 합리적인 가격의 이점을 누릴 수 있다. 녹색전력 시장을 개장한 2021년 9월 이후 이산화탄소 배출량이 607.18만 톤가량 감소한 것으로 추산된다.

2023년 4월에는 국가표준화관리위원회, 국가발전개혁위원회, 공업정보화부, 자연자원부, 생태환경부 등이 함께 '탄소피크 및 탄소중립 표준체계구축 지침'을 발표하였다. 지침의 내용에는 2025년까지 1,000개 이상의 국가표준과 산업표준(외국어 버전 포함)을 완성하고 국제표준과의 일관성을 높여나가면서 30개 이상의 녹색저탄소 관련 국제표준에 실질적으로 참여할 것을 목표가 포함되었다. 지침의 내용은 탄소배출 데이터를 어떻게 정확하게 측정하고, 어떻게 탄소배출을 줄이는지에 대한 해결책을 제시하는데 중점이 있다. 이처럼 중국 또한 탄소중립 표준화와 체계 구축을 위해 다양한 환경 정책을 추진하고 있으며 이는 국제적 탄소중립 목표에도 긍정적인 영향을 미칠 것으로 본다.

참고문헌 ◆

국가지표체계, 2023. 「온실가스배출량」.

국회예산정책처, 2023. 「2050탄소중립 실현을 위한 국내외 산업전략 평가분석」.

국회예산정책처, 2023. 「2024년 및 중기경제전망 II I(생산부문)」.

국회예산정책처, 2023. 「2024년 및 중기 경제 전망 IV(성장부문)」.

온실가스종합정보센터, 2022. 「2021년 온실가스 감축 이행실적 평가 보고서」.

탄소중립위원회, 2021. 「2050 탄소중립 시나리오」.

Climate Transparency, 2022a. 「Climate transparency report 2022」.

Climate Transparency, 2022b. 「Country profile India 2022」.

Climate Transparency, 2022c. 「Country profile South Korea 2022」.

Climate Transparency, 2022d. "Japan, country profile 2022".

Our World in Data, 2023a. "China: CO2 country profile".

Our World in Data, 2023b. "Greenhouse gas emission".

Our World in Data, 2023c. "India: CO2 country profile".

KIEP, 2022. 「중국의 시장 기반 탄소중립 정책 동향 및 전망」.

KIEP, 2023. 「일본 'GX 추진 전략'의 주요 내용과 시사점」.

탄소중립 커뮤니케이션과 기업성과 창출 메커니즘

홍성준

1. 탄소 중립 커뮤니케이션의 전략적 중요성

환경규제와 소비자의 환경에 관한 관심 증가에 대응하려는 기업들은 빠르게 친환경 저탄소 경영을 도입하고 있다. 기업들은 당국의 규제 압력에 대해 사전에 대응하고 지속 가능한 성장을 가능하게 하려는 전략적 선택을 하는 것은 당연하다. 관련 투자와 탄소 배출에 따른 큰 비용과 투자가 따르는 것도 부담이지만 더 큰 문제는 탄소 중립을 제대로 수행하지 못하면 그 기업은 환경을 악화시키는 주범이 되어 소비자의 외면을 받을 수 있는 문제를 초래할 수 있다는 점이다.

소비자 입장에서 탄소중립을 바라보는 것이 중요한 것은 최근 소비자들이 급격하게 친환경 제품에 대한 선호를 빠르게 높여가고 있기 때문이다. 한국소비자원이 2022년에 수행한 친환경 제품 구입 의사를 조사한 결과는 놀랍다. 소비자의 90.7%(907명)는 친환경 제품을 구입할 의사가 있었고, 그중 95.3%는 '일반 제품에 비해 가격이 다소 비싸더라도 구입하겠다'는 의사를 밝혔다. 친환경 제품에 대한 구입 의사의 비중이 2021년 대비 불과 1년만에 8% 이상이 늘어난 것이고, 대다수소비자가 친환경 제품에 대한 구입 의사가 있다는 것이다. 이것은 친환경이 이 시대의 지배적인 소비가치가 되었다는 것을 의미하고 기업에게 중요한 변화이다. 친환경 제품정보의 영향력과 관련하여 친환경 제품을 구매할 의사가 있는 소비자(907명) 중 96.3%는 '친환경 제품 구매·선택 시 제품별 환경성 평가 정보가 영향을 끼칠 것이다'는 조사결과도 흥미롭다. 친환경 소비문화 확산할 것이라는 이유로 '환경보호 실천(59.9%)'이 가장 많았고, 이어서 '미래세대에 도움(16.0%)' 등 이타적인 동기가 가장 컸다. 소비자의 선한 소비 성향은 과거의 품질, 가격 등의 선택기준을 뛰어넘는 기업이나 제품, 브랜드를 선택하는 기준이 된 것이다.

그런데 문제는 기업들이 탄소중립활동을 소비자와 소통하는 부분에 대해서는 그리 적극적이지 않다는 점이다. 설령 탄소중립 활동에 진심을 가지고, 적극적으로 대처하여 제품이나 광고에 반영하여도 소비자들은 이런 노력을 소위 그린워싱이나 상업적인 의도가 있는 것으로 오인하고 불신을 불러일으켜서 오히려 성과를 저하할 수도 있다. 심지어 기업들은 친환경 제품에 대한 선호도가 올라가며 관련 제품의 매출 신장에 도움이 되자 일부 기업들은 과장·거짓 광고로 소비자를 기만하는 일도 빈번하다. 환경부에 따르면 2022년 환경성 표시·광고로 적발된 건수는 4558건으로 2021년 적발 건수(272건)의 16.7배에 달했다고 한다.

또 한 가지 주의해야 할 것은 기업의 경쟁력을 강화해서 실질 경쟁력이 개선되었다 하더라도 그 기업에 대한 소비자의 경쟁력에 대한 인식을 바꾸지 않는 한 기업의 성장과 생존은 어렵다는 것을 기억하는 것이다. 품질개선으로 품질 자체가 향상되어도 소비자의 품질에 대한 인식을 바꾸려면 많은 시간과 전략적 커뮤니케이션이 필요하듯, 탄소중립활동으로 소비자의 선호를 얻어내기까지 장기적으로 세련되고 전략적인 커뮤니케이션 노력이 필요하다.

탄소중립활동을 기업들은 어떻게 커뮤니케이션을 할 것인가에 대한 원칙이나 전략 구축에 관심을 두고 접근해야 한다. 탄소중립활동에 대한 커뮤니에이션 전략을 제대로 수립되어 실행되지 않고 있다는 것은 가장 중요한 전략적 포인트를 놓치고 있는 것과 같다. 탄소중립활동의 최후 단계의 전략적 문제는 어떻게 고객에게 제대로 효율적이고 효과적으로 탄소 중립활동을 긍정적으로 인식시켜 소비자의 선택을 받고 궁극적으로 기업성과로 연결하는 것이다. 탄소중립 커뮤니케이션을 어떻게 전략적으로 수행해야 할까?

2. 탄소 중립 커뮤니케이션 전략

앞서 설명했듯 기업들은 단기적 이익을 위해서 기만적 커뮤니케이션을 서슴지 않는다. 애플은 애플워치를 탄소중립 제품으로 홍보하면서 넷제로 달성을 위한 노력과 성과를 강조했지만 '그린워싱'에 불과하다는 비판을 받았다. 소비자에게 신제품으로 제품 교체를 유도하는 마케팅 전략 자체가 탄소중립과 상충할 뿐만 아니라 탄소중립에 대한 효과가 작음에도 내용을 과장하여 소비자에게 구매를 유도한다는 것이다. 블룸버그는 애플의 친환경 노력을 비판하며 "애플의 진정한 전문 분야는 기술력이 아니라 홍보능력"이라고 지적하기까지 했다. 애플의 방식은 '탄소 상쇄' 방식으로 달성한 성과라는 것이다. 제품 제조공정에서 이산화탄소를 감축하기보다는 나무를 심는 등으로 간접적으로 탄소배출권을 확보하는 방식에 불과하므로 탄소중립의 본질에서 벗어난다는 것이다. 유럽위원회는 2026년부터 배출권 상쇄를 통한 탄소중립을 홍보하는 것을 법적으로 금지한 바 있다.

위와 같은 그린워싱과 같은 편법을 통해 기업은 당장에는 이익을 볼 수 있지만 장기적으로 고객의 외면을 받을 수 있고, 한 번 잘못 형성된 이미지는 다시 개선하기 어렵다. 탄소중립 커뮤니케이션을 단기적인 미봉책으로 운영하는 것은 경영 환경이 이미 저탄소 시대로 빠르게 진입하고 있다는 것을 고려하면 환경 적응 시기를 놓치는 것과 같다. 장기적이고 본질적인 측면은 물론 소비자 입장에서 전략적으로 탄소중립활동을 커뮤니케이션 해야 한다.

1) 탄소중립 전략과 메시지의 인프라 구축

기업은 탄소중립 메시지를 커뮤니케이션할 때 메시지의 본질이 되는 탄소중립 활동의 인프라를 먼저 구축하는 것에 먼저 착수해야 한다. 탄소중립활동의 인프라를 구축하는 프로세스는 먼저 기업의 탄소중립 비전과 전략을 수립하고(Plan), 비전을 구성원들과 공유하고 제도 및 조직 기반 구축하여 실행하고(Do), 객관적으로 탄소중립활동의 데이티를 모니터링 및 관리하여 성과평가를 수행하는(See) 프로세스를 거친다. 마지막으로 이상의 단계가 완성이 되면 가치사슬 전반으로 탄소중립활동을 확장하고, 동일 업계와 협업하여 성과를 확대하는 단계로(Extend) 나아간다.

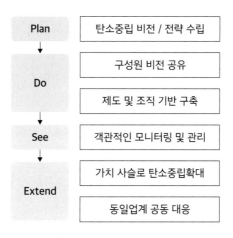

• 탄소중립활동의 메시지 인프라 구축 프로세스 •

우선적으로 탄소중립이 궁극적으로 나아가야 할 비전과 이를 달성할 전략을 수립해야 한다. 이 단계에서 가장 중요한 것은 기업철학과 사업 영역에서 대치되는 부분이 없는지를 철저히 확인하는 것이다. 목표도 실현가능하고 구체적으로 설정되어야 한다. SK그룹은 "2030년 기준 세계 탄소 감축 목표량(210억 톤)의 1% 규모인 2억 톤의 탄소를 줄이는 데 기여할 것"이라고 목표를 설정한 바 있다. 소비자들은 기업이 제시하는 가치의 본질이 개선되지 않으면 처음에는 호응할지 몰라도 금세 과장, 거짓을 알아차리고 떠나기 때문에 방향성에 따른 본질이 먼저 개선되어야 한다. 2010년 기업의 비즈니스 전략체계와 지속가능경영 전략체계를 통합했던 유니레버는 지속경영과 관련하여 새로운 비전과 전략체계를 발표한 바 있다. 이후 매년 업그레이드를 통해 완성도를 높여가고 있다. SKT는 그룹 전체의 탄소

감축 목표 달성을 자사의 사업과 연계한다. 예를 들면 메타버스 서비스 '이프랜드(ifland)'를 통해 회의, 발표, 출장 등 탄소 발생을 유발하는 오프라인 활동을 가상 세계에서 손쉽게 대체할 수 있게 도우면서 기업의 비전과 탄소중립을 연결한다. 탄소중립활동이 장기적 관점에서 마일스톤을 가지고 기업의 비전과 전략에 녹아들어 있어야 기업이 제시하는 메시지도 일관성을 갖게 되고 메시지 전달에 효과적이다.

둘째는 실행단계로 탄소중립 비전을 조직구성원들과 공유하고 제도적인 기반을 구축하는 단계이다. 탄소중립 비전은 초기 계획 단계에서부터 경영층과 사업의 각 부문 구성원을 참여시켜 조직 간 이해를 조율하고 지식을 공유함으로써 시행착오를 줄일 수 있다. 탄소중립활동에 대단위의 투자가 수반되므로 경영층의 적극적인 추진력으로 조직 전체가 움직여야 한다. 이를 위해 추진 부서를 지정하여 정보를 수집하고 조직 전체에 배포하여 모든 주요 의사 결정자에게 방향, 단계 및 목표를 명확하게 하여 내외부 이해관계자들이 메시지를 통일되게 받아들일 수 있도록 도와줘야 한다. 유니레버는 사내에 탄소 중립위원회와 관련 통계 데이터를 생산하는 통계팀, 지속가능위원회 등을 신설해 부서 간 커뮤니케이션을 원활히 했다. 탄소중립과 환경 문제는 기업 내 여러 부서 간의 이해가 충돌할 수 있고 문제가 복합적으로 얽혀있는 경우가 많아 기존 팀을 초월하는 조직 간 협업과 소통의 촉진이 더욱 중요해진다.

셋째, 탄소중립활동에 대한 객관적이고 투명한 모니터링 시스템을 구비하여 활동의 성과 기준을 확립하고 평가하는 단계이다. 애플이 그린워싱으로 비판받았던 것도 객관적인 탄소중립 평가기준이나 평가 기관이 없었던 것이 주요한 원인이었다. 친환경을 강조하는 광고나 마케팅을 할 때도 그린워싱 리스크, 증가하고 있는 규제 관련 리스크가 없는지 내부적인 모니터링 과정이 필요하다. 애플은 자사 최초의 탄소중립 제품임을 강조하며 '애플워치 시리즈9'을 공개했을 때 유럽소비자단체는 '탄소중립' 홍보문구의 사실여부를 확인하기 위해 정밀조사에 나섰다. 기업은 선제적으로 내부 모니터링 부서를 통하여 객관적인 기준과 증거를 확보하고, 외부에 정보를 투명하게 공개하는 등 적극적으로 대처해야 커뮤니케이션 리스크를 회피할 수 있다.

넷째, 탄소중립 활동의 확장 단계로 대상을 가치사슬망에 속하는 비즈니스 파트너 전반으로 확대해 나가는 단계이다. 그린워싱 논란에 휩싸였지만 애플이 가치사슬 전반에 걸쳐 탄소감축과 상쇄를 실행한다는 점은 긍정적이다. 탄소중립 제품생산을 위해 애플은 생산공장을 포함해 협력업체까지 100% 청정에너지를 사용하고 정기적으로 발행되는 환경 진행 보고서를 통해 청정전력 공급원에 대한 정보를 투명하고 구체적으로 공개한다. 유니레버도 자사가 사용하는 원자재 조달부터 제품을 판매하는 시점까지 가치사슬 전반의 온실가스 배출을 '제로(0)화'하는 목표를 세웠다. 공급망-생산-판매 및 유통의 가치사슬 전 과정에서 탄소중립을 실현하고자 하는 것이다. 어떤 원자재를 사용했느냐를 따져 묻는 규제가 강화되고 있고, 환경을 고려하여 쇼핑하는 소비자가 급격히 늘었나고 있음을 고려할 때 가치사슬 전체에서 탄소중립활동을 시스템화시키는 것은 이제 필수적이다.

마지막으로 동일업계 전체의 관점에서 공동으로 탄소중립활동을 확대해 나가는 단계이다. 이익이나 경쟁에 초점을 맞추기보다는 업계와 공동으로 대처함으로써 탄소중립의 효과성을 높일 수 있다. 그 방법으로는 ① 탄소중립 관련하여 동일한 규제를 적용받고, 활동의 방향이 유사하므로 관련 정보를 공유하거나 공동으로 대처하는 것 ② 대규모 재원이 소요되는 탄소중립 기술을 함께 개발하여 투자부담을 축소하는 것 ③ 정부 등 관련 기관과 협업과 소통에서 공동대응함으로써 교섭력을 개선하는 것 등이 있다. 유니레버는 업계와 공동으로 탄소포집 컨소시엄 참여했는데 이 이니셔티브는 화학산업협회 주도한 것이다. P&G, 바프스 등 서로 경쟁하는 기업들이지만 탄소포집 기술을 개발하고 확장하기 위해 힘을 협업하기로 한 것이다. 해외에서는 보험업계가 탄소중립 전환을 가속하기 위해 제휴를 시작하고 있다.

2) 탄소중립활동 메시지의 효과적인 전달 요소

다음은 CSR 관련 연구들을 토대로 성공적인 탄소중립활동 메시지의 효과성 결정요인을 정리한 것이다. 탄소중립활동이 환경적인 사회적 책임활동의 대표적인 영역이고, 기본적으로 사회와 이해관계자들과의 협력을 통해 성과를 창출한다는 측면에서 우리에게 시사점을 줄 수 있을 것으로 기대한다.

(1) 진정성

진정성은 CSR 활동의 성과에 상당히 큰 영향을 미치는 요인이기도 하지만 기업의 탄소중립활동의 성과에도 영향을 미칠 가능성이 큰 요인이다. 진정성의 사전적인 의미는 '사실에 근거한 것', '본질적으로 진실한' 것이다. 진정성이란 '어떤 행위를 의무감이나 책임감에 의해 수행하는 것이 아니라 상대방을 위해 진심으로 배려하는 마음에서 우러난 행동이라고 인식하는 것, 즉 믿음을 갖는 것'이다. 탄소중립의 메시지가 상업적 목적이 아닌 우리 사회와 이해관계자들을 진정으로 배려하고 있음을 놓치지 말아야 한다는 것이다.

소비자가 진정성을 평가할 때 제시되는 다양한 관련 상황이나 의미와 같은 상징적 단서(cue)를 이용한다는 점을 전략적으로 활용해야 한다. 진정성 평가는 매우 복잡한 지각적 과정을 포함하기 때문에 특정 단서를 이용해 의사결정을 단순화하기 때문이다. 탄소중립활동 관련 진정성을 인식하는 단서의 특징으로는 "기업과의 적합성, 장기적이고 일관된 집행, 그리고 거짓·과장되지 않은 메시지" 등을 제시할 수 있다. 적합성은 기업이 생산하는 것과 기업의 탄소중립활동 간의 연결성을 의미하고 일관되고 장기적 집행은 말 그대로 꾸준함을 의미한다. 마지막으로 거짓되지 않고 과장되지 않는 메시지는 신뢰 요인을 개선한다. 진정성은 마케팅 커뮤니케이션의 핵심인 고객과 친밀한 관계형성을 구축하는 전제 조건이라는 점에서도 매우 중요한 요소이다. 똑똑해진 소비자는 논리적이거나 감성적인 마케팅의 설득보다는 진정성이 담긴 마케팅을 원하고 있다.

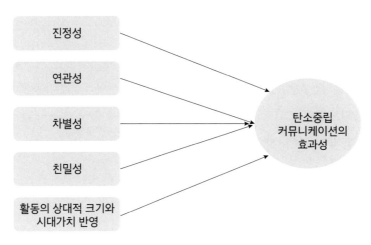

● 탄소중립 활동 메시지의 효과성 결정요인 ●

(2) 연관성

소비자들은 탄소중립활동을 해당 기업과 관련이 있거나, 기업 또는 브랜드의 이미지에 부합될수록 더욱 호의적으로 평가한다. 연관성은 이해관계자가 탄소중립활동을 보다 쉽게 수용할 수 있도록 도움을 준다. 스카마 이론에 의하면 특정 분야의 사전 지식과 경험이 스키마(Schema)라고 하는 구조화된 지식의 행태로 조직화되면서 새로운 정보에 대한 인식, 기억, 추론, 판단에 영향을 준다. 즉, 기존 스키마와 새로운 스키마가 유사할수록 이성적인 판단 없이 개인의 지식구조에 통합될 수 있다. 탄소중립활동 주체와 지원 이슈 간 적합도가 높은 경우, 이해관계자들은 해당 기업에 대해 지니고 있는 기존의 지식, 연상을 더욱 쉽게 활용할 수 있어서 그 지식, 연상들을 강화시키게 되는 원리이다. 반대로 낮은 연관성은 이해관계자들이 가지고 있던 기존의 지식 또는 연상과 부합되지 않기 때문에 탄소중립활동에 대한 정보의 수용이 제한된다. 기업이 자신의 업종과 부합되는 분야의 탄소중립활동을 하는 경우, 소비자들은 그 기업이 보유하고 있는 전문성을 사회공헌 분야에 활용하고 있다고 생각하거나 해당 분야에서 경쟁력을 갖고자하는 자연스러운 동기로 이해하므로 기업에 대한 이미지에 긍정적인 영향을 준다.

그러나 주의해야 할 점이 있다. 탄소중립활동과 해당 기업과의 연관성이 오히려 부정적 영향을 줄 수 있다는 것이다. 기업의 탄소중립활동과 사업영역이 적합성이 너무 높은 경우 소비자들은 오히려 기업이 자기 스스로 이익을 위하여 탄소중립활동을 한다고 생각할 수 있어서 동기가 훼손될 수 있고 결과적으로 메시지전달이 제대로 안 될 수 있다. 기존 연구들의 결과를 종합해 보면 연관성이 너무높거나, 너무 낮을 경우에는 탄소중립에 대한 인식에 부정적인 평가를 유발하는반면, 적정 수준의 연관성이 있을 때는 긍정적 평가를 유발한다. 즉 연관성과 탄소중립활동과 이해관계자들의 인식과의 관계는 역U자 형태를 띄기 때문에 적정한 연관성 수준이 어느 정도 수준인지 반드시 확인하여야 한다.

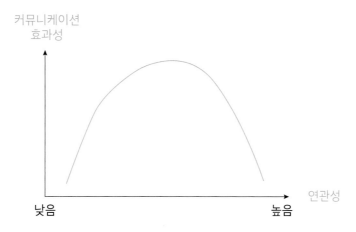

● 탄소중립활동 메시지의 연관성과 커뮤니케이션효과성 간의 관계 ●

(3) 차별성

마케팅이나 광고에서 경쟁 기업과 차별성을 갖는 것은 기업의 제품이나 서비스를 돋보이게 하는 매우 핵심적인 전략이다. 기업의 사회적 활동이 사회적 대의를 위하는 행위이지만 결과적으로 기업의 성과를 높여주는 커뮤니케이션 도구의역할을 수행한다는 관점에서 탄소중립활동의 차별성은 점점 더 중요한 특징이 될수 있다. 최근까지는 탄소중립활동을 적극적으로 한다는 것 자체가 그 기업의 아이덴티티를 형성하지만 점점 더 많은 기업들이 탄소중립활동에 참여할 것으로 예상하는 만큼 향후에는 차별적인 활동과 메시지가 향후 훨씬 중요해질 것이라는 얘기다.

유니레버가 경쟁사인 P&G에 업계 1위를 내주었을 때 '기업의 사회적 책임과 경영을 일체화시키는 비전을 통해 고객들에게 메시지를 전달하면서 차별적인 가치를 인정받아 기업성과 개선에 성공했다. 그러나, 실제로 기업이 수행하고 있는 CSR 활동이나 탄소중립활동에서는 차별성은 많이 고려되지 않는 것으로 나타나고 있어 더욱 관심을 기울여야 하는 부분이다.

차별성있는 메시지를 설계할 때 다음의 사항을 주의해야 한다. 첫째, 선점효과를 고려해야 한다. 만일 유니레버의 방식으로 P&G가 탄소중립활동을 하고, 메시지를 전달한다면 어떻게 될까? 아류로 인식되어 거의 효과를 보지 못할 것이다. 아무리 경쟁자들이 좋은 차별성을 갖고 있다하더라도 따라 하는 것은 금물이다. 대신 경쟁기업이 선점한 이슈와 다른 제3의 카테고리에서 메시지를 개발하여 선점하여야 한다. 둘째, 탄소중립활동에서 기업과의 관련성과 소비자와의 밀착성, 앞서 설명한 진정성을 우선 확보하여야 한다. 이 세 가지 요인은 차별성 인식을 강화하는 전제로 작동하기 때문이다.

(4) 친밀성

앞서 설명한 차별성의 전제조건인 친밀성은 최근 SNS와 같은 소비자가 선택할 수 있는 쌍방향 미디어와 IT 기술의 발전은 소비자들이 CSR에 대한 정보를 더욱 쉽게 접할 수 있도록 해주고 있다. 기업들에게는 탄소중립활동을 적극적으로 알릴 수 있는 도구로 활용할 수 있어서 소비자와 기업 간의 친밀성 형성은 더욱 중요해질 것으로 보인다.

탄소중립활동 이슈에 대한 친밀성 수준이 높을수록 커뮤니케이션 효과를 증대시킬 수 있다. 예를 들면 친밀성이 떨어지는 범국가적인 차원의 이슈보다는 내가 살고 있는 지역사회에 관한 친밀한 이슈가 커뮤니케이션 효과를 증가시킬 수 있다. 한 연구에서 포드자동차가 수행하는 유방암 연구를 지원하는 활동은 유방암에 대해 개인적인 경험(예: 모친의 유방암 경험)이 있을 경우 친밀성을 느끼게 되고 이러한 친밀성은 진정성을 평가하는데도 긍정적인 영향을 줄 수 있다는 것이다.

친밀성을 높이는 전략으로 탄소중립활동으로 소비자들에게 환경적인 문제를 직접 경험하고 체험하게 해주는 이벤트 등을 활용해 친밀성을 높일 수 있다. 직접적인 경험과 체험은 친밀성을 크게 개선할 수 있다. 그렇게 되면 이해관계자들은 더욱 공감하고 친밀성을 느끼게 되고 기업의 활동에 대한 진정성까지 개선하는 일석삼조의 효과를 누릴 수 있는 전략이 될 수 있을 것으로 예상할 수 있다.

(5) 기타: 탄소중립 활동의 상대적 크기와 시대적 트렌드 부합

기타 메시지의 효과성을 개선할 것으로 예상되는 요인으로는 탄소중립활동의 상대적 크기(magnitude)를 제시해 본다. 소비자의 만족 불만족은 기대 대비 성과에 의존한다. 즉 소비자는 기대보다 성과가 더 나으면 만족, 그렇지 않으면 불만족하게 된다. 마찬가지로 탄소중립활동도 해당 기업에 대한 기대 대비 큰 탄소중립활동의 상대적 크기에 의해 견인될 수 있다. 탄소중립활동에 대한 기대는 탄소중립활동의 빈도, 투자 등으로 설명할 수 있는데 이 크기가 절대적이지 않다는 것이다. 예를 들어 삼성전자가 탄소중립활동에 투자하는 금액 100억인 경우와 중소기업의 투자금액이 100억인 경우 소비자나 이해관계자들이 느끼는 진정성, 차별성은 상대적으로 인식될 수 있다는 것이다. 따라서 상대적 투자의 규모는 기업의 규모와 따라 적절하게 산정되고 실행되어야 한다. 유니레버는 탄소중립의 목표를 실현하기 위해 10억 유로(1조 3400억 원)에 달하는 투자를 계획하고 있다. 기업규모에 걸맞은 투자 규모이다. 단순히 투자 규모 때문만이 아니라 탄소중립 목표 시점도 공격적이다. 파리기후협약에서 정한 시기인 2050년보다 무려 11년이나 앞서는 달성 시점이 2039년이다. 유니레버의 계획은 파격적이고 공격적이어서 업계는 물론 소비자의 관심을 받았을 뿐만 아니라 유니레버의 제품을 구매하는 이유가 되었다.

다음은 시대적 트렌드에 탄소중립활동의 커뮤니케이션을 부합시켜 가는 것이다. 시대에 따라서 중요하게 생각되는 탄소중립의 이슈는 변화하고 달라진다. 과거에는 크게 부각되지 않았던 미세먼지 이슈는 최근에는 일기예보에서 빠지지 않는 예보 내용이고 소비자들의 관심도 매우 높다. 이런 상황이라면 기업의 시대적 트렌드에 맞게 자사의 탄소중립활동이 어떻게 미세먼지와 공기오염에 도움이 되는지와 관련지어 제시한다면 훨씬 효과적일 것이다.

3. "환경을 고려하지만 구매하지 않는 소비자"의 구매유도 전략[1]

소비자들은 점점 심화하는 기후변화를 실감하고 있다. 미국의 경우 과거 1년 동안 미국인들 71%가 지역사회에서 극한 기상 사건을 경험했고, 52%는 기후변화의 영향에 극도로 우려하고 있다(Bain Consumer Lab 2023). 환경에 대한 소비자의 관심 증가를 기업성과를 창출할 것인가에 대한 시사점을 얻기 위해 하버드 비즈니스 리뷰에 발표된 Johns, Morrison, Davis-Peccoud, and Carbinato(2023)의 연구 분석 결과를 공유한다. 이들 연구는 소비자의 환경적 관심이 왜 기업성과와 연결되지 않는지, 어떻게 기업성과와 연결할 수 있을지에 대한 솔루션을 소비자 입장에서 제공한다. 구체적으로 이 연구는 소비재 기업과 소매업체가 어떻게 소비자의 환경에 관한 관심 증가라는 큰 기회를 활용할 수 있는가를 제시하기 위해 소비자들을 기후변화 우려와 라이프스타일의 변화, 인구통계학적 기준에 따라 다섯 가지 집단으로 세분화하였다. 소비자를 기후변화 거부자(4%), 환경에 대한 고려 없이 자신의 취향대로 소비하는 습관형 소비자(30%), 친환경 프리미엄 제품을 종종 소비하는 호기심 있는 소비자(11%), 주로 친환경 제품을 구매하는 환경에 대한 의식 있는 소비자(24%). 환경을 고려하지만 구매하지 않는 소비자(32%) 등 다섯 가지 세분집단으로 구분하고 시사점을 도출하였다.

---

1 이글은 Johns, L., Morrison, H., Davis-Peccoud, J., and Carbinato, D(2023.6.5), "How Brands Can Sell to Environmentally Conscious Nonconsumers: There is an Undeniable Gap between What Consumers Say They Want and What They are Actually Putting in Their Baskets," Harvard Business Review를 바탕으로 한국적 상황에 맞게 재정리하고, 시사점을 도출한 것임.

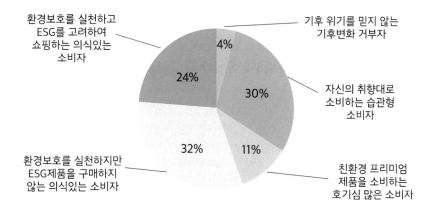

환경보호를 실천하고
ESG를 고려하여
쇼핑하는 의식있는
소비자

기후 위기를 믿지 않는
기후변화 거부자

4%

24%

30%

자신의 취향대로
소비하는 습관형
소비자

32%

11%

환경보호를 실천하지만
ESG제품을 구매하지
않는 의식있는 소비자

친환경 프리미엄
제품을 소비하는
호기심 많은 소비자

• 미국소비자의 기후변화 관심과 행동에 따른 집단분류 •

특히, 기후변화에 대한 능동적인 관심으로 친환경적인 생활습관은 있지만, 친환경 제품은 구매하지 않는 이른바 "환경을 고려하지만 구매하지 않는 소비자(Conscious Nonconsumers)" 집단에 주목하고 이들의 친환경 가치를 어떻게 구매로 전환할 수 있는지에 대한 전략을 제시한다. 이 집단은 가장 규모가 큰 집단으로 미국 소비자 전체의 약 32%를 차지하고 있고 아직은 친환경적적인 의식이 구매로 이어지지 않는 미개척 시장이기 때문에 기업 입장에서는 도전해 볼 만한 매력적인 시장이기 때문이다. 미국 소비자의 32%를 차지하는 이 그룹은 잠재시장규모가 무려 3650억 달러에 달한다(이 외에 "환경에 의식적인 소비자"의 2780억 달러 시장도 있다). 우리나라 소비자도 유사한 선호 경향을 보여주고 있기 때문에 이 집단에 대한 분석은 더욱 유용하다. 우리나라 소비자들 역시 장바구니 이용하기(64%), 절전노력(54%), 일회용컵 대신 자기컵 사용하기(50%) 등 환경적 생활습관 실천율은 50%가 넘지만, 적극적으로 친환경 제품을 구매한다고 응답한 이들은 13.6%에 그친다[2].

이들의 특징을 보면 에너지 소모를 줄이려고 출퇴근 시 자전거를 타는 사람들, 텀블러를 가지고 다니기도 하고, 재활용 가능한 폐기물을 분리수거 하기도 한다.

---

2   KB트렌드보고서(2021.9.6), '소비자가 본 ESG와 친환경 소비 행동', KB경영연구소.

그런데 문제는 이들이 환경친화적인 제품을 구매하지는 않는다는 것이다.

표 4-1. 기후변화에 대한 관심과 행동에 따른 세분시장의 특징

세분 집단	특징
기후 변화 부정론자 (Climate change deniers)	기후변화가 일어나지 않는다고 믿는 소비자들로, ESG 와 관련된 활동에 참여하지도, 참여할 의향도 없는 집단
습관적 소비자 (Consumers of habit)	자신이 알고 좋아하는 제품을 구매하여 일상을 간소화하는 경향이 있고 기후변화에 대해 능동적으로 관심을 가지지 않으므로, 지속 가능성은 쇼핑 시 고려하지 않는 집단
호기심 있는 소비자 (Curious consumers)	종종 호기심으로 프리미엄 브랜드로 마케팅되고 있는 친환경 제품을 구매하고 환경에 대한 능동적인 관심은 없지만 새로운 프리미엄 제품을 시도하는 것을 좋아는 집단
* 환경을 고려하지만 구매하지 않는 의식있는 소비자 (Conscious nonconsumers)	기후 변화에 대해 능동적으로 관심을 가지고 환경친화적인 생활습관을 가지고 있지만, 친환경 브랜드 제품은 구매하지 않는 집단
의식 있는 소비자 (Conscious consumers)	지구에 대한 적극적인 관심을 가지며 제품의 환경적 특성을 고려하여 쇼핑하며, 이를 지속 가능한 생활을 위한 방법으로 인식하는 집단

이 집단에 주목해야 하는 또 한 가지 이유는 마케팅 효율성이 좋은 집단이라는 것이다. 이 집단 소비자들이 지속 가능한 제품을 시도하고 좋아하면 더 많은 사람들에게 추천하는 경향이 있다. 환경, 사회, 거버넌스(ESG) 제품을 추천하는 사람 중 44%가 슈퍼프로모터로서 10명 이상의 사람들에게 제품을 추천하는 반면, 다른 이유로 제품을 추천하는 사람들은 22%에 불과하다. 그렇다면 어떻게 이들 소비자들을 구매로 유도하여 기업성과를 창출할 수 있을까?

1) 환경문제에 대한 관심을 기업성과로 연결하는 길

환경문제에 대한 관심을 기업성과로 이어주기 위해서는 다섯 가지의 소비자 집단 중 의식적인 비소비자 집단을 공략하는 것이 매력적인 기회의 집단임을 앞서 언급한 바 있다. 이 집단에게는 구매를 막는 여러 가지 장벽이 있고 이것을 해결하면 기업의 탄소중립활동은 자연스럽게 기업의 성과로 이어질 수 있다.

(1) 의식적인 비소비자 집단의 구매장벽

첫 번째 구매 장벽은 의식적인 비소비자들이 쇼핑할 때만큼은 환경을 적극적으로 고려하지 않는다는 점이다. 이 그룹에 속한 34%는 이러한 장벽을 가지고 있는 것으로 나타났다. 이들의 특징은 환경을 고려의 초점이 일상생활에 있을 뿐 환경친화적인 제품 구매에는 그다지 관심이 없다는 것이다. 제품 구매 맥락에서 탄소에 관한 요인이 아직 소비자 구매를 결정하는 과정에 포함되지 않는 것이다. 이 장벽은 쉽게 해소되기 힘들고 아래의 두 가지 장벽의 해소를 통해 어느 정도 개선될 수 있을 것으로 기대한다.

두 번째 장벽은 소비와 환경의 간의 인과관계를 소비자가 직관적으로 판단할 수 없어서 쇼핑이 어떻게 환경에 어떠한 도움이 되는지 판단하기 어렵다는 점이다. 예를 들어 제품을 구매할 때 탄소중립적인 방식으로 생산한 샴푸를 사용하면 물을 얼마나 절약할 수 있고, 몇 그루의 나무를 심는 효과가 있다는 점을 잘 알지 못한다. 제품 선택에서 탄소중립에 얼마나 어떻게 도움이 되는지 비교하기도 어렵고, 제품이 친환경적인지 아닌지에 대한 기준이 모호하기 때문에 생기는 문제이다. 소비자들에게 두 개의 제품 중 어느 것이 탄소 발생이 높은지 판단하도록 요청했을 때, 모든 소비자 그룹의 평균적으로 75%의 응답자가 답을 모르거나 틀렸다. 예를 들어, 일회용 플라스틱 가방이 일회용 면 가방보다 탄소 발생이 적다는 것을 정확히 알고 있는 사람은 11%에 불과했다. 또한, 무기농 채소가 유기농 고기보다 탄소 발자국이 낮다는 것을 정확히 알고 있는 사람은 22%에 불과했다. 이러한 지식의 격차는 친환경 제품을 올바르게 선택하는 데 장애물이 된다.

마지막 장벽은 현실적인 문제이다. 환경친화적인 제품의 가격이 상대적으로 비싸다는 점을 의식적인 비소비자들 중 34%가 구매 장애물로 언급하였다. 이는 친환경 제품의 높은 가격에 맞는 가치를 제공하는 등 소비자들이 구매를 정당화하기 위해 더 많은 노력을 기울여야 한다는 의미이다. 또 다른 문제는 친환경 제품이 아직 보편화되지 않아 친환경 제품을 비교, 구매할 수 있는 소매점포에 대한 접근성이 낮다는 점이다. 예를 들어, 소비자들은 특화된 상점이나 일반 슈퍼마켓의 다른 부서에 가서 다양한 친환경 제품을 찾아야 할 수도 있다.

(2) 구매장벽 해소를 통한 구매유도전략

의식적인 비소비자들이 친환경 제품 구매를 더욱 적극적으로 할 수 있도록 하기 위해서는 이들이 이상의 구매하지 않는 장벽들을 극복해야 한다.

기본적으로 소비자들에게 친환경 제품에 대한 정보를 더 잘 제공하고, 제품 간의 탄소발생 정도를 이해하기 쉽게 설명해 주는 것이 필요하다. 또한, 친환경 제품의 가격을 경쟁력 있게 조정하고, 친환경 제품을 더 쉽게 구할 수 있는 유통 채널을 확대하는 등의 노력이 필요할 것이다. 2022년 조사에 따르면 미국 소비자의 절반 이상이 제조 브랜드와 소매업자가 소비자가 지속 가능한 소비를 할 수 있도록 도와야 한다고 생각한다. 이에 반해 정부의 책임을 느끼는 사람은 19%에 불과하므로 적극적으로 공공보다는 기업이 지속 가능한 소비를 유도하고 이를 성과와 연결시켜야 한다. Johns 등(2023)이 제시하는 브랜드와 소매업자가 수행할 수 있는 세 가지 기본적인 전략은 다음과 같다.

① 친환경 메시지를 쉽고, 단순하고, 가시적으로 설명하여 선택을 단순화
   해 주기

먼저 소비자 의사결정을 단순화하여 더욱 쉽게 탄소중립에 얼마나 도움이 되는지 무엇에 도움이 되는지 이해하는 것을 도와주는 전략을 사용할 수 있다.

첫째, 측정가능하고 직관적으로 제품의 친환경적인 가치를 강조한다면 소비자가 쉽게 이해하고 의사결정할 수 있다. 뷰티기업 나투라(Natura)는 웹사이트를 통해

자사의 제품을 구매하면 브라질 농촌 2000가구의 소득 향상에 도움을 줄 수 있다고 안내하면서 소비자들이 쉽게 환경 메시지를 이해하도록 돕는다. 나투라의 지역사회에서의 노력으로 1.8백만 헥타르의 숲이 지속 가능한 자원이 되었고 이것은 다음 세대를 위한 것임을 밝히는 제품에 대한 설명을 더한다. 나투라 제품의 포장은 비건, 공정 무역 및 열대 우림 보존과 같은 명확한 용어를 사용한다. 더 나아가 정량적인 표현으로 얼마만큼 환경이 개선되는지를 구체화하기도 한다. 재사용 가능 제품이 플라스틱 사용량을 25% 감소시킨다는 메시지는 소비자들은 쉽게 친환경적인 특징을 이해할 수 있도록 돕는다.

둘째, 소매업자는 지속 가능한 제품을 소비자의 구매 과정에 가시적으로 통합하여 소비자의 결정에 포함할 시킬 수 있다. 지속 가능한 제품을 소비자의 구매 여정에 통합하여 소비자가 지속 가능한 옵션을 더 쉽게 식별할 수 있도록 하여 소비자가 식별하는 데 도움을 주는 것을 의미한다. 월마트는 '지속가능성 리더'로 분류된 온라인 제품 컬렉션을 제공하고 '몸에 더 좋음'과 같은 라벨을 사용하여 소비자가 더 건강한 식품 옵션을 구별할 수 있도록 돕는다. 친환경적인 식품에 'Great for you(당신에게 좋아요)' 팻말을 붙여 놓는다. 일반 제품과 ESG 제품을 같은 진열대에 비치하여 비교할 수 있게 하는 것도 소비자의 지속가능 구매를 촉진할 수 있다.

② 기존의 선택 이유에 ESG를 포함하여 환경친화속성을 구매로 연결하기

소비자는 구매의사결정 과정에 이미 품질, 가격, 건강, 편의성 등 균형 잡힌 우선순위를 고려하고 있다. 기업들이 새로운 ESG 차원을 제품 설명이나 마케팅에 추가하면 더 복잡해지고 소비자가 지속 가능한 옵션을 선택하기가 어려워질 수 있다. 소비자들에게 ESG는 낯설고 새로운 조건이다. 기업들은 기존의 소비 기준으로도 ESG 제품을 구매할 수 있도록 경쟁력을 강화해야 한다. 가장 효과적인 방법은 기존 고려사항에 ESG를 통합하는 것이다. 소비자들의 제품의 구매방식을 편리하면서도 친환경적으로 전환하거나 플라스틱이 아닌 친환경 소재를 사용하되 품질이 우수하거나 가격이 저렴한 제품으로 포지셔닝할 수 있다. UpCircle은 메이

크업 리무버 패드와 같이 내구성이 뛰어나고 재사용이 가능한 제품을 통해 제품을 더 저렴하게 만들었다. 소매업자들은 소비자들에게 인센티브를 제공하는 방법으로도 비용 대비 제품의 가치를 개선하여 지속가능성을 소비자가 수용하는 것을 가속할 수 있다. 예를 들어, 아이슬란드에서는 페트병을 반환하면 매장 크레딧을 받을 수 있는 '리버스 자판기'를 제공한다.

③ 기존 브랜드의 가성비 경쟁력을 높이기

친환경적 브랜드들은 가성비 경쟁력을 높여야 한다. 의식적인 비소비자들은 가격이 높지 않은 이상 기존 제품의 "같지만 더 좋은" 버전인 환경친화적인 제품을 가치 있게 여기기 때문이다. 관련하여 두 가지 형태의 전략을 사용할 수 있다. ㉠ 포장 디자인 혁신을 친환경적으로 혁신하거나 ㉡ 제품 형태 또는 성분을 친환경적으로 변화시키는 방법이다. 이 두 가지 전략은 가시적인 제품가치를 개선하는 효과를 줄 수 있고, 불필요한 플라스틱 포장재 등의 사용을 줄이면서 가격을 낮추는 역할도 할 수 있다. 전자의 예로는 소매업자인 세인즈버리는 고기와 닭고기를 트레이 없는 포장으로 판매하고, 자사의 PB(유통업자 브랜드)인 딥 포트에 일회용 플라스틱을 없앴다. 성분에 적응하는 예로는 플라스틱을 사용하지 않은 식물성 아기 물티슈나 종이로 만든 쇼핑백과 같은 예를 들 수 있다.

의식적인 비소비자를 환경친화적 제품 구매자로 전환하는 것은 실행가능하고 찾기 쉬운 옵션을 제공하고 가치를 명확하게 전달하는 것이 중요하다. 이 세분 집단에 중요한 고려 요소는 가성비이기 때문에 기업이 성과를 거두려면 지속 가능한 제품을 경제적으로 제공할 수 있어야 한다는 것이다.

④ 제품 본질가치+환경적 가치 묶음 제시하기

제품의 본질가치와 환경적 가치를 동시에 접목하여 전달함으로써 구매장벽을 해소할 수 있다. 환경을 고려하지만 구매하지 않는 이유로 예상해 볼 수 있는 것은 소비자가 제품을 구매하는 상황에서는 제품의 본질 가치에 집중하기 때문에 환경을 크게 고려하지 않는다는 것이다. 음식을 구매할 때 가장 중요한 것은 얼마나 맛있느냐인데, 이것이 환경적 생활습관과 구매 간의 괴리를 만드는 것이다. 즉,

아무리 환경친화적이어도 맛이 없는 식품은 구매의 고려 대상이 아니라는 것이다. 풀무원은 지속 가능식품 전문 브랜드인 지구식단을 론칭했는데 맛과 지속가능성을 동시에 강조하는 메시징을 통해 성과를 거두고 있다. 브랜드 런칭 후 1년 만에 거의 500억 원에 가까운 성과를 내고 있다. 환경을 위해 좋은 식습관을 가져야 한다는 것에 많은 사람들이 동의하지만, 많은 소비자들이 정말 궁금해하고 구매할 때 고려하는 것은 얼마나 맛있는지일 것이다. 풀무원은 지구식단의 메시지를 "먹을 때가 제일 행복한 건데, 무조건 맛있는 것은 먹고 싶고, 몸에도 지구에도 좋았으면 좋겠다"라는 메시지를 전달한다. 맛있으면서도 지구에도 좋은 즉, 제품의 본질적 가치와 환경적 가치를 함께 제시하면서 효과를 거두고 있는 것이다.

4. 이해관계자 관점에서 탄소중립의 기업성과 창출 메커니즘

1) 탄소중립활동의 동인

기본적으로 탄소중립활동의 동인은 기후위기에 대응하는 환경규제와 공중의 환경에 대한 관심과 친환경소비로의 전환에 대한 압박이다. 기업 내부적으로 이러한 요구에 대응하고 생존을 위하여 경영층은 자연스럽게 혹은 어쩔 수 없이 탄소중립활동에 관심을 갖게 되고 내부조직의 이니셔티브를 주도한다. 대규모 투자와 기업의 사업방식 전환이 수반되는 탄소중립활동은 기업 경영층의 의식전환과 결단으로 탄소중립활동이 시작되기 때문에 경영층의 역할이 중요하다. 또한 경영층 지원으로 기업 내부에 환경지향적 문화 혹은 행동체계, 조직이 구축되기 때문에 규제기관이나 산업을 관장하고 있는 기관에서는 경영층에 대한 커뮤니케이션을 극대화하고 긴밀한 의사소통 체계를 갖추는 것은 탄소중립활동에 선결조건이다.

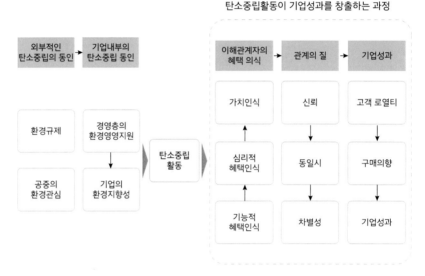

● 이해관계자 관점에서 탄소중립 활동의 기업성과창출 메커니즘[3] ●

3 Bhattacharya, C. B., Korschun D., & Sen S.(2009), "Strengthening Stakeholder-company Relationships through Mutually Beneficial Corporate Social Responsibility Initiatives," *Journal of Business Ethics*, 85, 257-272 및 Homburg, C., Stierl, M., & Bornemann, T.(2013), "Corporate Social Responsibility in Business-to-business Markets: How Organizational Customers Account for Supplier Corporate Social Responsibility Engagement," *Journal of Marketing*, 77(6), 54-72.을 기초로 저자가 기존 연구들을 종합하여 변형.

2) 이해관계자 관점에서 탄소중립활동의 성과 창출

　탄소중립 활동이 고객의 로열티를 얻어내고, 구매를 유도해서 궁극적으로 기업의 성과를 창출하기 위해서는 이해관계자 관점에서 성과 창출 메커니즘을 확인해야 한다. 탄소중립활동이 기업이 성과를 창출하는 것은 규제비용에 대한 대응도 있지만 직간접적으로 영향을 주고받는 기업 내외부의 협력과 관계를 통해 성과가 유도되는 경우가 훨씬 강력한 역할을 하기 때문이다. 기본적으로 기업의 사회적 책임이나 ESG 관련 학자들이나 실무자들은 이해관계자 이론에 기반을 두고 활동의 대상을 구분하여 성과 창출 과정을 설명한다. 더군다나 탄소중립 활동은 환경적 CSR의 맥락에서 이해될 수 있으므로 이해관계자를 통한 성과창출 메커니즘은 유용하다.

　이해관계자에 따라 탄소중립활동의 대상을 구분하면 직접적으로 비즈니스와 관련이 있는 1차적 이해관계자는 일반 고객과 내부고객인 종업원과 공급망 혹은 협업하는 비즈니스 파트너로 나눌 수 있다. 다음으로 직접적인 이해관계는 없지만 거시적 관점에서 비즈니스에 영향을 미치는 2차적 이해관계자인 사회와 일반 공중으로 구분할 수 있다. 더 구체적으로 공급업체 파트너십(예: 상품 공급업체, 서비스 공급업체), 구매자 파트너십(예: 중간고객, 최종고객), 사이드 파트너십(예: 경쟁업체, 정부) 및 내부 파트너십(예: 직원, 사업 부문)이 탄소중립 활동의 대상이다.

　이해관계자를 중심으로 한 탄소중립 활동의 대상을 구분하는 것이 중요한 이유는 기업과 이해관계자가 시장에서 교류하고, 기업이 이에 참여하는 형태로 생존할 수밖에 없기 때문이다. 수많은 이해관계자 관련 연구는 고객 및 직원과 같은 1차적 이해관계자의 대응은 성과에 가장 큰 영향을 미치고 2차 이해관계자 역시 간접적으로 기업의 성과에 영향을 준다는 점을 밝히고 있다. 주주뿐만 아니라 다양한 이해관계자들과의 협력과 관계구축은 기업에게 자원을 제공하고(고객, 투자자, 직원 등), 산업 구조적 측면에서 긍정적 역할을 하며(공급망 협력자 및 전략적 동맹), 사회정치적인 영역에서도 중요한데(지역사회 및 정부) 이 과정에서 이해관계자들은 회사와의 관계를 형성하여 혜택을 얻고 조직의 장기적인 성장에 기여한다.

사회교환이론에 따르면 이러한 관계구축에 참여하는 파트너의 행동과 태도는 관계에서 얻을 수 있는 보상이나 혜택과 비용의 차이에 의해서 결정된다. 즉, 다른 대안보다 바람직한 혜택을 제공하는 대안과 교환에 임하게 되므로 거래관계에서 어떤 혜택을 지각하는지는 중요하다. 결과적으로 파트너의 탄소중립활동이 거래 상대방에게 어떠한 혜택을 제공하는지를 확인하는 것은 CSR이 관계형성에 어떻게 기여할 것인지를 확인하는 대안이 된다.

소비자들은 제품과 서비스의 속성이 세 가지 인과적으로 연결된 혜택을 제공하기 때문에 구매 결정을 내리게 된다. 이글에서 제시하는 프레임워크는 기업이 성과를 창출하는 과정에서 성과를 매개하는 것은 탄소중립활동이 이해관계자들에 대한 이익, 즉 탄소중립 이니셔티브가 개별 이해관계자들에게 제공하는 혜택이라는 점에 주목한다. 이해관계자가 이익을 얻을 때에만 협력이 효과적으로 이루어지고 성과를 창출할 수 있으므로 기업의 탄소중립활동은 다양한 이해관계자들에게 어떤 방식으로 혜택을 제공할 것인가를 고민해야 한다.

예를 들면 전기자동차가 행하는 연료절감 이니셔티브는 다양한 이해관계자들에게 혜택을 제공할 수 있다. 기업의 탄소중립 이니셔티브 목표는 보다 스마트하고 친환경적인 에너지를 사용하는 자동차를 제공하여 자동차매연을 축소하고 에너지 절감이라는 목표를 달성하는 것이다. 이 프로그램의 수혜자인 공중과 운전자들은 매연이 감소되고 연료비가 절감되는 기능적인 이점을 얻을 수 있고, 주변 사람들 혹은 대중과의 사회적 연결성을 증가시켜 심리적인 혜택을 개선한다.

이 단계에서는 전략적으로 기능적 혜택과 심리적 혜택을 관리해야 한다. 전략적으로 기능적 혜택과 심리적 혜택을 강조하고 소비자가 가치있게 받아들일 수 있는 혜택을 제시해야 한다. 앞서 설명했던 풀무원의 지구식단 브랜드와 같이 맛있다(기능적 혜택)＋나와 지구를 살리는 소비(심리적 혜택)이 함께 제시되면서 제품차별성을 획득하였다. 이로 인해 제품에 대한 신뢰 동일시가 형성되었고, 대체할 수 없는 차별성을 느끼며 브랜드와 소비자의 관계의 질이 향상된다. 결국 브랜드에 대한 로열티가 형성되고 구매로 이어지며 성공을 거둔 것이다.

혜택을 이해관계자들이 지각하게 되면 관계의 질을 향상시킨다. 우선 이해관계자에게 혜택을 제공함으로써 신뢰가 강화된다. 회사가 개인을 중요시하고 이를 향해 기회주의적으로 행동하지 않을 것을 보여주기 때문이다. 또한 탄소중립활동은 그 기업의 무결성, 상보성, 공헌을 상징하고 이는 신뢰를 형성한다. 더불어 혜택을 받으면, 상호 간에 상호작용을 지속할 의무를 느끼게 되고, 이는 이해관계자의 회사에 대한 약속을 스스로 준수하게 되어 관계에 몰입하게 된다. 이때 작동원리는 상호보상의 원칙(reciprocity)인데 누군가에게 혜택을 받았다고 느끼면 이에 대해 보답하려고 하는 원리이다.

다음으로 이해관계자들이 혜택을 받으면 기업-이해관계자 간의 동일시가 형성된다. 신뢰 수준이 더욱 높아짐에 따라 쌍방 간의 약속을 더 잘 이행하게 되고 이는 심리적 애착으로 발전하게 되는데 이것이 바로 기업-이해관계자 간의 동일시이다. 사회적 정체성 이론에서 동일시는 "조직의 정의와 자아 간의 인지적 연결"로 정의할 수 있다. 본질적으로, 동일시는 조직과 당사자 간의 일체감이고 이해관계자들이 조직을 지지하거나 다른 구성원에 대한 도움 행동, 제품 구매 등 다양한 긍정적 결과로 이어질 수 있다. 이는 이해관계자들이 탄소중립 이니셔티브에서 혜택을 얻을 때, 회사가 그들의 요구를 이해하고 그들과 "닮았다"는 신호로 작용하기 때문이다.

최종적으로 관계의 핵심 역할을 하는 기업에 대한 신뢰와 동일시 지각은 그 기업의 차별성으로 이어지고 그 기업에 대한 충성도를 불러일으킨다. 여기서 차별성은 그 어떤 차별성 인식보다 강력하다. 혜택이 관계의 질과 연결된 상황에서 이해관계자의 믿음과 신념으로 굳어지기 때문이다. 이로 인해 형성된 충성도는 구매를 유도하는 핵심적인 역할을 하는 변수이고 궁극적으로 기업의 성과는 개선될 수 있다. 탄소중립활동이 성과를 창출하는 과정은 언뜻보면 복잡하지만 탄소중립활동으로 혜택을 지각하게 되고 그 혜택은 이해관계자와 기업 간의 관계의 질을 개선하고, 개선된 관계의 질은 그 기업에 대한 로열티와 구매로 이어져 결과적으로 기업성과가 개선된다는 논리로 설명할 수 있다.

여기서 주의할 점은 경우에 따라 한 이해관계자에 대한 보상이 다른 이해관계자의 이익과 상충할 수도 있다. 예를 들어, 공장 폐쇄는 많은 투자자들에게 이익을 가져다 줄 수 있지만, 그 공장에서 일하는 사람들에게는 해를 끼칠 수 있다. 따라서 이해관계자 전체의 관점, 비즈니스 시스템 전체의 관점에서 성과가 극대화되는 지점을 찾아야 한다.

02

탄소중립 인프라와 녹색금융

한국 기후대응기금의 지속가능성 [1]

진익

1. 한국의 NFV, 기후대응기금

기후변화협약 당사국들은 다양한 기후 행동을 통해 급적한 기후변화에 대응하고 있다. 그런데 기후변화 대응을 위한 재원은 어떻게 마련할 수 있을까? 당사국들이 재원 마련을 위해 다양한 시도를 하고 있는 가운데, 기후변화 전용 국가금융기구(national financing vehicle, NFV)를 도입하는 사례가 증가하고 있다. 기후변화 NFV는 기후 재원에 대한 접근, 조달, 배분 등에 관여하는 국가 차원의 기관이나 기금을 말한다. 현시점에서 NFV 정의도 광범위하고, 국가별 NFV의 성격과 범위도 제각각이다. 예를 들어, 기후변화 대응을 목표로 하면서 청정에너지, 에너지 효율, 삼림 등에 초점을 맞춘 모든 기금이 NFV 범주에 포함될 수 있다.

그렇다면 당사국들은 왜 기후변화 전용 NFV를 조성하는 것일까? NFV의 특징을 통해 단서를 찾아볼 수 있다. 우선, NFV는 기후변화 관련 핵심적인 정책집행

---

1 본 원고는 Jin(2022a, 2022b, 2023a, 2023b), 국회예산정책처(2020, 2023, 2024)를 토대로 작성한 것임을 밝힌다.

기관으로 여겨지고 있다. 축적된 기후위기 대응 역량이 부족한 국가의 경우, 교과서적인 기후 정책을 수립하고 실행할 수 있는 상황이 아닐 수 있다. NFV는 이러한 역량 격차를 메우고 궁극적으로 국가별 여건에 적합한 정책수단을 발굴하는 것에 기여할 수 있다.

그리고, NFV의 중요한 기능 중 하나는 기후재원의 분배이다. 대응이 시급한 부문에 기후재원이 적절하게 배분되는 것이 중요함은 당연하다.[2] 그런데 기후변화 전용 NFV를 활용하여 기후재원을 배분하는 방식이 일반 정부기관을 통하는 방식에 비해 보다 효율적일 수 있다. 이러한 가능성에 주목하여 다자개발은행(multi-national development bank, MDB)들이 수원국에 대한 지원을 NFV를 통해 집행하려는 움직임이 커지고 있다.[3] 또한 수원국에서 지원을 필요로 하는 부문이 NFV를 통해 다자개발은행이 제공하는 지원에 접근할 수 있는 채널을 구축하고 있다.[4] 이는 NFV가 국제 기후재원을 조달하는 직접접근기관(direct access entity)으로서의 역할을 수행하게 됨을 의미한다.

또한, NFV는 글로벌 자본시장에서의 기후재원 흐름이 확대되는 것에 기여할 수 있다. 개발도상국에 기후재원을 지원하는 전통적인 방식은 수원국 정부의 일반 예산을 경유하는 것이었다. 그런데 이러한 접근 방식이 효과적이지 않을 수 있다는 인식이 커짐에 따라, 개발도상국을 지원하는 기후 재원의 대부분은 프로젝트나 프로그램별로 지원되고 있다.[5]

더욱이, NFV는 국가 차원의 기후변화 정책, 금융 등에 대한 국민의 이해를 높이는 데 기여할 수 있다. NFV가 기후정책에 대한 포괄적인 집행을 책임지는 만큼, 국가별 특수성을 고려함으로써 탈탄소화 정책의 효과성을 제고할 수 있다. NFV

---

2   예를 들어, 개발도상국의 경우 국제 기후재원의 일부만이 실제적인 기후 감축이나 적응 사업으로 연결되고 있다는 우려가 존재한다. Soanes, et al.(2017)를 참조한다.

3   MDB가 권한 위임을 시도하는 이유는, 지원을 받는 국가의 NFV가 재원 배분의 우선순위를 보다 잘 파악하고 다양한 이해관계자와 소통할 수 있는 위치에 있기 때문이다. Caldwell and Larsen(2021)을 참조한다.

4   개발도상국의 경우, 이해관계자가 NFV에 참여하기 때문에 일반적인 재정 수단보다 많은 기후 행동 프로그램에서 목소리를 낼 수 있다. Hesse(2016)을 참조한다.

5   예를 들어, 국제적으로 개발 원조에서 예산 지원의 형태가 차지하는 비중은 높지 않다. Custer et al. (2021)을 참조한다.

를 중심으로 재원 조달 수단, 글로벌 제도, 재원 동향, 탄소시장 전망 등에 대한 전문성이 축적되면 보다 효율적인 기후 재원 조달이 가능해 질 것이다.

2. 한국의 기후대응기금(Climate Response Fund)

한국은 온실가스 감축을 위한 정책의 일환으로 2022년 한국형 NFV인 기후대응기금을 설립하였다. 기후대응기금은 효과적 기후위기 대응, 온실가스 감축 기반 조성, 탄소중립 사회로의 전환 등에 필요한 재원의 확보를 목표로 한다. 즉 기후변화 대응 관련 사업과 R&D 투자에 필요한 재원 확보를 위해 설치되었으며, 온실가스감축인지 예산제와 밀접한 관련이 있다. 온실가스감축인지 예산제는 정부의 예산과 기금이 투입되는 각종 정책이나 사업이 온실가스 감축에 미치는 영향을 분석하여 그 결과를 예산편성에 반영하고 결산 시에는 적정하게 집행되었는지를 평가하여 환류하는 제도이다. 동 예산제도의 기초는 예산서와 결산서이다. 온실가스감축인지 예산서는 사업 등의 온실가스 감축에 대한 기대효과, 성과목표, 감축효과 등을 미리 분석한 보고서이다. 온실가스감축인지 결산서는 사업의 예산과 기금이 온실가스를 감축하는 방향으로 집행되었는지를 평가하는 것으로 집행실적, 온실가스 감축효과 분석, 평가내용 등을 포함하는 보고서이다.

기후대응기금의 운영은 기획재정부가 총괄하고, 실제 지출은 13개 부처(산업부, 환경부 등)에서 집행하는 이원적 구조이다. 동 기금의 역할은 기금의 지출 및 수입 계획을 통해 확인해 볼 수 있다. 먼저 기금의 지출 계획을 살펴보자. 탄소중립기본법 제70조에 따르면 기금은 11개 목적(배출 감축, 저탄소 생태계, 제도적 기반, 공정 전환, 잉여금 등)에 사용될 수 있다. 2024년도 기금운용계획에 따르면, 전체 지출 규모는 약 2조 4천억 원이다. 규모 기준으로 목적별 지출을 정렬하면, 산업저탄소화가 가장 많고, 녹색금융, 기술개발, 탄소흡수원 조성, 도시국토 저탄소화, 산업일자리 전환, 유망기업인력육성, 여유자금운용 등이 그 뒤를 잇는다. 2023년 대비 2024년의 변화를 보면, 산업저탄소화, 녹색금융, 여유자금운용은 증가한 반면 기술개발, 탄소흡수원 조성, 도시국토 저탄소화 등은 감소하였다. 주요 용도는 정부의 온실가스 감축

기반 조성과 운영에 필요한 비용, 산업과 노동 및 경제가 탄소중립 사회로 전환하는데 드는 비용, 기업의 온실가스 감축 사업비용, 기후대응 취약계층을 위한 일자리 전환과 창출비용 등이다. 기후위기 대응을 위한 사업, R&D 투융자 지원 등도 포함한다. 지원대상으로는 탄소중립기본법의 기준과 2050 탄소중립 실현의 취지에 부합하는 사업, 기후대응 취약산업의 사업재편 기반 및 업종전환 지원사업, 도시 숲과 다중이용시설의 녹지공간 조성사업, 친환경 대중교통 설치사업, 기후대응 취약계층의 고용안전 지원금과 일자리 전환 및 창출을 지원하는 사업 등이 있다.[6] 주목할 점은 기금이 기후위기 대응을 위한 탄소중립·녹색성장 기본법(약칭: 탄소중립 기본법) 제35조에 근거한 국제감축사업을 시작할 계획이라는 점이다. 해당 사업은 파리협정 제6.2조에 명시된 협력적 접근 방식을 활용할 예정이다. 상대국 선정 및 공동사업 추진을 위한 협상은 2022년부터 시작되었다.

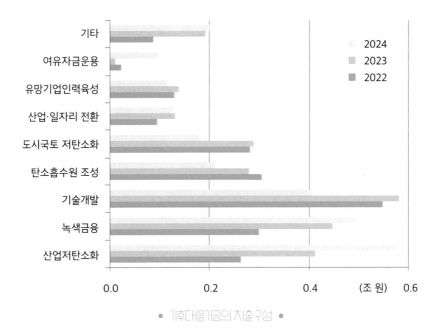

● 기후대응기금의 지출 구성 ●

자료: Jin(2023a), Jin(2023b)를 토대로 재작성

---

6 예를 들어, 2022년 탄소중립에 기여하는 기업을 대상으로 장기간의 저리 융자가 지원되었으며, 친환경 교통과 관련하여 '산악벽지용 친환경 전기열차'인 무가선 전기트램 설치 관련 사업이 기후대응기금 지원사업으로 선정된 바 있다.

NFV인 기후대응기금이 만들어졌는데, 동 기금은 기후변화 대응을 위한 재원을 어떻게 확보하고 있을까? 기금의 수입 계획을 살펴보자. 탄소중립기본법 제69조는 기금의 수입 재원으로 9가지 유형을 열거하고 있다. 2024년도 기금운용계획에 따르면 일반회계와 특별회계로부터의 전입금이 가장 큰 비중을 차지하고 있으며 그다음으로 공적자금관리기금 관리계정 예탁금, 기타수입(할당배출권 KAU 경매수입 포함) 순이다. 2024년의 경우 2023년에 비해 전입금과 기타수입은 감소하고 예수금은 소폭 증가하였다. 일반회계 전입금 규모에 대해서는 국가재정법에서 정한 상한선이 존재한다.

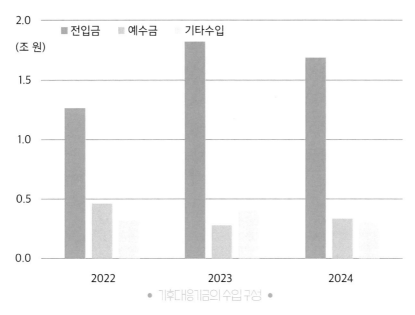

● 기후대응기금의 수입 구성 ●

자료: Jin (2023a), Jin (2023b)를 토대로 재작성

기후대응기금의 주요 수입원 중 하나는 배출권 매각을 통한 자금조달이다. 그런데 배출권 매각대금은 배출권 가격 변동의 영향을 받으며, 배출권 가격은 공급 요인(배출권 할당량, 외부사업 인증실적 등)과 수요 요인(미래 현금흐름, 투자자 기대, 위험선호, 할인율, 위험조정 방식 등)에 의해 결정된다.

배출권 가격의 중장기 경로와 관련하여 상당한 불확실성이 존재한다. 다만 최근의 국가온실가스 배출량 추이를 보면, 배출량 전망은 경제 여건과 밀접한 관계가 있다. 2021년 배출량은 전년 대비 증가하였다. 코로나19에서 벗어나고 경제가 회복한 것이 주요 원인이다. 2022년 배출량은 전년 대비 감소하였다. 경제성장 둔화에 따른 영향으로 산업 부문과 전환 부문에서 배출량 감소가 큰 폭으로 나타났기 때문이다. 저탄소 에너지 공급 확대 등의 정책이 효과를 거둠에 따라 국가온실가스배출량은 2023년에도 감소할 것으로 예상된다.

"한국의 NDC 달성 가능성"에서 정부가 제시하고 있는 에너지믹스가 계획대로 조정되는 경우, 2026년까지 예상되는 국가온실가스 배출량 경로는 정부가 제시하고 있는 감축 목표 경로에 근접할 것임을 살펴보았다. 그런데 향후 국가 온실가스 배출량의 중장기 경로가 감축 목표 경로와 유사한 수준으로 유지되는 경우, 배출권 가격의 지속적 상승을 기대하기 어렵다.[7] 이러한 상황을 반영하여, 최근 2개년(2022~2023년) 동안의 배출권 유상할당 결과는 계획 수준에 도달하지 못하고 있다. 응찰수량이 입찰수량에 미치지 못하고 응찰비율과 낙찰가격도 낮아지고 있다. 즉 정부의 배출권 공급량 대비 기업들의 수요량이 충분히 크다고 보기 어려우며, 해당 기간 국가 온실가스 배출량이 감소한 것과 궤를 같이한다. 이는 향후 제4차 계획기간을 위한 할당계획을 수립 시, 배출량 중장기 경로 등에 대한 전망 정보를 고려할 필요가 있음을 시사한다.[8]

---

7 정부의 배출권 할당계획에 따르면, 제3차 계획기간 2단계에서 사전할당량이 최근 3개년(2021~23년) 동안의 연 589백만 KAU에서 추후 2개년(2024~25년) 동안 연 567백만 KAU로 축소될 예정이다. 이러한 변화는 배출권 공급 감소를 통해 배출권 가격 상승 요인으로 작용할 수 있다.

8 EU에서 탄소차액결제거래(CCfD: carbon contract for difference)이 활용하는 것을 참조하여 기후대응기금도 해당 거래를 활용하고자 하는 경우, 배출량 전망 정보가 해당 거래로부터 발생할 시장위험 산정에 도움이 될 수 있다.

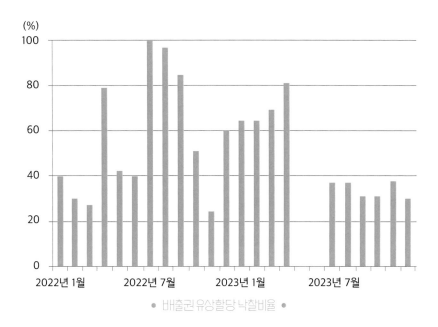

(%)

● 배출권 유상할당 낙찰비율 ●

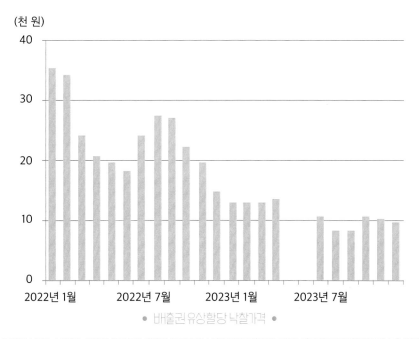

(천 원)

● 배출권 유상할당 낙찰가격 ●

주: 2023년 5월, 6월에는 배출권 유상할당 경매가 없었으며, 낙찰비율은 입찰수량 대비 낙찰수량의 비율에 100을 곱한 값을 나타냄.

자료: KRX 배출권시장 정보플랫폼, 국회예산정책처(2024)

향후 수년간 경매 참여 수요의 감소에 따른 낙찰 가격의 하락으로 배출권 경매 수입 액이 계획에 미치지 못하는 상황이 지속될 수 있다. 예를 들어, 기후대응기금의 2022~2023년 수입 현황을 보면 배출권 매각 수입 규모가 계획 수준에 미치지 못한다. 그런데 정부가 국회에 제출한 2024년도 수입 계획안을 보면, 2024년 배출권 수입 계획 금액이 전년과 동일한 수준으로 제시되어 있다. 배출권 매각 수입 금액이 계획보다 작게 결정되는 상황이 지속되면, 기후대응기금의 지출사업에 차질이 발생할 위험이 있다. 따라서 기후대응기금의 계획안을 수립하는 과정에서 배출량 중기 전망 정보를 참조할 필요가 있다.

표 5-1. 기후대응기금의 온실가스 배출권 유상할당 수입금

(단위: 억 원, %)

연도	계획현액(A)	징수결정액(B)	차이(A-B)	비중(B/A)
2022	4,476	3,292	1,185	73.5%
2023[1]	4,009	447	3,562	11.2%
2024	4,009	na	na	na

주: 1) 9월 말 기준
자료: 국회예산정책처(2023), 기후대응기금 계획안을 토대로 작성

한편 2026년 이후 전망 경로와 목표 경로 사이의 격차는 국가 감축 목표 중 국제감축, CCUS 등에 상응하는 부분이다. 동 격차의 해소 여부는 기후대응기금에 포함된 관련 사업의 성과에 의존할 것이다. 따라서 2030년 국제감축 목표(37.5백만 톤), CCUS 목표(11.2백만 톤) 등의 달성 가능성에 대해 관심을 기울일 필요가 있다. 기후대응기금 계획안에 따르면, 2024년 지출 총계는 2.42조 원으로 2023년 2.49조 원 대비 2.9% 감소한 수준이다.[9] 2024년 계획안에서, '국제감축' 지출은 5개 부처(기재부, 국토부, 산업부, 환경부, 해수부) 합계 기준 전년 대비 약 491억 원 증가(255.6%)하

---

9 2024년 예산안 총지출 규모는 전년 대비 2.8% 증가하였다.

였다.[10] CCUS 관련 R&D지출을 포함하는 '기술개발' 지출은 전년 대비 약 1,769억 원 감소(-30.5%)하였다.

3. 기후대응기금 재원 확대 방안

이렇듯 현재 기후대응기금의 수입은 공공 재원에 의존하고 있는데, 공공 재원 확대 여력은 제한적이다. 기금의 지속가능성은 필요한 재원 확보 여부에 달려있는 만큼, 민간 재원을 공공 기후금융으로 유인하는 것이 가능할지 살펴보자.

민간 재원을 활용하여 기후금융 활성화를 도모하려면, 민간 기후금융 생태계를 위한 안전망 구축이 중요한 과제이다. 이를 위해 위험 유형 분류와 유형별 맞춤 관리를 위한 다층적 구조를 생각해 볼 수 있다. 기후 프로젝트의 개별적 위험(individual risk)은 민간 투자자에게 맡기고, 체계적 위험(systematic risk)은 탄소시장에서의 거래를 통해 관리하도록 유도하며, 재난적 위험(catastrophic risk)에는 NFV가 대응하는 구조가 가능하다. 이러한 다층적 안전망이 구축되면 민간부문과 공공부문 사이 다양한 방식의 위험공유(risk sharing)가 가능해진다. 예를 들어, 다층적 안전망을 토대로 민관협력을 통한 국외감축실적(International Transferred Mitigation Outcomes, ITMO) 사업이 활성화될 수 있다.[11] NFV를 중심으로 보조금, 대출, 주식, 파생상품을 결합한 포괄적인 위험관리 수단을 제공하는 것도 보다 용이해 질 것이다.

---

10 관계부처 제출 자료를 토대로 계산한 것이다.

11 국외감축실적은 타국에서 온실가스 감축 활동을 한 뒤 그 실적만큼을 거래하는 것이다. 파리협정 제6.3조에 따르면, 국제적으로 이전된 감축 결과(ITMOs: internationally transferred mitigation outcomes)를 국가감축목표(NDC) 달성에 활용할 수 있다.

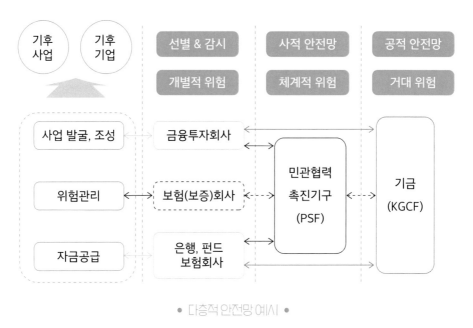

기후 사업	기후 기업	선별 & 감시	사적 안전망	공적 안전망

개별적 위험 | 체계적 위험 | 거대 위험

사업 발굴, 조성 ↔ 금융투자회사

위험관리 ↔ 보험(보증)회사

자금공급 ↔ 은행, 펀드 보험회사

민관협력 촉진기구 (PSF)

기금 (KGCF)

● 다층적 안전망 예시 ●

자료: 국회예산정책처(2020) 토대로 재작성

최근 다수의 기관 투자자들이 탄소 위험에 대한 대응을 지속적으로 확대하고 있으며 기후금융에 대한 관심을 보이고 있다. 이는 민간 투자의 탄소시장의 참여 잠재력이 커지고 있음을 의미한다. 투자다변화를 적극 활용하는 기관 투자자들의 관심사는 개별적 위험이 아닌 체계적 위험이며, 탄소 위험은 체계적 위험의 일종이다. 기관 투자자들은 탄소 위험에 대한 민감도가 높은 자산을 배제하기 위해 네거티브 스크리닝(negative screening) 전략적으로 활용하고 있다. 또한 기관 투자자들은 비용 효율적인 탄소 위험 관리 수단을 선호한다. 즉 기관 투자자들이 현대 포트폴리오 이론에 기반하여 체계적인 탄소 위험을 관리할 필요를 가지고 있는데, NFV가 이러한 요구에 효과적인 수단을 제공할 수 있다.

4. 글을 마무리하며

기후금융의 관점에서 볼 때 NFV를 구축한 것은 중요한 성과이다. 그러나 향후 지속 가능한 NFV가 되도록 관리하는 것이 더욱 중요하다. 기후금융을 지속적으로 확대하기 위해서는 재원 확보, 지원 사업 합리적 선별, 효과성 제고, 사회적 지지 강화의 선순환 구조를 만들어야 한다. 이때 강조하고 싶은 것은 필요한 중장기 재원을 안정적으로 확보하기 위한 전략이 필요하다는 점이다. 기후사업의 효과를 정확하게 평가하고 그 결과를 바탕으로 더 많은 사회적 지지를 이끌어내야 한다. 아직 충분한 재원이 확보되지 않은 상태이지만, 국가온실가스배출량 감축 기여도가 높은 사업을 선별하고 효과적으로 실행하는 방법을 찾는다면 기후금융이 주요 국가 정책 의제들 중 하나로 자리매김하는 데 기여할 수 있을 것이다.

기후대응기금이 한국 기후금융의 컨트롤타워로 자리매김하기 위해서는 국가 감축목표 달성과 국제협력에 필요한 재원을 효율적으로 배분하는 것이 필수적이다. 탄소중립 사회로의 전환은 국가 경제 여건과 산업구조의 변화를 수반할 것이다. 때문에 편익은 극대화하고 비용은 최소화할 수 있는 접근, 지원 대상의 체계적 선정 등이 중요하다. 기후금융 생태계 참여자 간 권한과 책임의 명확한 설정을 바탕으로 견제와 균형을 강화할 필요가 있다. 민간 재원과의 연계는 기후금융 성장의 촉매제가 될 수 있다.

현재 기후재원 규모는 필요한 금액에 비해 크게 부족하다. NFV를 효과적으로 활용한다면 민간 자금의 기후금융으로의 유입을 촉진할 수 있을 것이다. 획기적인 도약을 원한다면 실현가능하면서도 이전과는 다른 새로운 접근법을 모색해야 한다. 기후변화에 대응하기 위한 재원의 부족문제를 해결하기 위해서는 과거와는 다른 인식과 목표, 이행 전략이 필요하지 않을까?[12]

---

12 아인슈타인은 같은 일을 반복해서 하면서 다른 결과를 기대하기는 어렵다는 점을 강조한 바 있다. "Insanity is doing the same thing over and over and expecting different results."

참고문헌 ◆─────────────────────────

국회예산정책처. 2020. "경제구조 변화에 대응한 지속성장 과제", 한국경제의 구조변화와 대응
전략.

국회예산정책처. 2022. "제3장 온실가스 배출량 전망". 2023년 및 중기 경제전망: II. 성장 및
금융 부문.

국회예산정책처. 2023. "제5장 온실가스 배출량". 2024년 및 중기 경제전망: IV. 성장 부문.

국회예산정책처. 2024. "제4장 온실가스 배출량". 2024 경제전망: IV. 성장 부문.

산업통상자원부, '「제10차 전력수급기본계획(2022~2036)」 확정', 보도자료, 2023.1.12.

조홍종, 2022, "온실가스 배출량 산출 방법론 연구: 생산기반 배출량과 소비기반배출량 국제
비교." 국회예산정책처 정책연구용역 보고서.

탄소중립녹색성장위원회, '한총리 주재, 「2050 탄소중립녹색성장위원회」 전체회의 개최', 보도
자료, 2023.4.10.

환경부. 2021. "2030 국가 온실가스 감축목표(NDC) 상향안". 보도자료.

Caldwell, M., & Larsen, G. (2021). Improving access to the Green Climate Fund: How
the fund can better support developing country institutions. World Resources
Institute. https://files.wri.org/d8/s3fs-public/improving-access-green-climate-
fund_0.pdf

Custer, S., Sethi, T., Knight, R., Hutchinson, A., Choo, V., & Cheng, M. (2021). Listening
to leaders 2021: A report card for development partners in an era of contested
cooperation. AidData at the College of William & Mary. https://docs.aiddata.org/
ad4/pdfs/Listening_to_Leaders_2021.pdf

Hesse, C. (2016). Decentralising climate finance to reach the most vulnerable. IIED.
https://pubs.iied.org/sites/default/files/pdfs/migrate/G04103.pdf

Jin, I. 2022a. "Systematic ESG Risk and Decision Criteria for Optimal Portfolio

Selection." The Journal of Portfolio Management 48(10): 206-25. https://doi.
org/10.3905/jpm.2022.1.418.

Jin, I. 2022b. "ESG-screening and factor-risk-adjusted performance: the
concentration level of screening does matter," Journal of Sustainable Finance &
Investment 12(4), DOI: 10.1080/20430795.2020.1837501.

Jin, I. 2023a. "Probability of Achieving NDC and Implications for Climate Policy:
CO-STIRPAT Approach". Journal of Economic Analysis 2(4):82-97. https://doi.
org/10.58567/jea02040005.

Jin, I. 2023b. "Emission prediction, Global Stocktake, and NDC update: CO-
STIRPAT dynamic system(November 23, 2023). Available at SSRN: http://dx.doi.
org/10.2139/ssrn.4626420.

Soanes, M., Rai, N., Steele, P., Shakya, C., & Macgregor, J. (2017). Delivering real
change: Getting international cliamte finance to the local level. IIED. https://pubs.
iied.org/sites/default/files/pdfs/migrate/10178IIED.pdf

녹색채권의 정의와 국내 ESG채권 시장현황

장항진

1. ESG 채권이란?

전 세계적으로 ESG(Environmental, Social, Governance: 환경, 사회, 거버넌스) 요소를 고려하는 책임투자 기조가 지속적으로 확산되고 있는 가운데 기존에는 주로 주식을 통해 이루어 졌던 책임투자가 최근 들어서는 채권을 통한 책임투자 방식이 증가하고 있다.

국내 최대 연기금인 국민연금도 2019년 '책임투자 활성화 방안'을 발표한 이후 기존의 주식을 중심으로 수행하였던 책임투자를 채권 등 전체 자산군에 적용하여 책임투자 자산군을 단계적으로 확대하고 있다.

일반적으로 채권에 대한 책임투자 방식은 발행회사의 ESG성과나 평가등급을 고려하여 투자여부나 투자비중을 조정하는 방식을 취하거나 또는 ESG채권에 직접 투자하는 방식으로 크게 두 가지 방법이 활용된다. 본 장에서는 최근에 관심이 높아지고 있는 ESG채권에 대해서 살펴보고자 한다.

ESG채권(또는 사회책임투자채권 이라고도 불림)은 발행자금이 친환경 또는 사회적 이득을 창출하는 프로젝트에 사용되는 특수목적 채권으로 녹색채권, 사회적 채권, 지속가능채권, 지속가능연계채권으로 구분된다.

녹색채권(Green Bond)은 친환경 사업목적으로, 사회적 채권(Social Bond)은 사회적 문제 해결이나 사회적 가치창출 목적으로 발행되며 이 두 가지 목적이 혼합되면 지속가능채권(Sustainability Bond)으로 발행된다. 지속가능연계채권(Sustainability-Linked Bond: SLB)은 목표기반의 ESG채권으로 자금용도의 제약없이 사전에 ESG관련 목표의 달성 여부에 따라 금리와 같은 금융조건이 변경되는 채권이다.

표 6-1. ESG채권의 분류 기준

채권 종류		정의
자금용도 기반	녹색채권 (Green Bonds)	녹색프로젝트를 위한 자금조달 혹은 차환을 목적으로 하며 녹색채권 원칙(Green Bond Principles, GBP)과 국내녹색채권 가이드라인에 부합하는 채권
	사회적 채권 (Social Bonds)	사회적 프로젝트를 위한 자금 조달 혹은 차환을 목적으로 하며 사회적 채권 원칙(Social Bond Principles, SBP)에 부합하는 채권
	지속가능채권 (Sustainability Bonds)	녹색프로젝트와 사회적프로젝트가 혼합된 프로젝트를 위한 자금 조달 혹은 차환을 목적으로 하며 녹색채권 원칙과 사회적 채권 원칙에 부합하는 채권
목표기반	지속가능연계채권 (Sustainability-Linked Bonds)	발행기관이 발행 전에 제시한 ESG 목표 달성 여부에 따라 재무적 또는 구조적 특성이 바뀔 수 있는 채권으로 미래의 ESG 성과와 연동되는 채권

자료: ICMA

ESG채권의 국제 기준으로는 국제자본시장협회(International Capital Markets Association: ICMA)의 '채권원칙(Bond Principles)'을 사용한다. ICMA는 각 ESG채권 유형에 대해 조달자금의 사용 및 관리, 사전·사후 보고, 검증 등에 대한 주요 원칙과 기준을 제시한다. ICMA의 채권원칙에는 녹색채권 원칙(Green Bond Principles: GBP), 사회적 채권 원칙(Social Bond Principles: SBP), 지속가능채권 가이드라인(Sustainability Bond

Guidelines: SBG), 지속가능연계채권 원칙(Sustainability-Linked Bond Principles: SLBP)과 국제기후기구(Climate Bond Initiative, CBI)에서 발표한 기후채권기준(The Climate Bond Standards, CBS) 등이 있다.

① 녹색채권 원칙(Green Bond Principles: GBP), 사회적 채권 원칙(Social Bond Principles: SBP), 지속가능채권 가이드라인(Sustainability Bond Guidelines: SBG)

조달자금사용(Use of Proceeds) 기반의 녹색채권, 사회적 채권, 지속가능채권 발행에 관한 자발적 프로세스 가이드라인으로 4개 핵심 구성요소(자금의 용도, 프로젝트 평가 및 선정 절차, 자금의 관리, 사후보고)로 구성

② 지속가능연계채권 원칙(Sustainability-Linked Bond Principles: SLBP)

일반적 기업활동(General Corporate Purpose) 기반의 지속가능연계채권 발행에 관한 원칙으로 다섯 가지 핵심 구성요소(KPI, SPT, 채권의 특성, 보고, 검증)로 구성

③ 한국형 녹색채권 가이드라인(Green Bond Guidelines, K-GBG)

환경부, 금융위원회, 환경산업기술원, 한국거래소가 공동 제정한 녹색채권 안내서로 녹색채권의 개요, 발행절차, 외부검토기관 등록, 투자자유의사항, 부속서 등으로 구성

2. 국내 녹색채권 발전과정

초기 국내에서는 ESG채권과 관련하여 금융당국의 가이드라인이 부재하였다. 녹색금융의 정의부터 인증 및 관리 체계에 대한 어떠한 가이드라인도 정해진 것이 없는 상황에서 민간의 자율 원칙으로 시장이 형성되었다. 2020년부터 그린뉴딜 정책[1]이 표면 위로 떠오르면서 녹색금융에 대한 필요성이 강조되면서 녹색금융을 중

---

1   그린뉴딜은 탄소의존형 경제를 친환경 저탄소 등 그린경제로 전환하는 전략이다. 정부는 2025년까지 그린뉴딜 정책에 총사업비 30조 원을 투자할 것으로 밝힌 바 있다. 그린뉴딜 정책은 환경 위기에 선제적으로 대응하고 인간과 자연이 공존하는 미래사회를 구현하기 위해 탄소중립을 향한 경제 사회의 녹색전환을 추진한다. 신재생에너지 확산 기반 구축, 전기차 수소차 등 그린 모빌리티, 공공시설 제로 에너지화, 저탄소 녹색산단 조성 등이 주요 과제이다.

심으로 ESG투자에 대한 가이드라인이 만들어지기 시작하였다. 2020년 8월에는 금융위를 중심으로 민관합동 '녹색금융 추진 TFT'를 출범하고 녹색금융이 나아갈 방향에 대한 청사진을 준비했다. 2021년 1월 금융위와 환경부는 '2021년 녹색금융 추진계획'을 발표했다.

● 2021년 발표된 녹색금융 추진계획 ●

자료: 금융위원회

2020년 12월 금융위원회, 환경부, 한국환경산업기술원 및 한국거래소가 ICMA의 녹색채권원칙을 기반으로 '녹색채권 가이드라인'을 발표하였고 2022년 12월 한국형 녹색채권 가이드라인으로 개정되었다. 동 가이드라인에는 여섯 가지 환경목표(① 온실가스 감축, ② 기후변화 적응, ③ 물의 지속가능한 보전, ④ 순환경제로의 전환, ⑤ 오염방지 및 관리,

⑥ 생물다양성 보전)에 부합하는 프로젝트에 사용되는 녹색채권원칙의 네 가지 핵심요소(자금의 사용, 프로젝트 평가와 선정과정, 조달자금 관리, 사후보고) 의무사항을 충족하는 채권을 녹색채권으로 정의하고 있다. 녹색채권의 정의부터 관리체계, 조달자금의 관리, 사후보고, 외부기관의 검토를 포함하고 있다. 이러한 가이드라인의 도입으로 녹색채권의 개념, 녹색 프로젝트에 대한 명확한 기준을 제공함으로써 발행자의 그린워싱(Green Washing)을 방지하고 녹색채권시장의 활성화에 기여하였다.

한국거래소에서는 ESG채권 발행을 독려하고 투명한 정보공개를 위하여 2020년 6월부터 별도의 SRI채권 전용세그먼트를 개설 운영하고 있다. ESG채권이 상장되면 SRI채권 전용 세그먼트에 등록되며 투자자들은 이 세그먼트를 통해 신규 상장한 채권이나 상장현황 자금사용보고서 등 공시내용 등을 투명하게 확인할 수 있다.

표 6-2. **녹색채권 가이드라인 요약**

구분		세부 내용
녹색채권 정의		발행자금을 환경개선 목적을 위해 녹색프로젝트에 사용하고, 녹색채권원칙(GBP) 네 가지(자금 사용처, 프로젝트 평가 및 선정과정, 조달자금 관리, 사후보고) 요건을 충족하는 채권
녹색채권 관리체계(GBF)		녹색채권 관리체계를 수립 * 하여 녹색채권 발행 등을 관리할 것을 권고 * 녹색채권 발행개요, 자금의 사용처, 대상 사업의 평가 및 선정 절차, 자금 관리방식, 사후보고에 관한 내용 포함
GBP 핵심요소	자금사용처	• 환경개선 효과를 가져오는 녹색프로젝트 * 에 사용할 것 * 10대 분야: 신재생에너지 사업, 에너지 효율화 사업, 오염방지 및 저감 사업 등 • 6가지 환경목표에 하나 이상 기여, 다른 목표와 상충여부(국내 환경법 위반 여부) 고려
	프로젝트 평가 및 선정프로세스	• 환경개선 목표, 녹색프로젝트 적격성 판단 절차 및 평가기준을 GBF 를 통해 투자자에게 공지 • 프로젝트 선정과정에서 참고한 녹색 인증 · 기준 공개, 외부검토를 권고
	조달자금관리	조달자금을 별도의 계좌, 포트폴리오, 가상의 방식 등 내부절차에 따라 적절히 추적 · 관리, 미사용액 운용방법을 투자자에게 설명

GBP 핵심요소	사후보고	• 자금배분 보고서(Allocation Report) 매년 작성·공개(프로젝트 개요, 배분된 자금내역, 환경개선 효과, 사용 지표 및 방법 등), 중요한 변경사항 발생 시 보고 • 자금 전액배분 이후 환경개선 효과에 대한 영향보고서(Impact Report)를 최소 1회 작성하고 공개 시점은 녹색채권 관리체계에 따름 • 사후보고서 공개 의무 ※ 발행자의 홈페이지 또는 채권 상장 증권거래소 등에 게재 권고
외부기관의 검토		• 발행전 검토(의무) 및 발행 후 검토(권고사항)로 구분 • 외부검토 종류: 4가지(검토의견, 검증, 인증, Rating/Scoring) 자율적 선택
부속서 1~6		녹색프로젝트 예시, 국내 환경 관련 법 목록, 사후보고 양식 등 제시

자료: 환경부, SK 증권

3. ESG 채권시장 현황

2023년 말 기준 국내에 상장된 ESG채권 잔액은 총 255조 원 규모이다. 2018년 산업은행이 3,000억 원 규모의 녹색채권을 최초로 발행하면서 시장이 열렸다. 2018년 첫해에는 1조 3000억 원의 ESG채권이 발행되었으며 2023년에는 75조 원의 ESG채권이 채권이 발행되었다.

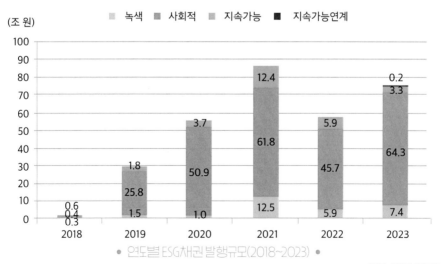

• 연도별 ESG채권 발행규모(2018~2023) •

자료: 코스콤 CHECK

ESG채권 유형별로는 사회적 채권 발행 비중이 80% 이상으로 사회적 채권 위주의 발행 구조가 지속되고 있다. 국내에서 사회적 채권 비중이 높은 것은 공공기업이 발행한 특수채에 ESG인증을 받아 ESG채권으로 발행하는데 기인한다. 특히, 주택금융공사가 서민 주거 안정을 위한 임대주택 건설 등을 위해 발행하는 MBS(주택저당채권)는 대부분 사회적 채권으로 발행되고 있다. 2023년 총 33조 원의 MBS가 발행되었으며 이는 전체 ESG채권 발행의 44%를 차지한다. 2023년 사회적 채권 64조 원, 녹색채권 7.4조 원 발행으로 전년 대비 각각 40.2%, 25% 증가하였으며 지속가능채권은 3.3조 원으로 44.2% 감소하였다.

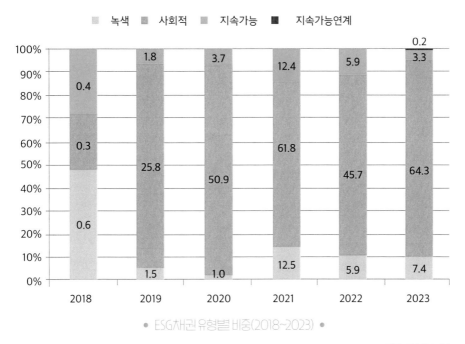

• ESG채권 유형별 비중(2018~2023) •

자료: 코스콤 CHECK

ESG채권 발행섹터별로 구분하면 공사채, 금융채, 여전채(여신전문금융회사), 일반회사채 등 네 가지로 구분된다. 2023년 기준 발행규모는 공사채 57.8조 원, 금융채 9.3조 원, 여전채 5.2조 원, 일반회사채 3조 원으로 공기업과 금융회사 위주의 발행 구조가 이어지고 있다. 일반회사채는 2021년 발행규모가 10조 원까지 큰 폭으로 성장하였으나 2022년 시장금리 급등과 여건 악화로 발행이 크게 위축되었다.

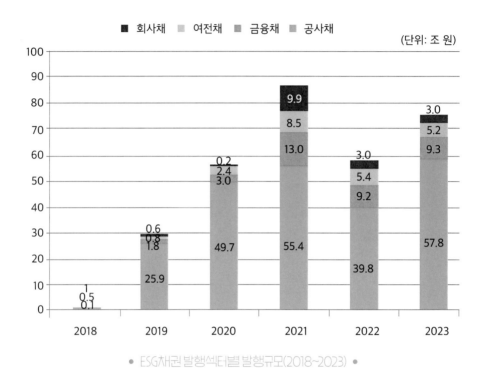

■ 회사채 ■ 여전채 ■ 금융채 ■ 공사채

(단위: 조 원)

● ESG채권 발행섹터별 발행규모(2018~2023) ●

자료: 코스콤 CHECK

공사채는 주로 주택금융공사, 한국장학재단, 예금보험공사 등 공기업을 중심으로 사회적 채권 발행에 집중되었다. 공기업은 근본적으로 공공의 이익과 사회 발전을 위해서 설립되었기 때문에 공기업의 사업 목적은 대부분 사회적 채권의 분류체계에 포함된다.

금융채는 주로 은행에서 발행하는데 사회적 채권과 지속가능채권 위주의 발행이 많다. 은행들이 ESG경영에 높은 관심을 갖기 시작하면서 친환경, 사회적 기업 등 ESG관련 사업체에 대출형태로 진행하기 위하여 ESG채권 발행을 통한 대출자금을 확보하기 위한 목적이다. 또한, ESG관련 대출의 형태를 특정하기 어려운 경우 유연한 자금 활용을 위해 지속가능채권 발행이 그 다음으로 많다.

PART 02 탄소중립 인프라와 녹색금융

캐피탈사나 카드사 등 여신전문회사에서 발행하는 여전채의 경우는 지속가능 채권이 가장 높은 비중을 보인다. 여전사는 코로나 사태 이후 어려움을 겪고 있는 중소기업 및 소상공인들을 위한 대출 지원을 목적으로 사회적 채권을 주로 발행하고 있으며 녹색채권은 자동차 리스 및 할부자산과 관련하여 친환경 자동차 구입 목적으로 발행하고 있다.

한편, 현대캐피탈은 2023년 7월 국내에서 최초로 총 2,200억 원의 지속가능연계채권(SLB)를 발행하였다. 현대캐피탈은 친환경차 관련 할부상품 취급 확대를 핵심성과지표(KPI)로 설정하고 전체할부 금융 대비 2023~2027년에 매년 1%p씩 성장시키는 것을 지속가능성 성과목표(SPT)로 설정하였다.

일반기업이 발행하는 회사채의 경우 녹색채권이 대부분을 차지한다. 2020년말 기준 일반기업 발행사는 SK에너지, GS칼텍스, 롯데지주, 티에스케이코퍼레이션이 전부였다. 정유업종이 녹색채권 발행은 오염물질 저감장치와 에너지 효율성 증대 관련 사업에 투자목적으로 대부분 발행됐다.

2021년 들어서 회사채 발행규모가 크게 확대하였다. 2020년 0.2조 원 규모에서 2021년 10조 원으로 큰 폭으로 증가하였으며 발행기업 수도 2020년까지 4개사에서 2021년 38개사로 크게 확대되었다. 이에 따라 ESG채권 발행잔액 중 민간기업이 차지하는 비중이 2021년 10% 수준까지 증가하였다. 그러나 2022년부터 기준금리가 올라가고 레고사태 등으로 회사채 시장이 경색되면서 채권시장의 변동성이 확대되면서 증가폭이 둔화되었다.

녹색채권은 2023년 7.4조 원 발행되어 2022년 대비 1.5조 원이 증가하였는데, 이는 상당부분 전기차 배터리 소재 설비를 위한 자금용도로 발행한 LG에너지솔루션 1조 원과 포스코퓨처엠 9,500억 원의 영향으로 분석된다. 환경부의 한국형 녹색채권 및 녹색자산유동화증권 지원사업을 통해서도 4.8조 원이 발행되면서 녹색채권 발행 증가에 기여하였다.

4. ESG채권 자금용도

2018년~2023년까지 발행한 녹색·사회적·지속가능채권 조달자금 총 152조 원 (MBS 제외) 중 환경 프로젝트에 24.2%, 사회 프로젝트에 72.3%가 배분되었다. 자금 배분이 가장 많이 이루어진 상위 3개 프로젝트는 모두 사회프로젝트로, '중소, 중 견기업 대출 및 소액금융 지원 등을 통한 고용 창출', '필요서비스에의 접근성 개 선'과 '서민을 위한 저렴한 주택공급' 순으로 집계된다.

2023년 환경 프로젝트는 '친환경 교통수단'(57.2%), '친환경 건축'(14.8%), '신재생 에너지'(9.2%), '에너지 효율 개선'(7.9%) 등의 순으로 자금이 배분되었다. 친환경 교 통수단(4.5조 원)의 경우 전기차 배터리 관련 대규모 설비투자와 친환경 자동차 도입 관련 프로젝트가 증가하면서 2022년(2.4조 원) 대비 증가하였다. 반면 신재생 에너 지(0.7조 원) 및 에너지 효율개선(0.6조 원)은 관련 프로젝트에 대한 투자가 감소하면서 2022년(각각 1.9조 원, 2.0조 원) 대비 급감하였다. 2022년까지 자금배분이 전무했던 '친 환경 관련 정보통신 기술'과 '기후변화 적응' 프로젝트에도 새롭게 자금배분이 이 루어진 점은 긍정적이다. 그러나 탄소중립 목표 달성의 핵심 수단의 하나인 신재 생에너지 관련 투자가 급감하고 친환경 교통수단 프로젝트로 녹색채권 조달자금 배분이 편중되는 점은 우려 요인이다.

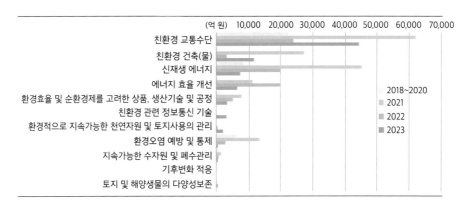

• 환경 프로젝트 자금배분 •

자료: 한국신용평가 자료

사회적 프로젝트의 경우 식품 안정성을 제외한 5개 프로젝트 카테고리에 배분이 이루어지고 있다. '중소, 중견기업 대출 및 소액금융 지원 등을 통한 고용 창출' 카테고리는 2023년 사회적 프로젝트 중 52.5%로 가장 높은 비중을 차지하고 있다. 2021년 이후 공기업과 은행을 중심으로 코로나19 피해기업 등 중소기업과 소상공인에 대한 지원이 증가한 영향으로 해당 카테고리에 대한 자금배분이 지속적으로 이루어지면서 50%를 상회하는 비중이 이어지고 있다.

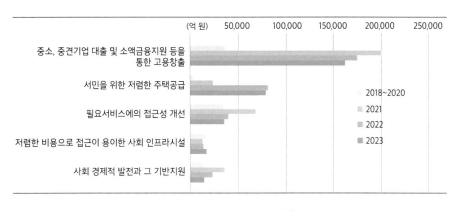

● 사회적 프로젝트 자금배분 현황 ●

자료: 한국신용평가 자료

현대캐피탈, 국내최초 지속가능연계채권 발행… 그 의미와 과제
(한스경제 2023.10.24 박종훈 기자)

현대캐피탈이 지난 7월 국내최초로 원화 지속가능연계채권(SLB: Sustainability-linked Bond)를 발행했다. SLB는 기존의 ESG채권은 조달자금의 사용을 적격 프로젝트로 국한된다. 즉, 녹색채권의 경우 친환경 적격 프로젝트에 사용처가 없거나, 비환경적 산업에 종사하는 기업의 경우 발행을 고려하기가 매우 까다롭다. 이는 그린워싱 등을 방지하기 위해 강구된 장치지만, 한편으로 시장 참여를 제한하는 부작용도 있다.

이와는 조금 다르게 SLB는 조달자금의 사용 범위를 특정하지 않고 자유롭게 사용할 수 있도록 했다. 비환경적 기업의 발행도 제한이 없다. 다만 특정한 환경 사회적 목표달성을 약속해야 하며 이와 관련한 세부 조건이 SLB발행에 포함돼야 한다.

즉, SLB 발행사는 핵심성과지표(KPI)를 정하고 이에 기반해 지속가능성과목표(SPT)를 지정해야 한다. 이 SPT를 언제까지 달성할지에 대한 목표일과 SPT 달성 여부에 따른 재무적 인센티브를 발행 설명서에 명시해야 한다.

지난 2019년부터 2022년 사이 전 세계 시장에서 발행된 SLB는 95% 이상이 환경개선에 목표를 두고 있다. 보편적으로 사용하는 KPI는 탄소배출량이다. SPT는 발행 기업의 탄소배출량을 특정 연도 대비 채권 만기 이전에 어느 정도까지 감축하겠다고 제시하는 경우가 많다.

채권투자자에게는 다양한 인센티브가 주어질 수 있다. SPT를 달성하냐 미달성하냐에 따라 이자율을 할증 할인한다든지 만기에 상환할증금을 일정 수준 지급할 수도 있다. 혹은 채권을 조기상환한다든가, 특정 단체나 기관등에 약정된 수준의 기부를 진행한다든지, 탄소배출권을 발행사가 매입한다든지 조건을 달 수도 있다.

현대캐피탈 SLB의 SPT 상세 내용

(단위: 대수)

항목	20년	21년	22년	23년	24년	25년	26년	27년
전체 할부금융	354,685	298,176	321,101	327,523	334,073	340,755	347,570	354,521
친환경차 할부금융	10,614	20,065	38,722	42,594	46,466	50,339	54,211	58,500
친환경차 비중	3%	7%	12%	13%	14%	15%	16%	7%

주: 2023년 이후 친환경차 비중은 목표치(SPT)
자료: 현대캐피탈 SLB 인증평가 보고서

가령 현대캐피탈의 경우, 만기가 1.6년에서 5년의 2200억 원 규모 5건의 SLB를 발행했다. 현대캐피탈의 KPI는 전체 자동차할부금융 취급 건수에서 친환경차의 비중이다. SPT는 자동차 대수 기준 2023년부터 2027년 사이 매년 친환경차 할부금융 비중을 기존에 비해 1%p 확대하는 것이다. 즉 2022년 기준 친환경차 할부금융 비중이 12% 수준인데, 2027년까지 17%로 늘리겠다는 목표다. SPT 달성 목표일은 매년 12월 31일이다. 17%까지 친환경차 비중이 높아졌다고 볼 때, 전체 할부금융 자동차 대수 35만 4521대 중 5만 8500대 가량을 친환경차 할부금융 비중으로 보겠다는 의미다. 현대캐피탈이 사용하는 인센티브는 상환할증 프리미엄이다. SLB 상환기일 직전 사업연도 말에 SPT를 달성하지 못할 경우 채권 발행금액의 0.02%를 채권만기에 곱해 산정된 프리미엄을 상환기일에 최종 채권자의 보유 비율에 따른 현금으로 일시지급하도록 돼 있다.

5. 채권 발행절차

ESG채권 발행은 일반 회사채와 달리 사전 외부검토와 사후보고 단계가 추가된다. ESG채권으로 인정받기 위해서는 외부기관으로부터 반드시 평가를 받아야 하며 발행 이후에도 자금을 의도한 목적에 맞게 사용되었는지, 기업이 기대했던 환경이나 사회적 가치 등을 달성했는지를 증빙하는 자료를 의무적으로 공시해야 한다. 최초 보고 시점은 발행 후 그 다음해 까지이며 그 이후에도 자금을 모두 사용할 때까지 매년 제출해야 한다. 조달한 자금을 모두 사용하고 난 이후에는 예상했던 환경 사회적 가치를 실제 달성하였는지 임팩트 보고서(환경영향 보고서 등)도 제출해야 한다.

표 6-3. 국내 ESG채권 발행절차

일반채권 발행절차			ESG 채권 발행절차		
절차	대상기관	일정	절차	대상기관	일정
			사회책임투자채권 발행여부 결정	발행사	D-40
			사회책임투자채권 발행체계 수렴	발행사	D-30~5
			외부검토 업무수행	외부평가기관	D-30~5
제안요청서 (RFP) 발송	발행사→금융투자회사	D-17~20	제안요청서 (RFP) 발송	발행사→금융투자회사	D-17~20

절차	담당	시기	절차	담당	시기
대표주관계약 체결 및 신고	주간사 및 금융투자협회	D-14	대표주관계약 체결 및 신고	주간사 및 금융투자협회	D-14
신용등급 평가	신용평가사	D-14~10	신용등급 평가	신용평가사	D-14~10
기업실사	–	D-13~6	기업실사	–	D-13~6
이사회 결의	발행사	D-1~2	이사회 결의	발행사	D-1~2
			외부검토 업무 완료(평가보고서 발급)	외부평가기관	D-1
증권신고서 제출	금융위원회	D	증권신고서 제출 ★ 외부검토 보고서 첨부 체줄	금융위원회	D
수요예측	금융투자협회	D+1~2	수요예측	금융투자협회	D+1~2
채권상장신청	한국거래소	D+7	채권상장신청	한국거래소	D+7
증권신고서 효력 발생	금융위원회	D+10	증권신고서 효력 발생	금융위원회	D+10
채권등록발행	한국예탁결제원	D+10	채권등록발행	한국예탁결제원	D+10
청약 및 납입	–	D+10	청약 및 납입	–	D+10
증권발행실적 보고서 제출	금융위원회	D+11	증권발행실적 보고서 제출	금융위원회	D+11
채권상장	한국거래소	D+11~	채권상장	한국거래소	D+11~
			사후보고(자금 사용 현황 및 환경적 및 사회적 효과 등)	발행사	D+365~

자료: 한국거래소

6. ESG채권 투자자

국내 ESG투자의 가장 큰 손은 국민연금이다. 국민연금은 2013년 책임투자팀을 신설한 이래 지금까지 책임투자를 지속적으로 진행하고 있다. 2019년 11월 책임투자 활성화 방안을 마련하기 위해 '국민연금기금 책임투자 원칙'을 제정했다.

특히 국민연금자산운용 중 채권운용에 있어서 '국민연금기금 책임투자 원칙'이 제정되면서 이전까지 국내 주식 등 일부만 책임투자 대상에서 포함되어 있던 것이 국내 채권까지 확대 적용되었다. 또한 2022년까지 책임투자 적용 자산군 규모를 기금 전체자산에서 약 50%로 확대하겠다고 발표하였다. 국민연금은 2019년부터 현대캐피탈 녹색채권에 700억 원을 투자하는 등 ESG채권에 투자하기 시작하였고, 사학연금과 공무원연금도 2019년도에 녹색채권과 ESG채권에 투자를 시작하였다.

표 6-4. 국내 주요 연기금 ESG 투자정책

연기금	주요 ESG 투자 정책
국민연금	- 2018년 8월 스튜어드십 코드 도입 - 기금운용위원회 'ESG 투자 비중 확대와 평가 강화' 의결 - ESG 채권 투자를 위한 용역 발주 진행 - 2022년 ESG 투자를 기금 자산의 약 50% 확대(주식 / 채권)
사학연금	- 2019 12월 스튜어드십 코드 도입 - ESG 주식뿐만 아니라 인프라 펀드를 통해 재생에너지 및 녹색 채권을 통해 전기차 구매 서포트 등
공무원연금	- 2020년 2월 스튜어드십 코드 도입 - 주식과 채권 위탁 운용사 선정 시 ESG 요소 고려 - 탄소공개 프로젝트(CDP)에 가입해 탈석탄 투자와 신재생에너지 투자 및 ESG 채권투자
우정사업부	- 2018년 말 스튜어드십 코드 도입 - 수탁자책임활동에 관한 사항을 심의 의결하기 위해 수탁자책임위원회를 설치 및 운영

자료: 언론기사

국내 자산운용사도 책임투자를 확대하고 있다. 과거 국내 자산운용사는 대부분 주식형 펀드를 통해서 ESG투자를 진행하였다. 그러나 최근에는 채권형 펀드에도 ESG투자를 확대하고 있다.

미래에셋자산운용은 2020년 3월 ESG채권형 펀드 출시를 시작으로 3개의 ESG채권형 펀드를 신규 출시했다. KB자산운용과 마이다스자산운용도 2021년에 신규 ESG채권형 펀드를 출시하였으며 이후 여러 자산운용사에서도 ESG채권형 펀드를 출시하거나 출시를 준비하고 있다. 한국투자운용과 한화자산운용은 기존의 회사채형 채권펀드에 ESG채권 투자전략을 접목해 ESG채권형 펀드로 변경했다. ESG채권형 펀드들은 일반채권 중 발행회사의 ESG평가등급이 높거나 자체 ESG평가모델을 사용하여 회사채에 투자하거나 ESG채권에 직접 투자하는 두 가지를 혼합하여 운용한다.

표 6-5. 주요 운용사의 대표 ESG채권형 펀드 현황

운용사	주요 펀드명	설정일	주요 운용 전략
미래에셋 자산운용	미래에셋지속가능 ESG 채권펀드	20.3.4	신용등급 AA – 등급 이상 기업들 중 **한국기업지배구조원 ESG 평가 등급이 B+ 이상인 기업의 채권**과 **ESG 목적발행채권**에 주로 투자
한화 자산운용	한화 ESG 히어로 증권자투자신탁(채권)	20.11.2	**자체 ESG 평가결과를 활용**하여 포트폴리오 구축 단계부터 모든 투자과정에 ESG 수준을 시스템적으로 측정하여 운용 전반에 적용
한국투자운용	한국투자크레딧포커스 ESG 증권투자신탁 1(채권)	기존펀드 전략추가	주로 A 등급 이상의 국내 크레딧 채권(회사채 및 금융채)에 주로 투자하여 수익성을 추구하고 **자체 ESG 평가모델** 기준 상위 3 개 등급 이상의 채권에 50% 이상 투자
우리 자산운용	우리하이플러스단기우량 ESG	기존펀드 전략추가	신용등급 A – 이상의 채권 ESG 분석을 통해 **ESG 등급이 높은 회사채**에 투자

마이다스 자산운용	마이다스프레스티지책임투자 채권증권투자신탁(채권)	21.9.29	A 등급 이상의 회사채, A2 등급 이상의 기업어음 및 전자단기사채, 듀레이션은 약 1~1.5년 내외 수준 **ESG 네거티브 스크리닝을 통한 채권 편입** 및 사후 모니터링
KB 자산운용	KB 스타 ESG 우량중단기채 증권자투자신탁(채권)	21.6.9	신용등급이 우수한 ESG 관련 우량 회사 채 및 국공채 등에 선별적으로 투자하여 수익추구

자료: 자산운용사 홈페이지

투자자 입장에서 ESG채권은 ESG 성과가 우수한 기업이나 기관이 발행하는 채권인 만큼 안정적인 투자수단이라는 긍정적인 측면이 있다. ESG채권투자를 통해 책임투자 확대를 요구하는 투자자 니즈와 사회 및 환경적 문제 해결을 위한 공익적 측면에서 효율적으로 대응할 수 있다. 또한 ESG채권은 발행 이후 자금의 사용처 등을 투자자가 지속적으로 확인할 수 있어 투자위험을 효율적으로 관리할 수 있는 장점이 있다.

발행사 입장에서는 ESG채권 발행을 통해 지속가능경영에 대한 의지를 보여줄 수 있다. 이는 고객, 규제당국, 사회 및 환경단체 등과의 관계개선 및 기업 이미지 향상에 도움이 될 수 있다. ESG채권을 발행하는 기업이나 기관은 ESG 경영성과를 보여줌으로써 다양한 투자자들의 관심을 끌 수 있다. 이는 투자자 다양성을 높여 자금을 조달하고 조달비용을 낮추는데 도움이 된다.

ESG채권은 사회적 책임을 중시하는 투자자들이 증가함에 따라 투자자 저변이 점차 확대되고, 이에 따라 ESG채권 발행규모 및 투자수요가 계속해서 증가할 것으로 전망된다. ESG채권은 기후변화 대응, 저탄소 경제 이행 등에 소요되는 대규모 자본조달을 위한 새로운 금융수단으로 부각되고 있으며 국가 경제의 지속가능한 성장에도 기여할 수 있을 것으로 기대된다.

배출권거래와 탄소시장 활성화

김윤희[1]

1. 탄소가격제

폭염, 홍수, 해수면상승 등과 같은 기후 재난이 세계 곳곳에 자주 발생하면서 여러 국가가 인간의 생산활동으로 인한 탄소배출이 일으키는 기후 재난과 지구의 기온상승 문제를 본격적으로 고려하기 시작했다. 이후 탄소배출은 지구를 뜨겁게 만드는 주범이며 탄소배출의 외부효과로 기후 재난이 주는 농작물의 피해와 인적·물적 손실이 큰 경제적 사회적 이슈가 되었다.

이런 배경으로 2015년도에 파리협정 197개 당사국은 2030년까지 각자의 온실가스 감축목표를 설정하여 국제 사회에 약속하였다. 우리나라도 2018년도 온실가스 배출량보다 40%를 감축해야 하며 2030년까지 감축을 어떻게 할 것인지 국제 사회에 정기적으로 보고 및 점검도 받는다. 지구 기온상승을 산업화 이전 수준보다 1.5~2℃로 제한하는 국제 사회의 온실가스 감축 약속을 지키기 위해서 197개의 당사국은 여러 정책 수단을 동원해서 감축목표를 실현하기 위해 노력하고 있

---

1   2011년 경제학 및 환경정책학 박사를 취득하고 2015년까지 OECD근무, 2016년부터 국회예산정책처에서 에너지 및 환경산업 관련 주요 이슈를 분석하고 있다.

다. 이 중 가장 많은 선택을 받은 정책 수단이 바로 탄소가격제(Carbon Pricing)이다. 2023년 기준으로 73개가 시행되고 전 세계 온실가스 배출량의 23%가 탄소가격제에 적용받고 있다.

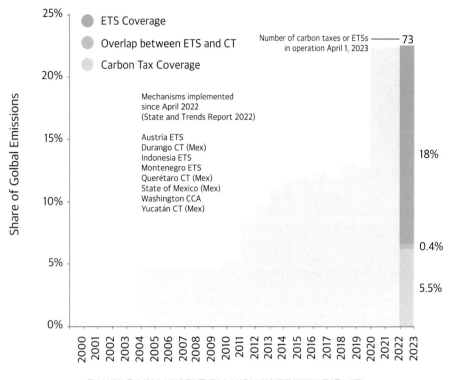

● 전 세계 온실가스 배출량 중 탄소세와 배출권거래제 적용 비중 ●

자료: World Bank, State and Trends of Carbon Pricing, 2023

탄소가격제 도입이 많은 이유는 탄소배출로 이익을 얻는 주체에게 이에 대한 책임을 직접적으로 부담하는 제도이기 때문이다.[2] 탄소가격제는 여러 종류가 있으며,[3] 그중에서도 배출권거래제가 전 세계에서 가장 많은 지역(18%)에서 도입되고 있다. 배출권거래제는 직접세 형식의 탄소세와는 다르다. 탄소세는 직접적이고 단기적으로는 효과가 있을지는 모르겠지만 전 세계 온실가스 배출량의 5.5%만 탄소세가 부과되고 있다. 이는 탄소세를 기업에 부과하면 제품 공급망을 따라 제품과 물류, 소비자 및 서비스의 가격에도 세금이 전가되기 때문이다.

● 배출권거래제란? ●

자료: 환경부

---

2   Ian Parry, "Putting a Price on Pollution: Carbon-pricing strategies could hold the key to meeting the world's climate stabilization goals," IMF Finance & Development, December 2019, VOL. 56, NO. 4.

3   주요 국제기구에서 정의하는 탄소가격제에는 직접세 형태의 탄소세(Carbon Tax)와 탄소국경조정세(Carbon Border Adjustment taxes), 또는 탄소국경조정제도(Carbon Border Adjustment mechanism)가 있으며 간접적으로는 배출권거래제도(Emission Trading System)와 크레딧 메커니즘(Carbon Crediting Mechanisms) 등의 형태가 있다.

배출권거래제는 정부가 주도적으로 온실가스 감축을 계획하고 할당량을 정하기 때문에 감축목표를 확실히 알 수 있다는 장점이 있어서 많은 지역에서 도입되었다. 배출권거래제는 정부가 가격을 설정하는 탄소세와는 달리 시장의 수요와 공급에 따라 가격이 결정되는 원리이다. 즉, 기업들이 잘 활용하면 배출량을 줄일 수 있을 뿐만 아니라 추가적인 이익까지 창출할 수 있는 제도이다.[4] 기업들은 온실가스 배출량만큼 "온실가스 배출권"을 시장에서 구매해 정부에 제출해야 한다. 온실가스 배출권 구매비용이 기업에 부담으로 작용하면 탄소집약적 물품의 생산비용과 가격이 상승한다. 소비자들은 가격이 비싼 탄소집약적 물품의 소비를 줄이게 되므로 온실가스 배출이 감소한다. 또한 배출권거래제를 시행하면, 온실가스를 적게 배출하거나 온실가스를 감축하여 여유분이 있는 업체는 남는 배출권을 판매하여 이익을 얻을 수 있다. 온실가스 감축으로 얻는 경제적 보상은 기업이 온실가스를 자발적으로 감축할 유인이 된다.

우리나라는 2015년부터 「온실가스 배출권의 할당 및 거래에 관한 법률」를 근거로 배출권거래제를 운용하고 있으며 현재 3차 계획기간이 시행 중이다. 대상 온실가스는 6개로 이산화탄소(CO_2), 메탄(CH_4), 아산화질소(N_2O), 수소불화탄소(HFCs), 과불화탄소(PFCs), 육불화황(SF_6)이다. 배출권거래제에 적용되는 대상은 최근 3년간 온실가스 연평균 배출량이 125,000톤 이상 업체이거나 25,000톤 이상 사업장을 보유한 업체이며 이들의 직접배출[5]과 간접배출[6]까지도 그 대상으로 한다. 현재 우리나라 배출권거래제는 국가 온실가스 배출량의 73.5%를 그 거래 대상으로 한다. 2015년부터 시작한 배출권거래제는 현재 3차 계획기간('21~'25) 시행 중이다.

---

4   IEA, "Implementing Effective Emissions Trading Systems: Lessons from international experiences", International Energy Agency, July 2020.
5   화석연료 연소 및 공정배출 등으로 온실가스를 대기 중에 직접 배출시키는 행위.
6   외부로부터 공급된 전기 또는 열을 사용함으로써 온실가스를 간접 배출시키는 행위.

표 7-1. **배출권거래제 운영현황**

구분	1기('15~'17)	2기('18~'20)	3기('21~'25)
할당업체	525개 업체	591개 업체	684개 업체 ('23.7월 기준, 736개)
ETS 비중(커버리지)	67.3%	70.1%	73.5%
배출허용총량(연평균)	563백만 톤	592백만 톤	609.7백만 톤

자료: 환경부

지난 10여 년간 운영되어 온 우리나라 배출권거래제를 2005년부터 20여년 째 배출권거래제를 운용 중인 대표적 시장인 EU와 비교할 때 우리나라는 비교적 짧은 시간에 배출권거래제 적용산업이 확대되었고 할당 대상도 세부적이며 거래 대상 온실가스도 많고 간접배출량까지 포괄적으로 적용을 하는 특징이 있다.

EU의 배출권시장의 규모는 2023년에 전 세계 시장의 87%를 차지하며 약 7,700억 유로(약 1,101조 원)를 나타내었다. 현재 적용국가는 30개국으로 27개의 EU 회원국과 아이슬란드, 노르웨이, 리히텐슈타인이 참여하는 세계최대의 배출권시장이다. 배출권거래제의 거래대상은 EU 지역 내 온실가스 배출의 40%이지만 'Fit for 55'에 근거하여 2030년까지 1990년 대비 55%를 감축하는 것을 목표로 한다.

표 7-2. **한국과 EU의 배출권거래제도 현황 비교**

구분	K-ETS	EU-ETS
적용범위	총배출량의 70% 수준	총배출량의 40% 수준
적용산업	(공통) 발전, 산업, 항공	
	건물, 교통(물류, 철도), 폐기물 등	해운(2024년), 도로운송 및 건물(2026년)
할당대상	배출량 연평균 총량 12.5천 톤 이상 업체나 2.5천 톤 이상 사업장 보유 업체	열량기준 20MW 이상 발전 및 연료 연소시설 등
온실가스	6대 온실가스(CO_2, CH_4, N_2O, HFCs, PFCs, SF_6)	3대 온실가스만 선정 (CO_2, N_2O, PFCs)
적용수준	직접 및 간접배출량 산정	직접배출량 산정

우리나라 배출권거래제 운영체계는 기획재정부와 환경부가 공동으로 기본계획을 수립하고, 환경부는 할당계획을 수립하고 거래시장 운영 등 배출권거래제도 이행한다.

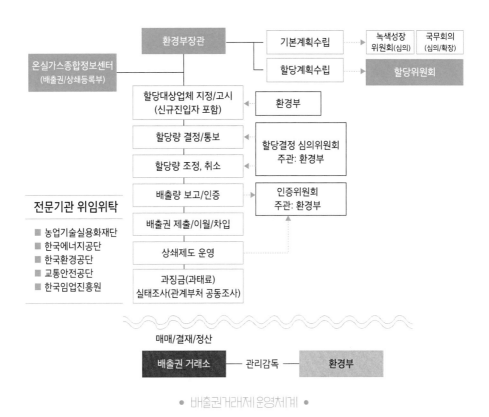

• 배출권거래제 운영체계 •

자료: 한국환경공단

배출권거래제 운영절차는 정부가 배출권을 할당하고 할당받은 기업이 배출량을 보고하며 사후에 최종적으로 정산을 한다. 기업은 배출량과 동일 수량의 배출권을 정부에 제출해야 하며 미제출분에 대해서는 시장가격의 3배 과징금이 부과된다.[7]

---

7 EU-ETS의 경우 할당업체들은 배출권 미제출 시 미제출 수량을 매입하여 제출하거나 톤당 100유로의 벌금을 내야한다.

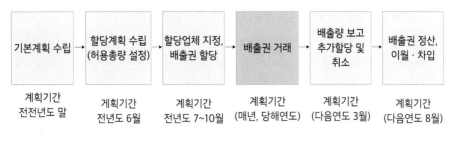

기본계획 수립	할당계획 수립 (허용총량 설정)	할당업체 지정, 배출권 할당	배출권 거래	배출량 보고 추가할당 및 취소	배출권 정산, 이월·차입
계획기간 전전년도 말	계획기간 전년도 6월	계획기간 전년도 7~10월	계획기간 (매년, 당해연도)	계획기간 (다음연도 3월)	계획기간 (다음연도 8월)

● 배출권거래제 운영절차 ●

자료: 한국환경공단

배출권거래제 운용에 있어서 배출권 할당은 참여업체에서나 시장운영자에게 중요하고 민감한 부분이다. 할당은 크게 유상할당 대상업체와 무상할당 대상업체로 나뉜다. 탄소누출 가능성과 비용 부담이 높은 기업들에 대해서는 기본적인 기업경쟁력 보장 차원에서 배출권을 전량 무상할당하고, 그 외의 대상업체는 거래시장이나 경매 등을 통해 일정 비중 이상의 배출권을 유상으로 구매하도록 하고 있다. 제1차 계획기간(2015~2017년)에 100% 무상할당으로 시작된 이후, 제2차 계획기간(2018~2020년)부터는 26개 업종에 138개 업체(3%)에 대한 유상할당이 시작되었으며, 2019년부터는 배출권 경매가 시행되면서 매일 운영되는 거래시장뿐만 아니라 매달 1회 시행되는 경매를 통해 배출권을 구매할 수 있는 창구가 마련되었다. 제3차 계획기간(2021~2025년)에는 유상할당 비중이 10%(41개 업종 227개 업체)로 확대되었으며, 배출권 총수량은(30억 8,225만 톤)으로 ① 배출허용총량 30억 4,825만 톤과 ② 배출허용총량 外 예비분 3,400만 톤으로 구성되어 있다. 할당량과 비중은 국가배출권 할당계획에서 설정된다.[8]

---

8 현재 EU-ETS의 경우 무상할당이 43%, 유상할당이 57%이다. 발전부문은 유상할당이 100%, 산업부문은 무상할당 비율이 점진적으로 축소되고 있다.

표 7-3. 3차 계획기간('21~'25, 5개년) 배출권(KAU) 할당량 설정 내역

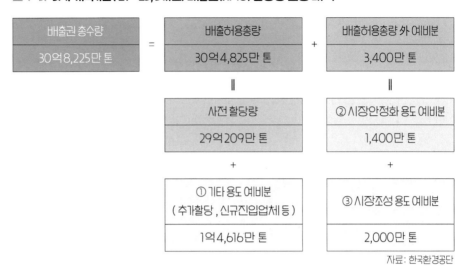

배출권 총수량		배출허용총량		배출허용총량 外 예비분
30억8,225만 톤	=	30억4,825만 톤	+	3,400만 톤

사전 할당량	② 시장안정화 용도 예비분
29억 209만 톤	1,400만 톤

① 기타 용도 예비분 (추가할당, 신규진입업체 등)	③ 시장조성 용도 예비분
1억 4,616만 톤	2,000만 톤

자료: 한국환경공단

배출권 할당량의 산정방식에는 배출량 기준인지, 배출효율 기준인지에 따라 두 가지로 나뉜다. 먼저 GF할당(Grandfathering, 배출량 기준 할당 방식)은 업체의 기준기간[9] 중 온실가스 배출량을 기반으로 배출권 할당량을 산정하는 방식으로 감축효율 수준을 고려하지 않는다. BM할당(Benchmark, 배출효율 기준 할당방식)은 업체의 온실가스 배출효율(온실가스 배출량/제품)을 기준으로 할당량을 산정하는 방식으로서 배출효율이 우수한 업체에 상대적 인센티브가 주어진다.

표 7-4. 배출권거래제 계획 기간별 BM 할당 현황 및 목표

구분	제1기('15~'17)	제2기('18~'20)	제3기('21~'25)	제4기('26~'30)
BM 할당비율	7%	49%	62%	75% 목표
BM 할당업종	3개업종 (정유, 시멘트, 항공)	7개업종 (발전, 집단에너지, 산업단지, 폐기물)	12개업종 (석유화학, 철강, 건물, 제지, 목재)	(신규업종 추가 및 전 업종 열·연료 적용)
BM 할당업체	19 개 업체	119 개 업체	193개업체	

자료: 환경부

9 할당대상업체 지정 직전 3년으로 '24년에 제3기 할당대상업체로 지정된 경우는 '21년~'23년.

배출권거래제에서 배출량 인증과정은 환경부가 인증위원회를 주관하며 인증기관은 할당대상 업체가 제출한 배출량 명세서 내용의 적합성을 평가[10]하여 실제 배출량을 인증하고, 업체는 인증량에 상응하는 배출권을 제출한다.

표 7-5 **배출량 산정 및 인증 절차**

조직경계 설정	온실가스 배출량 산정을 위한 경계(범위) 설정	
↓		
배출활동 구분	사업장 내 온실가스 배출활동 구분 - 직접배출(Scope 1), 간접배출(Scope 2, 외부전기 등)	할당대상업체
↓		
배출량 산정계획 마련	활동자료 수집방식에 따라 배출시설별 배출량 산정계획 수립 - 구매량 기반, 측정기기 직접 계량, 근사법 등	
↓		
배출량 산정	배출량 활동 종류에 따라 배출량 산정방법론 결정 - Tier 1(IPCC 배출계수), Tier 2(국가배출계수) Tier 3(사업장배출계수), Tier 4(연속측정)	
↓		
명세서 제출	할당대상업체에서 실제 배출한 온실가스 배출량 명세서를 검증기관 검증 후 환경부에 제출	
↓		
명세서확인 / 적합성평가	배출량 산정결과(명세서)에 대한 적합성 평가 환경공단은 환경부에 평가결과 보고	적합성평가기관 (환경공단)
↓		
배출량 인증	적합성 평가 결과를 바탕으로 인증위를 개최하여 업체별 배출량 인증	환경부
↓		
이의신청	인증을 통해 확정된 배출량을 업체에 통보하고 이의가 있을 경우 이의신청	할당대상업체

자료: 한국환경공단

---

10   할당 대상 업체에서 제출한 명세서와 검증보고서를 활용하여, 배출량 산정 결과의 적합성(온실가스 배출원 누락 여부, 배출량 산정방식 적절성 여부 등)을 평가하는 과정.

배출량을 인증받은 후 할당대상 업체는 매년 8월 말까지 전년도 인증 배출량에 해당하는 배출권(KAU, KCU)[11]을 확보하여 정부에 제출한다. 만약 배출량이 인증 배출량보다 많으면 업체는 다음 이행연도 배출권의 일부를 당겨서 쓰는 수단으로서 '차입'을 한다. 예를 들어 2023년도 제출해야 하는 배출권의 일정 비율을 2024년 배출권에서 차입할 수 있다. 반대로 할당량보다 인증 배출량이 많을 경우, 보유한 배출권을 현 계획기간 내의 다음 이행연도 또는 다음 계획기간 최초 이행연도로 넘길 수 있는 수단으로서 '이월' 제도를 사용할 수 있다.[12] 할당대상업체가 외부사업을 통해서도 온실가스 감축실적을 인정받을 수 있는데 이를 상쇄제도라고 한다. 상쇄제도는 외부사업 감축실적(KOC)을 상쇄배출권(KCU)으로 전환하여 배출권 제출에 활용할 수 있도록 한 것이다. 해당 절차는 관장기관에[13] 외부사업을 승인받고 검증 및 인증을 받는다.[14]

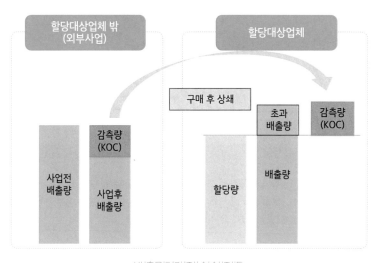

● 배출권거래제 상쇄제도 ●

자료: 한국환경공단

11　KAU(Korean Allocation Unit): 정부가 할당계획에 따라 기업에 할당한 할당배출권.
　　 KCU(Korean Credit Unit): 주무관청의 승인을 거쳐 KOC에서 전환된 상쇄배출권.

12　순매도량(매도량-매수량)의 2배('21→'22→'23) 및 1배('23→'24→'25) 가능.

13　(환경부) 폐기물, (산업부) 산업·발전, (농식품부) 농축산·임업, (국토부) 건물·교통 (해수부) 해양·해운.

14　① 방법론 등록 및 외부사업 승인(관장기관) → ② 모니터링 및 검증(외부사업자·검증기관) → ③ 감축량 인증검토(관장기관) → ④ 인증위원회 심의 → ⑤ 인증서 발급·등록(관장기관)

온실가스 배출권거래제 운영은 앞서 설명한 '배출권거래제 운영체계(128쪽)'를 바탕으로 '배출권거래제의 운영절차(129쪽)'를 따른다. 계획기간 전전년도 말에 기본계획이 수립되어 배출권의 정산이 계획기간 이후 다음 해인 8월에 모두 끝나게 된다. 예를 들어 기업들의 2024년도 배출권 거래는 이미 2022년 말에 수립된 기본계획을 바탕으로 2023년 6월 말에 할당계획이 수립되었고 같은 해 7~10월에 할당업체가 지정되고 배출권 할당이 확정된다. 이후 2024년에 배출권 거래가 이뤄지고 2025년 3월 기업은 배출량을 보고하고 추가할당 및 취소 절차를 행한다. 이후 2025년 8월까지 배출권 정산과 이월·차입이 이루어진다.

시장 운영에 있어서는 환경부에서 시장 전반적으로 관리·감독하며 한국거래소가 배출권 장내거래 관리, 운영과 경매시스템을 운영한다. 온실가스종합정보센터는 배출권 거래·이전 승인(장외포함), 배출권 등록부시스템(ETS) 운영관리를 하고 환경공단은 거래 및 수급 현황 조사·분석 및 배출량 명세서에 대한 적합성을 평가한다.

배출권 거래 시장의 시장참여자는 시장조성자, 증권사, 외부사업참여자 3개의 주체로 이뤄져 있다. 먼저 시장조성자[15]는 안정적인 배출권시장 운영을 위해 정부가 지정한다. 증권사[16]는 자기매매 형태로 배출권 거래에 참여하며, 외부사업참여자는 국내·외 외부사업을 통해 승인받은 감축실적(KOC)으로 거래한다.

---

15 한국투자증권 등 7개 사.
16 NH투자증권 등 21개 사.

표 7-6. 배출권거래제 계획 기간별 비교

구분	1차 계획기간 ('15~'17)	2차 계획기간 ('18~'20)	3차 계획기간 ('21~'25)
주요목표	경험축적및 배출권거래제안착	온실가스 상당수준 감축	온실가스 실효적 감축추진
배출권 할당	·100% 무상할당 ·BM 할당:3개업종 (항공, 정유, 시멘트, 전체 배출량대비6%) ·시설단위 할당	·3% 유상할당 ·BM 할당 : 7개 업종 (발전에너지,산업단지,집단에너지, 폐기물 추가, 전체 배출량 대비 50%) ·시설단위 할당	·10% 유상할당 ·BM 할당 : 12개 업종 (철강, 석유화학, 목재,제지,건물 추가, 전체 배출량 대비 60%) ·사업장단위 할당
배출량 검·인증	·단기간 전수평가 (전업체, 모든 시설) ·검증결과 미공개	·단기간 전수평가 (전업체, 모든 시설) ·검증기관 평가결과 첫 공개 ('19)	·집중 분석체계 도입 검토 (오류 가능성 높은 시설 위주 평가) ·검증기관 및 검증심사원의 검증 강화(제재근거 법제화)
배출권 거래시장	·배출권거래소 발족 ·시장안정화 조치 시행	·주기적 경매 실시 ·시장조성자 도입	·제3자시장참여 (21개 증권사) ·위탁매매, 파생상품 도입 ·시장조성자 확대 (2개 → 7개)
외부 감축사업	·감축방법론 다양화 (CDM 211개 방법론 인정) ·상쇄배출권 제출한도 (제출 배출권의10%)	·해외 감축활동 촉진(국내기업의 해외감축실적 국내거래 인정) ·상쇄배출권 제출한도 (제출 배출권의 10%- 국외 5%)	·파리협정 후속조치로 상쇄제도 내 국제감축기제 인정범위, CDM 유예기간 설정 ·상쇄배출권 제출한도 (제출 배출권의 5%)
이월·차입	·100% 이월 가능 ·차입한도 확대 (10 → 15%)	·계획기간 間 이월제한 (2기 할당'계획, '18.7) ·이행연도間 이월제한 (2기 할당'계획 변경, '19.5)	·이월제한 기준 변경 (할당업체의 이월기준 강화, 할당업체 이외의 배출권 보유자 이월기준 신설)

자료 : 한국환경공단

2. 배출권거래제의 그간 성과 및 한계는

1) 오르지 않는 배출권 가격

배출권거래제는 배출 총량을 정부가 계획하고 설정하기 때문에 줄이고자 하는 목표량을 확실히 알 수 있다는 장점이 있다. 그러나 배출권은 가격 변동성이 커서 불확실한 측면이 있다. 예를 들어, 한국에서 할당배출권(KAU) 가격이 2018년 하반기부터 상승세를 보이며 2019년 12월 23일에 1톤당 4만 800원까지 폭등했는데, 2020년 4월 이후 하락세로 전환해 2023년 7월 말에는 7,020원까지 역대 최저로 가격이 내려가기도 했다. 이렇게 배출권 가격 변동성이 높은 이유는 배출권 시장이 국제 사회의 기후 변화 대응 강화, 무상 할당량 비율, 경제 상황 등 다양한 요인에 영향을 받기 때문이다. 그런데도 2023년 국내 배출권 가격은 제도 도입 시 보다 저평가되어 있고 거래가 활성화되지 못한 점에서 그 한계가 있다. 배출권 가격이 미래 변화를 반영하지 못하고 낮게 유지됨에 따라, 참여업체들은 온실가스 감축 설비 및 기술에 투자하기보다는 배출권을 구매하는 방식을 선택하게 된다. 또한 배출권 판매 수익을 재원으로 하는 기후대응기금의 규모도 축소된다. 그리고 무엇보다도 온실가스 감축목표가 상당한 수준으로 상향된 상황에서 배출권 가격이 오히려 하락하고 있다는 점은, 미래에 대한 기대가 현재 시장에 반영되지 못하고 배출권거래제의 가격기능이 적절하게 작동하지 않으며 시장 효율성이 저해되고 있음을 시사한다.

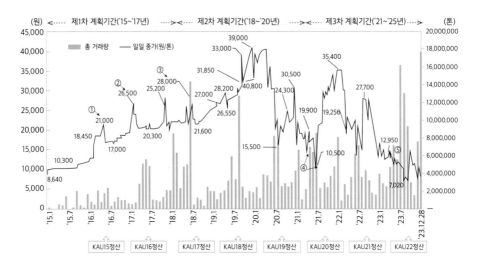

● 배출권가격및총거래량추세 ●

자료: ETS Insight

이에 비해 해외 주요 배출권거래제의 가격은 국내보다 거래 가격이 높다. 배출권거래제 분야에서도 역시 유럽연합(EU)이 선도하고 있다. EU는 2005년에 세계 최초로 배출권거래제를 도입했는데, 성공적으로 운영하고 있어 다른 국가들이 참고할 만한 모범적인 사례로 평가받고 있다. EU의 배출권거래제는 1~3기를 거쳐 현재 4기에 들어섰다. 1기, 2기에 EU의 배출 총량은 회원국들이 각자 제출하여 승인받은 배출 총량을 단순히 합한 것에 불과했다. 그러나 이러한 방식에 대해 투명성과 공정성 이슈가 제기되었고, 이에 따라 3기부터는 유럽연합 집행위원회(European Commission, EC)에서 단일한 배출허용총량을 일괄적으로 결정하게 되면서, EU의 ETS는 개별 국가들의 독립성이 보장된 단순 연합에서 벗어나 EU 차원의 배출허용 총량과 조화된 할당 규칙이 적용되는 단일 시스템으로 진화하고 있다.[17]

---

17 2021년 7월 개정된 EU-ETS 개정안의 주요내용은 아래와 같다.
(목표) 배출허용총량을 '30년까지 '05년 대비 43% 감축 → 62% 감축으로 상향.
(할당) 할당총량을 매년 줄여가는 선형감축계수(linear reduction factor)를 現 2.2% → 4.4%로 상향, 특히 철강 등 CBAM(탄소국경조정제도: Carbon Border Adjustment Mechanism) 적용 품목은 2026년부터 단계적으로 무상할당을 감소시켜 2034년부터 전면 유상할당.

EU는 온실가스 감축 목표를 달성하기 위해 배출허용총량을 점진적으로 엄격히 설정하고 있다.[18] 이 외에 현재 ETS를 전국 단위로 시행하고 있는 국가로는 한국을 포함한 9개 국가(뉴질랜드, 스위스 등)가 있으며, 지역 단위로 운영되고 있는 곳은 일본 도쿄, 미국 캘리포니아 등을 포함한 19곳이 있다.

표 7-7. 한국과 유럽의 배출권거래제 거래 및 할당 방식 비교

구분		K-ETS	EU-ETS
거래 방식	시장 참여자	·배출권할당 기업 ·시장조성자, 배출권중개회사	·배출권할당 기업 ·금융사 및 제3자 참여가능
	거래 상품	현물 거래만 가능(장외는 예외)	현물 · 선물 모두 가능
할당 방식	업종별 할당	12개 업종 벤치마크(평균)적용	대부분 벤치마크(상위 10%) 적용
	유 · 무상	10% 유상할당	70% 유상할당(발전부문 100%) ※ CBAM 적용대상인 철강, 알루미늄, 시멘트는 무상할당
	계획기간	1년 단위 상품 구별(이월 제한)	상품 구별 없음(이월 무제한)

2015년 초에 도입된 우리나라 ETS(Korea ETS, K-ETS)는 동아시아 최초의 국가 의무 ETS로 EU에 이어 세계 2위 탄소시장으로 분류되는데, 앞선 EU 사례를 많이 참고한 것으로 알려져 있다. 한국의 배출권 가격은 EU의 배출권 가격의 1/3이다. 일본은 일부 지역에서 배출권거래제를 시행하고 있으나, 2050년까지 탄소중립을

(대상확대) 도로수송·건물의 연료공급자 및 해운 부문을 추가.

18 2023년 4월 EU이사회가 발표한 EU-ETS 개정안은 온실가스 배출 규제 강화 및 대상 부문을 확대하고, 탄소국경조정메커니즘 도입 및 공정한 기후 전환을 위한 사회기후기금을 창설하는 것이 주요 내용이다. 항공 분야를 ETS 제도와 완전하게 통합하고, 해상운송 분야로 ETS를 확장하며, ETS 대상 산업의 온실가스 배출량을 2030년까지 62% 감축토록 의무화함과 동시에 2027년부터 난방 및 운송 연료에 대한 배출권거래제도를 신설(ETS2)하는 것을 발표하였다.

달성하기 위한 수단으로 배출권거래제를 전국적으로 확대할 계획으로 작년부터 시범 시행을 진행 중이다. 중국 역시 2011년부터 8개의 지역 거래시장에서 배출권거래제를 시범적으로 실행하였는데, 2021년 전국으로 확대했다. 영국은 브렉시트 이후 EU-ETS를 대체하기 위해 UK-ETS를 2021년부로 발효했으며, 적용 부문은 에너지 집약산업, 발전, 항공 부문 등을 대상으로 한다. 캘리포니아 시장 거래는 미국 캘리포니아와 캐나다 퀘벡 등 2개 주의 발전, 산업, 연료공급 분야를 대상으로 하며 연 4회 경매를 한다. 미국 북동부 11개 주(RGGI: Regional Greenhouse Gas Initiative)의 25MW 이상 화력발전소를 대상으로 하는 총량거래방식 시장으로 100% 경매(유상할당)로 이뤄진다. 2008년 시작된 뉴질랜드 배출권거래시장은 산림, 에너지, 수송, 산업공정, 농업 등 모든 부문을 대상으로 하며 현물거래 정보를 제공한다. 중국은 국가 단위 배출권거래제를 운영하며 2013~2019년 동안 연평균 온실가스 배출량 26,000톤 이상인 전력 관련 발전 사업장만을 현재 그 거래 대상으로 하며 주로 무상할당으로 운영된다.

제도(System)	원/톤	전월비*(원/톤) / 등락률(%)	
⬤ EU-ETS			
- EUA(현물)	98,340(66.13 EUR) 2024.6.28.	▼9,294	▼8.63
- EUA(선물)	100,333(67.47 EUR) 2024.6.28.	▼9,859	▼8.95
- EUA(경매)	96,674(65.01 EUR) 2024.6.28.	▼14,097	▼12.73
🏴 영국(선물)	81,230(46.26 GBP) 2024.6.28.	▼4,126	▼4.83
🇺🇸 캘리포니아(경매)	51,428(37.02 USD) 2024.5.30.	▼6,585	▼11.35
🇺🇸 RGGI(경매)	29,215(21.03 USD) 2024.6.5.	▲6,988	▲31.44
🇳🇿 뉴질랜드(현물)	42,556(50.38 NZD) 2024.6.27.	▲1,166	▲2.82
🇨🇳 중국 국가단위 ETS	17,668(92.78 CNY) 2024.6.28.	▼436	▼2.41

● 해외 주요 시장의 배출권 거래 현황 ●

기준: 전월 ('24.5.31.) 종가 대비 당월 ('24.6.28.) 수치 비교
자료: 한국은행 경제통계시스템. 2024.6.28.

2) 배출권 이월 제한제도로 인한 수요와 가격 하락

배출권 거래 시장의 거래량은 제2차 및 제3차 계획기간을 거치면서 지속적으로 증가하였으며, 이월을 제한하기 시작했던 2017년과 비교하면 거래 여건이 개선됐다. 그런데도 EU-ETS 등에 비해 거래가 활발하지 않고 시장가격이 낮다는 점은 국내 배출권거래제의 여전한 해결과제이다. 현 시점에서 만약 이월 제한이 완화된다면 배출권 장기 보유가 가능하기에 배출권을 사려는 수요는 증가하고 배출권 공급과 거래량은 빠르게 줄어들 수 있다. 특히 감축 비용과 배출권 공급량 변화의 불확실성에 대비하고자 하는 참여업체일수록 이월을 통해 배출권을 확보하려는 유인이 증가할 수 있다. 따라서 현재의 배출권 가격은 낮지만, 미래의 배출권 가격이 상승할 것으로 예상되는 지금과 같은 상황에서는, 이월 제한이 완화됨에 따라 단기적으로 배출권 거래 시장의 수요와 가격이 급등하고 공급은 위축될 가능성이 커진다.

특히 참여업체들에 배출권이 필요할 때 거래시장에서 구매하지 못하거나 시장 운영을 예측하기 어렵다면 배출권을 확보하여 이월할 유인이 과도하게 커질 수 있다. 따라서 이월 제한 완화를 단계적으로 진행하면서 추가적인 보완 장치를 함께 마련해야 한다. 이를 위해 이월 제한의 완화로 인해 우려되는 거래시장의 공급 부족에 대비해서, 배출권의 공급 창구를 확대하고 시장 운영의 장기적 예측 가능성을 개선하는 방향의 정책이 모색될 필요가 있다. 우선 배출권 가격이 지나치게 높으면 계획된 예비분을 공급할 수 있도록 명시적인 시장안정화 제도를 도입하고, 경매 참여대상을 확대하여 배출권이 공급될 수 있는 창구를 확보해야 한다. 이와 더불어 배출권 총공급량에 대한 장기적인 계획을 제시하여 배출권시장 운영의 예측 가능성을 개선할 필요가 있다.

탄소세 및 배출권거래제로부터의 이윤을 탄소이윤이라고 하며 다음 그림에서 보듯이 많은 나라가 탄소가격제도로부터의 이윤을 녹색 예산, 이전, 보조금 지급 등에 쓰고 있다. 하지만 우리나라는 낮은 배출권가격 형성으로 인해 주요국과 비교해 탄소 이윤을 적절히 쓸 재원이 충분하지 못하다.

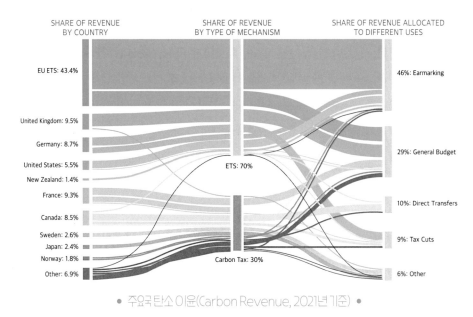

SHARE OF REVENUE
BY COUNTRY

SHARE OF REVENUE
BY TYPE OF MECHANISM

SHARE OF REVENUE ALLOCATED
TO DIFFERENT USES

EU ETS: 43.4%

United Kingdom: 9.5%

Germany: 8.7%

United States: 5.5%

New Zealand: 1.4%

France: 9.3%

Canada: 8.5%

Sweden: 2.6%

Japan: 2.4%

Norway: 1.8%

Other: 6.9%

ETS: 70%

Carbon Tax: 30%

46%: Earmarking

29%: General Budget

10%: Direct Transfers

9%: Tax Cuts

6%: Other

● 주요국 탄소 이윤(Carbon Revenue, 2021년 기준) ●

자료: World Bank, State and Trends of Carbon Pricing, 2023

　예를 들어 우리나라의 기후대응기금은 배출권 유상할당 매각 수입 등을 주 수
입원으로 한다.[19] 2024년에 확정된 기후대응기금 규모는 2.4조 원이며 이는 2023
년 대비 3.8% 감액되었다. 2024년 신규사업은 중소기업 탄소국경조정제도(CBAM)
대응 인프라구축사업 등 7개 사업 111억 원이며 사업 수는 145개로 전년대비 7개
감소하였다.

19　「기후위기 대응을 위한 탄소중립·녹색성장기본법」(법률 제19430호, 2023.7.10.) 제69조(기후대응기금
　　의 설치).

표 7-8. 기후대응기금으로 운영되는 정부 예산사업 현황

(단위, 억 원)

구분	산업부	환경부	국토부	산림청	중기부	금융위	과기부	고용부
금액 (%)	8,007 (35.5)	7,959 (35.2)	1,655 (7.3)	1,626 (7.2)	1,039 (4.6)	840 (3.7)	660 (2.9)	285 (1.3)
개수	46	36	17	6	9	2	10	5
구분	해수부	행안부	농림부	기재부	기상청	특허청	새만금청	소방청
금액 (%)	238 (1.1)	197 (0.9)	49 (0.2)	26 (0.1)	9 (0.0)	6 (0.0)	5 (0.0)	1 (0.0)
개수	7	1	1	1	1	1	1	1

자료: 환경공단

기후대응기금의 수입은 배출권 유상할당 매각대(자체수입), 일반·특별회계와 기금(교특회계, 전력·복권기금) 전입, 공자기금 예수금으로 재원을 조성하게 되어 있다. 그러나 2022년말 이후 배출권 수요가 감소하고 배출권 가격이 하락하여 배출권 초과공급 상태가 지속되었고 매각수입 역시 감소하였다. 더군다나 배출권거래제 소관부처인 환경부는 2023년도 및 2024년도에도 이와 같은 배출권 가격 상황이 지속될 것으로 전망하는 가운데 현재 배출권 거래 시장을 조금 더 활성화할 적극적 방안이 필요하다.

미국의 경우 캘리포니아 기후투자(California Climate Investments)는 2014년부터 배출권 매각 수입 192억 달러와 산불방지 프로그램에서의 연 2억 달러 등을 재원으로 온실가스 저감 관련 사업을 수행하고 있다. 2021~2022년 기준[20] 연간 32억 달러(약 4조6,000억 원)와 누적세출 183억 달러(약 27조 원)의 규모를 가지며 저소득층 및 취약계층에 대한 주거지원(에너지효율개선), 탄소무배출 운송수단(친환경 모빌리티) 인프라 구축 지원 등 온실가스 감축 사업에 투자[21]하고 있다.

---

20 회계연도는 7월 1일부터 다음 연도 6월 30일까지.

21 캘리포니아 재무부, 대기자원위원회 및 22개 수행기관이 73개 프로그램을 운영하고 있으며, '21년 기준 7만 5천 개의 사업을 수행.

표 7-9. 2023-2024년 기후대응기금 운용계획

(단위, 억 원)

세입					세출				
구분		'23 년 (억 원)	'24 년 (억 원)	증감 (%)	구분		'23 년 (억 원)	'24 년 (억 원)	증감 (%)
합계		24,867	23,918	△ 3.8	합계		24,867	23,918	△ 3.8
자체 수입	배출권 매각	4,009	2,897	△ 27.7	사 업 비	소계	24,544	22,602	△ 7.9
	기타수입	–	123	순증		온실가스 감축	9,866	9,784	△ 0.8
내부 수입	일반 회계	12,222	11,494	△ 6.0		저탄소 생태계 조성	6,364	6,063	△ 4.7
	교특 회계	3,000	3,000	–		공정한 전환	2,038	1,973	△ 3.2
	전력기금	2,000	2,000	–		탄소중립 기반구축	6,276	4,782	△ 23.8
	복권기금	910	1,083	19.0					
	공자기금 예수	2,726	3,199	17.4	기타	인건비 · 운영 비 · 공자기금 이자상환	201	313	55.7
보전 수입	여유자금 회수	–	122	순증		여유자금 운용	122	1,003	722.1

주: 2023년 자료는 2023년 기금운용계획(국회 최초 확정안, 2022.12. 심의 · 의결) 기준

자료: 환경공단

3. 배출권거래제를 통한 탄소중립 실현 가능성

탄소중립을 달성하기 위해서는 전 세계적으로 탄소 의존적인 경제구조를 지속가능한 저탄소 경제구조로 바꾸는 근본적인 전환이 필요하다. 먼저, 전력 부문에서는 에너지 효율을 높이는 동시에 신재생에너지 전력생산 비율을 대폭 증가시켜야 한다. 원자력과 화석연료 기반 에너지를 태양광·풍력 등 재생에너지로 전환하는 등 에너지의 생산, 전달, 소비에 이르는 시스템 전반을 탈탄소 방향에 맞게 전환하고, 2050년까지 총전력생산의 70~80%를 신재생에너지로 공급해야 한다. 또 산업부문에서는 신기술을 도입하여 탄소집약적 공정을 혁신하고, 전력화를 통해 탄소 배출량을 75%~90%가량 감축해야 한다. 수송부문에서는 전기차, 수소차 등 미래 모빌리티를 도입하여 에너지 사용의 35~65%를 저탄소 연료로 바꾸어야 한다. 건물 부문에서 친환경 건물을 도입해 건물에서 발생하는 온실가스 배출량을 줄여야 하며, 기존 농지를 산림으로 바꾸는 등 지속가능한 토지 사용 비중이 높아질 수 있도록 녹지화에도 앞장서야 한다.

표 7-10. **지구온난화 1.5℃ 및 2℃ 주요 영향 비교**

구분	1.5℃	2℃
생태계 및 인간계	높은 위험	매우 높은 위험
중위도 폭염일 온도	3℃ 상승	4℃ 상승
고위도 극한일 온도	4.5℃ 상승	6℃ 상승
산호 소멸	70~90%	99% 이상
기후영향 · 빈곤 취약 인구	2℃ 온난화에서 2050년까지 최대 수억 명 증가	
물부족 인구	2℃에서 최대 50% 증가	
대규모 특이 현상	중간 위험	중간 ~ 높은 위험
해수면 상승	0.26~0.77m	0.3~0.93m
북극 해빙 완전소멸 빈도	100년에 한번(복원가능)	10년에 한번(복원 어려움)

자료: 환경부

탄소중립을 위한 녹색 전환을 위해서는 산업 부문의 민간기업 대다수가 참여하는 배출권거래제의 역할이 필수적이다. 더군다나 우리나라는 "탄소중립"이라는 새로운 목표를 「2030년 국가 온실가스 감축목표 달성을 위한 로드맵」에 반영하여 감축경로를 상향할 예정이다. 이에 따라 배출권거래제 적용 부분의 배출허용총량이 줄어들어 유상·무상으로 할당되는 배출권의 수량도 줄어들면, 산업계도 온실가스를 감축하기 위해 더 큰 노력을 기울일 것이다. 감축설비의 보급이 활성화되고, 감축기술의 개발 속도도 빨라질 것이다.

특히 배출권거래제는 재생에너지 보급을 선도하는 제도이다. 앞으로 온실가스 배출로 인한 사회적 비용을 전력 단가에 반영하여 생산비용이 적은 전기 순으로 전력을 공급하게 되면, 발전과정에서, 많은 온실가스를 배출하는 석탄화력 등 탄소집약적 발전은 배출권 비용부담이 높아짐에 따라 자연스럽게 시장에서 퇴출당할 것이다. 또한, 배출권거래제의 유상할당 수입은 감축기술 및 설비보급 지원, 녹색금융 활성화에 활용되어 녹색전환을 앞당기는 역할을 할 것으로 예상된다.

EU 집행위는 2021년 7월 EU의 새로운 2030년 기후 목표를 달성하는 데 필요한 법률의 제·개정안을 담은 'Fit for 55 Package'를 발표하였고[22] 미국은 인플레이션감축법(IRA)을 통해 저탄소경제로 전환을 구체화하고 있다. 특히 EU가, 직접개입(세제와 보조금) 방식의 전환 정책을 추구하는 미국의 IRA와 달리, 시장친화적인 탄소시장 메커니즘 운영의 오랜 경험을 살려 배출권거래제(EU-ETS)의 활용을 강조하면서 배출권거래제는 유럽뿐만 아니라 글로벌 탄소중립 실현의 주요 메커니즘이 되었다.

---

22 탄소국경조정제도 도입, 배출권거래제 및 탄소세 대상 확대 등 법령 제·개정안으로 구성.
   ○ '30년 EU-ETS 감축목표는 '05년 대비 43%(기존 안)에서 62%로 상향.
     연도별 할당량 감축률: ('24~'27년) 4.3%, ('28~'30년) 4.4%.
   ○ 상업건물 및 도로수송 부문에 ETSII 도입('27~'28년).
   ○ CBAM 적용부문에 대한 무상할당 종료시기를 '26년부터 단계적으로 확대하여 '34년에는 전부
     유상할당*.
   * 유상할당 비중(%): ('26) 2.5 → ('27) 5 → ('28) 10 → ('33) 86 → ('33) 86 → ('34) 100

표 7-11. 유럽 탄소중립정책(Fit for 55)의 주요 내용

법령	내용
ETS 지침 개정	ETS 배출권의 전체 상한을 줄이고, 연간 감축계수는 늘리며, 역내 항공분야에 대한 무상할당을 줄이고 CORSIA에 부합
Renewable Energy Directive 개정	2030년 재생에너지 목표 비중을 40%로 상향
ReFuelEU Aviation 제정	연료공급자들이 연료(jet fuel)에 더 높은 비율의 지속가능한 항공연료(Sustain Aviation Fuel)를 혼합하도록 의무화함
FuelEU Maritime 제정	EU 항구의 선박에 대해 지속가능한 해운 연료를 사용하도록 하고 무배출 기술의 개발 촉진
Social Climate Fund 신설	수송과 건물 부문에 적용되는 ETS에서 발생하는 수익의 25%를 사회기후기금에 투자하여 취약 가구, 중소기업 등에 지원

최근 유럽의회가 합의한 혁신안에는 여러 내용이 담겨 있지만, 핵심은 탄소중립 로드맵과 EU-ETS의 연계를 강화하고, 그로 인한 시장구조변화에 대응하여 ETS의 체제를 개편하는 내용이다. 여기에 EU-ETS의 글로벌 확장성과 탄소중립의 글로벌 확산을 위해 탄소국경조정제도(Carbon Border Adjustment Mechanism: CBAM)라는 새로운 제도를 도입한 것도 주목할 만하다. 구체적으로 살펴보면, 혁신안은 우선 배출량의 감축률을 대폭 높였다. EU-ETS가 NDC 목표 달성을 견인할 수 있도록 ETS 배출권허용총량(CAP)의 연간 감축률을 기존 2.2%에서 4.2%로 크게 상향했다. 이러한 감축률 상향은 NDC 목표(1990년 대비 55%)와 ETS를 연계하는 핵심 요소이다. 둘째, 감축률 상향이 불가피하게 ETS시장 불균형을 일으키는 상황을 염두에 두고, 충격 완화를 위해 시장안정예비분(MSR: Market Stability Reserve) 제도의 역할을 강화했다. EU는 그간 시장안정예비분(MSR) 제도가 경매이연(back loading)과 함께 시장 수급 안정에 이바지한 것으로 평가하고, 조정 한도를 확대하는 방향으로 제도를 보완했다. 마지막으로, CBAM을 새로 도입하고 ETS와 연계했다. NDC 강화에 따른 탄소누출(carbon leakage) 방지와 탄소비용의 공정한 분담원칙에 따라 국적에 상관없이 탄소비용을 내도록 CBAM을 도입하는 동시에 탄소비용을 ETS

시장가격에 기초하여 산정하도록 함으로써 ETS 할당제도의 변화 역시 불가피해졌다. 방향은 CBAM 대상 업종에 대해 유상할당을 늘리고 무상할당을 단계적으로 폐지하는 것이다.

표 7-12. EU CBAM 주요 내용

구분	EU집행위(안)('21.7월) EU이사회(안)('22.6월)	유럽의회(안)('22.6월)	CBAM 법률('23.4월)
품목	철강, 알루미늄, 시멘트, 비료, 전기	철강, 알루미늄, 시멘트, 비료, 전기＋수소, 플라스틱, 유기화학품, 암모니아	철강, 알루미늄, 시멘트, 비료, 전기＋수소, 플라스틱, 유기화학품 등(검토)
전환기간	'23~'25년	'23~'26년	'23.10월 ~
시행 시기	'26. 1월 ~	'27. 1월	'26. 1월 ~
배출 범위	직접배출	직접배출＋간접배출	직접배출＋간접배출 (특정조건)

탄소국경조정제도(CBAM)은 탄소누출을 방지하고 ETS 시장의 확장성을 도모하기 위해 도입된 제도의 성격을 갖는다. CBAM이 도입되면 EU 역내로 수입되는 재화에 대하여 EU 기업과 동등한 수준으로 탄소비용을 부과한다. 기업에게는 탄소무역규제로 받아들여지는 CBAM이 ETS와 연계됨에 따라 ETS 역시 할당제도를 중심으로 개편이 불가피하다.

EU는 개선안에서 CBAM 대상이 되는 고탄소부문(철강, 알루미늄, 시멘트, 비료, 발전, 수소)의 무상할당을 단계적으로 폐지하는 로드맵을 발표했다. 무상할당을 폐지하고 유상할당으로 전환하는 사업이 많아지면 EU는 수입기업에 대해 그만큼의 탄소비용을 청구할 수 있게 됨에 따라 탄소비용 부과라는 대외적 명분에 더하여 EU 재정 수입의 증대라는 실익을 얻게 된다. CBAM의 목표가 표면적으로는 탄소누출 방지지만 실질적으로는 EU 재정수입인 것이다.

다행히, 우리나라는 2015년부터 배출권거래제를 운영하고 있어 국내에서 지급한 탄소비용의 상쇄가 가능한 국가로 지정될 개연성이 있는 만큼, 탄소 무역 규제에 대응하기 위해서라도 우리나라 배출권 할당제도의 개편은 불가피해졌다. CBAM은 탄소비용을 국내에 지불할 것인가 아니면 EU에 지불할 것인가 문제이지, 탄소비용 자체를 면제받을 수는 없기 때문이다.

현재 CBAM 대상 품목의 EU 수출기업은 총 1,961개이며 이 중 배출권·목표관리 등 제도권 기업은 162개(8%), 비제도권 기업은 1,799개(92%)이다.[23] 배출권·목표관리 업체는 대기업(77개), 중견기업(77개), 중소기업(8개) 순으로 구성되어 있다. 현재 무상할당 업종으로 분류된 철강, 알루미늄, 시멘트, 비료 등에 대해서는 대EU 수출 규모 등을 고려하여 CBAM 일정에 맞춰 유상할당으로 전환을 검토할 필요가 있다. 다만, 비용 발생도와 무역집약도 기준으로 무상할당 대상임에도 CBAM으로 인해 유상할당으로 전환할 때는 해당 업종의 유상할당 재정수입을 해당 업종의 저탄소 정책자금으로 재투자될 수 있도록 기후대응기금 지출구조를 조정할 필요가 있다. 결국, CBAM을 계기로 우리나라 배출권시장의 유상할당 정책도 변화가 불가피해 보인다. 산업계도 유상할당을 단순히 지연하기보다는 예상되는 탄소비용이 미래를 대비하는 저탄소 혁신투자 부문으로 유입될 수 있도록 관심과 관점의 전환이 요구되는 시점이다.

국제 탄소시장에 대한 논의는 2023년 12월에 개최된 제28차 유엔기후변화협약[24] 당사국총회(COP28)에서 국제 탄소시장 개설을 위한 파리협정 제6조 기술지침 합의안[25] 채택의 실패로 인해 더는 진전되지 않았다. 우리나라에서 국제 탄소시장에 대한 논의가 중요한 이유는 2023년 3월 21일 발표된 '국가 탄소중립 녹색성장 기본계획'에서 국외 감축사업의 목표를 종전의 33.5%에서 37.5%로 높였기 때문이다. 그리고 국외 감축 사업에서 획득한 탄소 감축량에 대한 거래는 배출권거래제

23　관세청 자료를 바탕으로 분석하였으며 실제 CBAM 대상기업과 다를 수 있다.

24　국제사회는 기후변화 대응을 위해 1992년 6월 '유엔기후변화협약(UNFCCC: United Nations Framework Convention on Climate Change)'을 채택.

25　국가 간 자발적 국제감축 협력사업(파리협정 제6.2조)에서 정의의 지침 포함 여부, 감축 실적의 승인 절차 구체화 수준 등에 이견 조율 실패.

도와 관련이 깊다.

파리협정 제6조는 총 9개 항으로 이뤄져 있다. 이 중 국가 온실가스 감축목표(NDC) 달성을 위한 국가 간 자발적 협력으로 이루어진 국제 탄소시장 개설과 관련된 제6.2조와 제6.4조는 2021년 26차 당사국총회(COP26)에서 비로소 제정되었다. 2022년도 27차 당사국총회(COP27)에서는 제6.4조 관련 지침이 추가로 마련되었다. 2023년 COP28 개최 전까지 제6.2조는 ▲국외감축실적(ITMO) 승인 ▲등록부 ▲투명성 확보를 위한 거래보고 등에 대한 논의가 남아 있었다. 제6.4조는 방법론 지침과 온실가스 관련 지침이 거의 완성된 덕에 이번 COP28에서 최종 승인만 남겨둔 상황이었지만 제6.2조와 제6.4조 세부 규정 내 주요 쟁점에 대해 유엔기후변화협약 당사국들의 의견 차이로 인해 끝내 합의되지 못했다.

COP28 내 '제5차 파리협정 당사국총회(CMA-5)[26]'에 상정된 파리협정 제6조 안건은 총 3개였고 시장을 기반으로 하는 제6.2조와 제6.4조 세부 규정에는 모두 합의하지 못했다. 유일하게 비시장 기반 안건인 제6.8조만 통과했다. 이 조항은 완화, 적응, 재정, 기술개발 및 이전, 역량 강화 등 비시장기반 접근으로 NDC 달성을 위한 협력 이행을 주 내용으로 한다. 개발도상국과 최빈국 상당수는 기후변화에 취약하고 이들 국가는 탄소중립으로 경제 전환에 필요한 수단이나 재원 모두 부족하다. 이 때문에 탄소를 거래하는 시장을 기반으로 접근하는 파리협정 제6.2조와 제6.4조가 중요하며 이를 통해 형성된 국제 탄소시장에서 개도국과 최빈국이 기후변화에 지속가능하게 대응할 수 있기 때문이다.

우리나라도 국제 탄소시장을 자국 내 온실가스 감축에 활용하려는 국가이기에 이번 국제 탄소시장에 관한 합의안 미도출은 향후 탄소중립을 실현하는데 부담을 주고 있다. UNFCCC의 '2022 NDC 종합보고서'에 따르면, 126개국이 파리협정 제6조 활용 계획 또는 그 가능성을 자국 NDC에 명시했다. 한편, 이번 합의 불발과 별개로 제6.2조는 추가 지침 없이도 독자적으로 추진할 수 있으며 이미 스위스, 노르웨이, 아랍에미리트(UAE), 일본 등 주요국은 시범사업을 추진 중이다. 이

26　CMA: Conference of the Parties serving as the meeting of the Parties to the Paris Agreement

에 우리나라도 베트남, 우즈베키스탄 등에서 국제감축 사업을 착수한 상태이며 향후 획득한 배출권을 국내 배출권시장과 연계할 방안을 모색 중이다. 따라서 배출권거래제는 현재는 국내 산업 부문의 민간 기업 및 기관들에게 온실가스 감축에 대한 참여를 유도하고, 미래에는 해외에서 획득한 배출권을 활용할 수 있는 시장이며 국제 탄소시장과 연계할 수 있는 경로라고 할 수 있다. 중장기적으로 우리나라 배출권거래제도가 국내시장에서는 민간 기업의 자발적인 온실가스 감축 수단이 되고, 국제 탄소시장과 연계되어 CBAM 등과 같은 탄소무역장벽에 대응할 수 있는 방안이 되어야 한다. 2005년에 설립된 후 탄소거래가 활성화된 EU의 배출권거래제처럼 우리나라도 10년 이후에는 배출권거래제가 탄소중립을 위해 큰 역할을 할 것으로 기대한다.

ESG 투자와 자발적 탄소시장의 상생 전략 [1]

진익

1. 도달하고자 하는 목적지

저탄소 녹색 성장 전략은 탄소 감축과 경제성장이라는 두 가지 목표를 추구한다. 그리고 탄소시장은 이러한 목표 달성을 가능하게 해줄 시장 기반 정책 수단이다. 그런데 ESG 투자는 탄소시장과 유사한 특징을 가지고 있다. 예를 들어, ESG 투자도 ESG 가치 제고와 투자 수익 증대라는 두 가지 목표를 추구한다. 또한 기업의 행동에 영향을 주어 경제적 외부효과를 내재화하려는 것도 탄소시장과 ESG 투자의 공통점이다. 규제와 시장규율의 조합으로 이루어진 스펙트럼 위에 탄소시장과 ESG 투자의 위치를 표현하면 다음 그림과 같다. 의무적 탄소시장은 규제에 가까운 반면, ESG 투자는 시장 규율에 가깝다. 자발적 탄소시장은 그 중간에 위치한다. 이렇듯 자발적 탄소시장과 ESG 투자 사이에 공통분모가 있으니 이 둘을 연계할 수 있지 않을까? ESG 투자자가 자발적 탄소시장에 참여할 가능성을 높이

---

1 본 원고는 Jin(2018, 2022a, 2022b, 2023, 2024)를 토대로 작성한 것임을 밝힌다.

151

는 방안을 검토해 보자. 무엇보다도 ESG 투자자가 탄소시장에 진입하고자 할 때, 합리적인 의사결정을 하려면 가치중립적인 정보가 필요하다. 관련 내용을 직면한 과제, 대응 방향, 그리고 시사점 순서로 살펴보자.

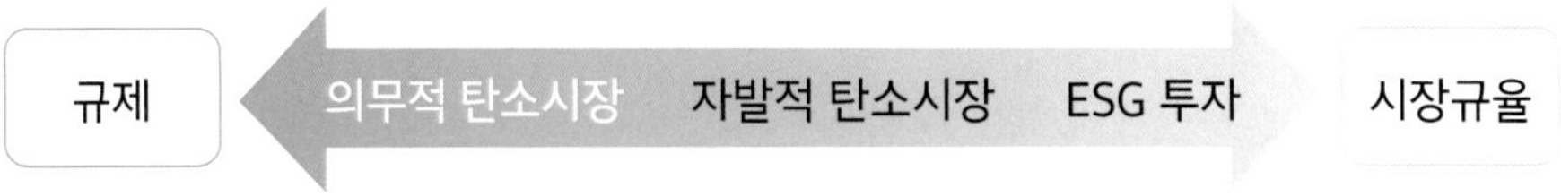

| 규제 | ← 의무적 탄소시장   자발적 탄소시장   ESG 투자 → | 시장규율 |

• 탄소시장과 ESG투자의 연관성 •

자료: Jin(2023)을 토대로 재작성

2. 직면한 과제

우선 한국 경제가 직면한 상황을 살펴보자. 중장기 경제전망에 기초하여 국가 온실가스배출량 경로를 전망해 보면, 2026년까지는 NDC 목표 경로에 근접한 상태를 유지할 것으로 보인다. 이는 에너지 전환이 계획대로 진행된다는 전제 하에 도출된 결과이다. 2027년 이후의 격차를 해소할 수 있는지, 어떤 대응방안이 있는지 등은 아직 불명확하다. 이는 향후 경제 상황을 고려할 때 NDC 목표 달성에 어려움이 있을 수 있음을 시사한다. 따라서 목표 달성을 위해서는 보다 적극적인 대응전략이 요청되는 상황이다.

그렇다면 에너지 믹스와 탄소 가격을 얼마나 조정해야 격차를 줄일 수 있는지 살펴보자. 왼쪽 그림은 NDC 목표가 달성될 때까지 탄소 가격만 계속 상승하는 경우를 보여준다. 오른쪽 그림은 탄소가격 상승과 함께 에너지믹스가 무탄소 에너지 중심으로 전환되는 시나리오를 보여준다. 가로축은 생산량을, 세로축은 에너지 소비량을, 수직축은 탄소 배출량을 나타낸다. 두 시나리오 모두에서 생산과 에너지 소비가 감소하는 것을 확인할 수 있다.[2] 이때 에너지 믹스의 변화에 따라 생

---

2 NDC 목표 달성을 위해 탄소 가격(온실가스배출 부담금, 탄소세 등)을 인상하는 경우 생산량, 에너지 수요 등에 관련된 민간 경제주체들의 경제적 선택이 영향을 받을 수 있다. Jin(2024)을 참조한다.

산량 축소 정도를 완화할 수 있다는 점에 주목하자. 즉 탄소시장을 통해 에너지 믹스 변화를 촉진하면, NDC 이행 과정에서 나타날 수 있는 경제활동 위축 부담이 완화될 수 있다.

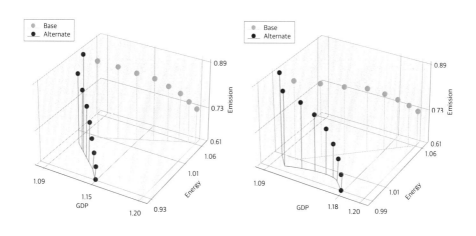

탄소가격 조정 시나리오   탄소가격 & 에너지구성 조정 시나리오

● NDC 목표 달성의 거시경제적 영향 ●

주: GDP는 생산수준를, Energy는 에너지 수요를, Emission은 배출량을 의미함. 각 변수는 2018년 수준을 기준으로 표준화된 (normalized) 값을 나타냄. 즉 배출량 0.6은 2018년 수준 대비 40% 감축된 수준으로 NDC 목표에 해당함.

자료: Jin(2024)를 토대로 재작성

그런데 현실의 탄소시장은 그다지 활성화되어 있지 않다. 현 상황을 경제학의 기본 원리인 수요-공급 패러다임을 통해 표현해 보면 다음 그림과 같다. 그림에서 수요 곡선은 완만한 기울기를 가지며 낮은 지점에서 공급 곡선과 교차한다. 그 결과 탄소 가격이 낮고 거래량도 적다. 수요가 낮은 이유는 체계적인 탄소 위험의 가격이 낮게 책정되어 있기 때문으로 보인다. ESG 투자 관련하여 이러한 현상을 분석한 논의를 탄소투자(carbon investment)에 적용하면, 탄소 투자는 기존 투자와 하방위험(downside risk) 보호가 혼합된 것으로 볼 수 있다.[3] 하방위험 보호라는 구성요

---

3   ESG 투자는 ESG 위험에 대한 노출을 사전적으로 축소하는 만큼, 관련 위험의 발현에 따른 자산가치 하락

소가 탄소 유통시장에서 형성되는 가격에 적절히 반영되면, 기관 투자자들의 참여가 늘어나고 수요 곡선이 우상향으로 이동할 것이다.

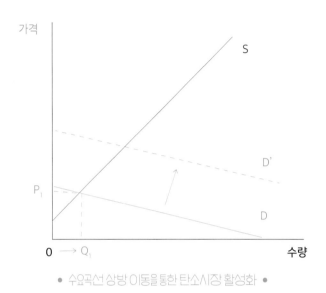

• 수요곡선 상방 이동을 통한 탄소시장 활성화 •

자료: Jin(2023)을 토대로 재작성

3. 대응 방향

수요-공급 패러다임을 토대로 ESG 투자자의 탄소시장 참여를 유도할 수 있는 방법을 살펴보자. ESG 투자자는 탄소시장의 공급과 수요 측면 모두에 관심을 가질 수 있다. 수요 측면에서 투자자는 금융자산에 내재된 탄소 위험을 관리할 목적으로 탄소배출권을 활용할 수 있다. 공급 측면에서는 사업 다각화를 위한 신규 수익원으로 상쇄 사업에 참여할 수 있다. 탄소시장 활성화를 위한 정책 개입의 효과를 키우려면 수요와 공급의 균형 있는 성장이 바람직하다. 그런데 배출권 유통시장 활성화를 통해, 거래량 증가, 풍부한 유동성, 합리적인 시장 가격, 추가적인 공급과 수요, 시장 활성화로 이어지는 선순환 구조를 형성할 수 있다. 이때 공급 곡

을 방어할 수 있는 내재 옵션(embedded option)을 매입하는 것으로 볼 수 있다. Jin(2018)을 참조한다.

선의 기울기가 완만해지면, 수요 곡선 이동에 따른 수량 변화가 가격 변화보다 크게 나타나게 되어 선순환 구조 형성이 보다 쉬워진다.

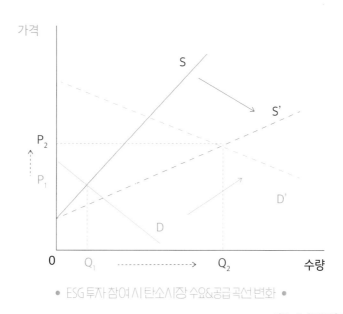

● ESG 투자 참여 시 탄소시장 수요&공급 곡선 변화 ●

자료: Jin(2023)을 토대로 재작성

ESG 투자자의 탄소시장에 대한 잠재적 수요를 생각해 보자. ESG 투자는 다양한 전략을 포함하는 포괄적인 용어이다. 다음 표는 많이 사용되고 있는 전략들 사이의 개념적 차이를 보여준다. 이들 중 탄소시장에 관심을 가질 가능성이 높은 ESG 투자자는 어떤 유형일까? 왼쪽에 있는 자선(philanthropy) 가치를 추구하는 투자자는 비재무적 탄소 감축을 위해 재무적 수익을 희생할 의향이 있다. 이러한 투자자는 이미 탄소시장에 참여하고 있을 수 있지만, ESG 투자의 일부에 불과하다. 가운데 사회적 임팩트(social impact) 전략을 사용하는 투자자는 탄소 감축에 긍정적인 영향을 미치는 대가로 시장보다 낮은 수익을 받아들일 의향을 가지고 있다. 오른쪽 지속가능 & 책임(sustainable and responsible) 전략을 사용하는 투자자들이 ESG 투자의 대부분을 차지한다. 이들은 위험조정수익률을 높이기 위해 탄소시장에 자본을 배분할 의향이 있다.[4] 고려할 점은 현재의 탄소시장이 이러한 ESG 투자자들이 활용할 만한 투자수단을 제공하고 있느냐는 것이다.

표 8-1. 투자전략 스펙트럼

자선 활동	사회적 임팩트 투자	책임 투자	재무적 투자
사회적 수익만 고려	사회적 수익에 집중	ESG 요인 고려	ESG 요인 무시
사회적 수익률	사회적 수익률 + 적정 시장 수익률	시장 수익률 + 장기적 재무성과	시장 수익률
	ESG 지표와 방법론 활용		

자료: Boffo and Patalano(2020)를 토대로 재작성

ESG 투자의 탄소시장으로의 유입을 어떻게 촉발할 수 있을지 생각해 보자. 지금까지 가장 많이 사용되는 ESG 전략은 탄소 배출량이 높은 자산을 투자 대상에서 제외하는 네거티브 스크리닝(negative screening)이다. 다음 그림은 선별 집중도에 따른 포트폴리오 운용성과 궤적을 보여준다. 합리적인 수준에서 선별이 이루어지면 위험조정 수익률이 개선된다. 반대로 선별이 지나치게 집중되면 전체 운용성과에 악영향을 미칠 수 있다.[5] 이는 ESG 투자자들이 체계적인 탄소 위험을 관리할수 있는 대안적 투자수단을 찾을 수 있음을 시사한다. 물론 탄소배출권이 ESG 투자자를 위한 수단이 되기에는 여러 장애요인들이 있다. 높은 진입 장벽, 효율적인 위험 분담 체계의 부족, 탄소 프로젝트의 사회적 비용과 편익에 대한 불명확한 검증, 재무적 투자자와 탄소 프로젝트 운영자 간의 심각한 정보 비대칭성 등이 그 예이다. 이러한 장애요인들이 해소되면 탄소시장의 효율성이 개선되고 ESG 투자

---

4 체계적 ESG 위험이 포트폴리오의 위험과 수익에 동시에 영향을 미칠 수 있는데, ESG 투자를 통해 포트폴리오의 위험조정수익률을 개선하는 것이 가능하다. Jin(2022a)을 참조한다.

5 전체 투자 유니버스로부터 ESG 위험이 높은 자산을 제외하면, 포트폴리오의 ESG 위험 수준이 낮아지는 혜택과 더불어 투자다변화 효과가 감소하는 비용도 수반되는 상충관계(trade-off)가 존재한다. Jin(2022b)을 참조한다.

자들에게 필요한 가격 신호가 생성될 수 있다.

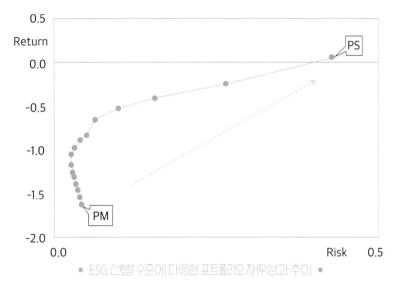

● ESG 선별 수준에 대한 포트폴리오 재무성과 추이 ●

주: 전체 투자대상을 ESG 점수에 따라 정렬한 후 20개 그룹으로 분류하고 선별 과정에서 하위 그룹을 제외하는 네거티브 스크리닝
(negative screening) 전략을 가정함. PM은 시장포트폴리오를, P5는 상위 5% 그룹만으로 구성한 포트폴리오를 나타냄. 화살
표는 선별 기준이 강화됨에 따라 하위 그룹을 순차적으로 제외하는 과정을 보여주며, 화살표 방향으로 이동하면서 포트폴리오
에 편입되는 종목이 감소하여 집중도가 높아짐.

자료: Jin(2022b)를 토대로 재작성

4. ESG 투자 유인을 위한 위한 과제

기후 금융과 ESG 투자는 모두 온실가스배출로 인한 외부성(externality)을 경제
적·재무적 의사결정에 내재화하려는 공통된 목표를 가지고 있다. 글로벌 시장에
서 ESG 투자 규모는 약 41조 달러로 추산되며, 이는 기후금융 추정치인 약 60억
달러를 훨씬 넘어서는 규모이다. 일정한 조건이 충족되면, ESG 투자자가 기후변화
대응 민관협력사업(Public-Private Partnership, PPP) 등의 자발적 탄소시장에 참여하는 것
이 활성화될 수 있다. 자발적 탄소시장의 현 상황을 보면 민간 ESG 투자자가 진입
하기 어려운 장벽들이 존재하는 만큼, 해당 장벽들을 완화하는 것이 가능할지가
관건이다.

무엇보다도 다양한 위험관리 수단이 제공되고 거래 비용이 감소해야 한다. 이를 위해 자발적 탄소시장 참여를 미루고 있는 민간 ESG 투자자에게 신뢰성 높은 가격 신호를 보낼 수 있는 시장조성자가 필요하다. 관련 시장인프라로서 기후 프로젝트에 대한 정보 생산, 심사, 모니터링을 지원하는 위험 분담 체계가 요구된다. 환경사회(E&S) 원칙은 투자 의사결정 시 외부효과를 고려하고자 한다. 이 부분이 활성화되려면 사적 비용─편익을 넘어 사회적 비용─편익을 정확하게 파악할 수 있어야 한다. 즉 기후 프로젝트의 사회적 비용─편익을 측정, 보고, 검증할 수 있는 시스템 구축이 중요하다. 지배구조(G) 원칙과 관련해서는 ESG 투자자와 프로젝트 운영자 간의 정보 비대칭(information asymmetry)을 완화하는 것이 중요하다. 즉, 외부 ESG 투자자와 기후 프로젝트 개발자 사이에서 본인─대리인(principal agent) 문제가 발생할 위험이 크다. 그린워싱(green-washing) 같은 전략적 행동이 발생할 위험도 높다. 자금 공급자와 수요자 간의 정보 비대칭성이 완화되고 관련 정보의 공시가 확대되면 ESG 투자와 기후금융의 연계가 지금보다 활성화될 수 있다.

관련하여 정책 입안자들은 경로 전환 과정에서 나타날 수 있는 고착 효과(lock-in effect)를 염두에 둘 필요가 있다. 왼쪽 그림에서 자발적 탄소시장이 활성화된 경로가 그렇지 못한 경로보다 장기적으로 더 나은 성과를 낸다. 하지만 단기적으로는 전환 비용이 존재한다. 따라서 경로 전환이 사회적으로 유익한 경우에도 기존 경로에 대한 고착 효과가 발생한다. 오른쪽 그림은 고착 효과에 따른 시뮬레이션 분석 결과를 보여준다. 참여자의 90%가 기존 경로에 고정되어 있고, 10%만이 새로운 경로로 전환한 상태를 가정해 보자. 그리고 경로 전환 결정과 관련하여 강화 루프가 존재한다. 처음에 정책적 개입이 이루어진 후, 후속적으로 이어지는 결정은 강화 루프의 영향을 받는다. 초기 개입이 효과적이면 예상되는 경로는 더 높은 수준으로 수렴한다. 그렇지 않으면 경로가 기존 경로로 회귀할 수 있다.

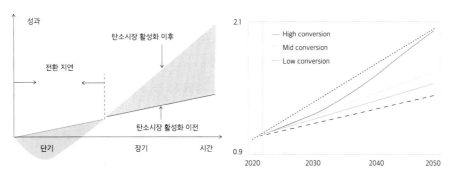

전환 비용 예시   고착 효과(lock-in) 효과 예시

● 경로전환 관련 시장실패 발생 가능성 ●

주: 'High conversion'은 전체 중 높은 비중의 경제주체가 전환을 선택하는 시나리오를, 'Low conversion'은 낮은 비중의 경제
    주체가 전환을 선택하는 시나리오를 나타냄.

자료: Jin(2023)을 토대로 재작성

이렇듯 고착효과가 존재하는 상황에서는 초창기 전환을 추동하기 위한 안전망의 존재가 중요하다. 현재 대부분의 탄소시장은 공공 재원에 의존하고 있다. 이는 민간 탄소금융 생태계를 위한 안전망이 부족하기 때문이라고 볼 수 있다. 정책 입안자들은 포괄적인 위험 분담을 위해 안전망의 다층 구조를 고려할 필요가 있다. 우선, 탄소 프로젝트의 개별적인 위험은 민간 ESG 투자자가 감당할 수 있다. 다음으로, 체계적 위험은 탄소시장 거래를 통해 관리될 수 있다. 마지막으로, 재난적 위험은 정부가 관리하는 수밖에 없다. 이와 같은 다층적 안전망이 구축되면 민간 ESG 투자자의 탄소시장으로의 유입이 크게 가속화될 수 있다.

마지막으로, 정책 수행 기관이 배출권의 총량과 가격을 관리할 수 있는 정책수단이 마련되어야 한다. 이와 관련하여 탄소시장 정책 입안자들은 금융시장에서 형성되어 있는, 기준금리, 국채 금리, 회사채 금리, 투자 수익률 간의 상호 연관성을 참조할 수 있다. 금융시장에서 시장 가격에 원격으로 영향을 미칠 수 있는 정책수단이 기준금리인 것처럼, 탄소시장의 정책수단으로서 기준가격(reference price)이 필요할 것으로 보인다. 또한 중앙은행이 경제 상황에 대응하여 금융시장에 개입하듯이, 자발적 탄소시장에서도 탄소중앙기관(carbon central agency)이 정책적 판단에 따라 시장에 개입할 수 있어야 한다. 관련 제도적 기반이 마련되면, 탄소시장에서 발생하는 수요-공급 불균형이 보다 효율적으로 해소될 수 있다. 이를 위해서는 탄소중앙기관이 기준가격을 변화시킬 때 탄소시장 거래, 투자수익 등으로 영향이 파급되는 경로가 형성되어야 할 것이다. 그러한 파급경로는 투기적 투자자의 차익 거래[6]가 활성화되어 있는 상황에서만 잘 작동할 수 있다는 점에 유의할 필요가 있다.

한국 정부는 국내 탄소시장 구축에 많은 기여를 해왔다. 지금까지의 성과에도 불구하고 현재 탄소시장 규모는 필요 규모에 비해 여전히 작다. 다음 도약을 위해서는 고착 효과 완화, 안전망 고도화, 정책수단 확보 등 보다 혁신적인 추진체계가 필요할 것으로 보인다.

• 탄소시장, 기준가격, 탄소중앙기관 기능 •

자료: Jin(2023)을 토대로 재작성

---

6   현대 포트폴리오 이론(MPT, modern portfolio theory)을 토대로 체계적 ESG 위험(혹은 기후위험)이 포트폴리오 위험, 기대 수익률 등에 미치는 영향을 분석한 결과에 따르면, 탄소가격 변화를 비롯한 체계적 ESG 위험의 변화를 활용하는 헤지펀드 전략을 설계하는 것이 가능하다. Jin(2024b)를 참조한다.

참고문헌

Boffo, R., and R. Patalano. 2020. "ESG Investing: Practices, Progress and Challenges", OECD Paris, www.oecd.org/finance/ESG-Investing-Practices-Progress-and-Challenges.pdf

Jin, I. 2018. "Is ESG a systematic risk factor for US equity mutual funds?" Journal of Sustainable Finance & Investment, 8:1, 72-93, DOI: 10.1080/20430795.2017.1395251.

Jin, I. 2022a. "Systematic ESG Risk and Decision Criteria for Optimal Portfolio Selection." The Journal of Portfolio Management 48(10): 206-25. https://doi.org/10.3905/jpm.2022.1.418.

Jin, I. 2022b. "ESG-screening and factor-risk-adjusted performance: the concentration level of screening does matter," Journal of Sustainable Finance & Investment 12(4), DOI: 10.1080/20430795.2020.1837501.

Jin, I. 2023. "ESG and Carbon Markets: The Key to a Low-Carbon Economy" Presented at Leveraging Data for Transparency and Efficiency in Voluntary and Compliance Carbon Markets hosted by GIR. COP28 Side Event.

Jin, I. 2024a. "An Operational Framework for a Low-carbon, Green Growth Economy: CO-STIRPAT Dynamic System". Journal of Economic Analysis 3, no.4: 79. https://doi.org/10.58567/jea03040005.

Jin, I. 2024b. "Systematic ESG risk and hedge fund". Quantitative Finance and Economics, Volume 8, Issue 2: 387-409. doi: 10.3934/QFE.2024015.

기후테크와 창업

형경진

1. 세계적인 경기침체에도 기후테크에는 투자가 몰리는 이유

시장조사기관 홀론아이큐(HolonIQ)에 따르면 지난해 벤처캐피탈 투자 금액은 701억 달러(약 89조 원)로 나타났다. 전 세계에서 달러 기반 벤처 투자규모가 2021년 대비 42% 감소하는 동안, 기후테크 벤처 투자는 89% 증가했다.

투자업계에 몸담고 있는 필자의 현장감으로는 2022년 5월을 기점으로 스타트업 투자시장 전반에 겨울이 찾아왔다고 생각된다. 2021년 3월에 창업한 필자의 작은 투자회사는 2021년 하반기에는 2022년보다 훨씬 수월하게 여러 개의 크고 작은 투자조합을 결성할 수 있었지만, 2022년 5월 이후에는 매우 어렵게 한 개의 조합만을 결성할 수 있었다. 코로나 시기에 가격을 올리지 않고 공적마스크 공급에 집중하여 착한마스크로 널리 알려진 웰킵스(welkeeps)그룹으로부터 2022년 초 투자와 벤처투자조합 출자를 받지 않았더라면 회사는 2년도 채 되지 않아 어려움에 봉착할 뻔 했었다.

미국의 유명 경제지인 Forbes의 2022년 5월 4일 기사[1]에 따르면 인플레이션을 잡기 위해 촉발된 미국발 금리인상의 여파로 일반적으로 보다 안전한 자산이 선호될 것이고 스타트업에 대한 투자는 크게 위축될 것으로 예측하면서 역사적으로 길게 이어진 저금리 덕분에 스타트업이 누렸던 높은 회사가치(High Valuation) 그리고 자본에 대한 접근성이 크게 위축될 것이라고 언급하였다.

2022년 5월 이전 과거 7~10년간은 플랫폼서비스와 바이오 부문을 중심으로 New Tech Bubble이 형성되면서 거액의 적자를 내도 시장선도적 지위만 구축할 수 있다면 계속 회사가치를 높여가며 대규모의 투자를 유치할 수 있었던 시절이었다. 필자는 2002년 1월에 기술보증기금에 입사하여 강남지점, 벤처프라이머리CBO 투자관리팀을 거치면서 미국과 한국이 비슷한 시기에 겪었던 닷컴버블과 그 붕괴를 현장에서 실감할 수 있었다. 버블은 터지지 않는 한 그것이 버블이었는지 알지 못하는 속성이 있다. 즉 소수의 선각자들을 제외하고는 후행적으로만 깨달을 수 있다. 버블은 현재는 잘 알지 못하는 유망해 보이는 산업 또는 섹터에 대한 긍정적이고 감성적인 기대감에 의해 형성된다. 세상을 뒤바꿀 것 같은 플랫폼서비스들은 기존의 불합리함, 불편이라는 문제점을 인터넷, 모바일 세상이 도래함에 따라 보편화된 디지털기술로 해결하면서 인간의 편의를 크게 증진시키는 서비스혁신이 대부분이었다. 출중하고 똑똑해보이는 창업가들에 의한 그러한 멋진 시도들 중 극소수가 살아남아 승자가 되면 미국의 아마존사처럼 독보적 우위를 점한 선도기업이 될 수 있다는 가정 하에 거액의 적자에도 불구하고 사용자만 증가하면 지속적인 투자가 이루어졌고 우리나라에서도 청년창업의 시장진출은 대부분이 이러한 크고 작은 앱서비스였다.

바이오산업은 100세 시대를 살게 되었다는 기대감 속, 과거의 난제였던 암과 같은 난치 및 불치병도 이제는 정복할 수 있다는 기대감이 고조되면서 유능한 창업팀과 그들이 세운 가설에 '집중투자'가 되었다는 면에서는 일부가 버블이었다고 말할 수 있지만 같은 시대에 형성된 이 두 산업의 버블에는 본질적인 차이가 있다

---

1 "What The High Interest Rates Mean For Startup Founders" Niels Martin Brochner.

고 생각된다.

플랫폼 섹터의 버블이 약 3~10년 안팎으로 형성되는 트랜드 또는 메가트랜드적 성격의 기대감으로부터 형성된 것이라면, 바이오산업에 대한 버블은 고령화 추세가 이어지고 초고령화 사회로의 진입을 앞두면서 인류가 이 전에는 경험해보지 못했던 이머징 이슈로부터 출발하여 인류의 과학기술로 해당 문제를 건강하게 해결할 수 있다는 인식, 즉 패러다임(Paradigm)의 전환에 의해 촉발된 투자의 쏠림이었다.

기술적 측면에서도 닷컴기업들은 ICT통신기술이라는 저변기술(Enabling Technology)이 발달했다는 전제가 있었고, 플랫폼 기업들에게는 모바일과 데이터기술이라는 저변기술의 발전이 보편적으로 접근가능한 상태로 그들의 배후에 있었다. 즉 닷컴 및 플랫폼 버블은 혁신적기술에 대한 기대감보다는 새롭게 나타난 기술이 바꿀 서비스, 그리고 인간이 누릴 편의에 대한 기대감이 고조되면서 형성된 것이다. 이러한 버블은 과학기술적 혁신(Breakthrough Science & Technology)이 선행되고 그러한 혁신이 저변기술(Enabling Technology)로 존재하는 가운데 저금리로 시장에 유동성이 풍부하다든지 하는 그런 긍정적인 감성이 시장을 지배할 때 형성되는 것으로 한번 지나가면 같은 섹터로 붐이 찾아오지 않는 특성이 있다.

반면, 과학기술적인 혁신은 정체기(Plateu)를 거쳐 이전의 혁신으로부터 보다 차원이 높아지는 형태로 계속 연관성을 가지고 진화한다. 인터넷, 모바일, 데이터기술, 그 다음은 AI, 양자컴퓨터 이런 식으로 이어지는 흐름 속에서 세상을 바꿀 과학기술에 대한 도전이 이루어지는 것 같다. 이런 커다란 기술(Big Tech)이 저변기술(Enabling Technology)로 확고하게 자리잡고 자본시장에 풍부한 유동성이 형성되면 이런 저변기술들을 활용한 다양한 서비스혁신들이 시도되면서 다시 한번 확산적 메가트랜드가 형성될 것이지만 다음 번의 메가트랜드는 그 전과는 다른 것이 될 것이다. 플랫폼 섹터의 붐이 다시 부활하기는 어렵다는 이야기이다.

바이오 섹터의 버블은 고령사회(Aging Society)라는 현상에 대해 극복할 수 있을 것 같은 인류의 과학기술에 대한 기대감이 조기에 과도하게 고조되고 특히 한국은 정부가 미국이나 유럽과 같이 전통적 강자들을 빠르게 추격하려고 특화와 특례전략으로 성장시키면서 발생한 것으로 해당 섹터의 발전은 일명 옥석 가리기라고 할 수 있는 자기정화적 정체기를 거칠 뿐 바이오 1.0, 바이오 2.0, 바이오 3.0과 같은 주기적 진화로 다시 나타날 것이라는 점에서 본질적인 차이가 있다. 과학기술기업에 대한 주기적 진화가 나타날 때는 1.0시대에서는 비슷비슷한 실력을 가진 것처럼 보여지는 많은 기업에 투자가 골고루 이루어지는 반면 2.0, 3.0으로 진화해 갈수록 조기의 과열양상에서 자금의 공급자(투자자)와 수요자(창업기업) 모두에게 적용된 시장훈련(Market Discipline)의 결과로 엄선된 소수의 기업에 큰 투자가 집중되는 경향이 있어 보인다.

국내에서 닷컴버블이 종료된 시기인 2004년 이후에도 실력있는 벤처기업들은 등장했고 상장도 계속 이루어졌는데 대부분이 ICT분야나 부품장비 등 기술기업들이었다. 기술혁신은 본질 가치가 많은 기업가가 보편적으로 가능해진 Enabling Technology를 활용하여 시도할 수 있는 사업이 아니라 차별화된 연구개발능력을 갖춘, 즉 Deep Tech를 개발할 수 있는 역량있는 소수의 창업팀에 의해 이루어지기 때문에 이러한 시기의 혁신은 상대적으로 버블의 형태로 과열되지 않는 것이 일반적이다.

이러한 관점에서 고금리와 경기침체의 영향으로 스타트업 투자에 대한 통상적 매력이 반감되었을 때에도 투자가 비교적 원활하게 이루어지는 부문은 AI를 필두로 한 디지털전환, 고령화, 그리고 기후변화와 같은 트랜드라기보다는 패러다임이 크게 바뀌는 본질적인 영역에서의 기술기업들에 대한 것이라고 할 수 있다.

이 중에서도 재난으로서의 기후변화에 대한 패러다임 전환은 다른 부문과 또 다른 차이가 있다. 기후변화로 인류가 보편적인 생존의 위험을 겪을 것이라는 이슈가 나타난 것은 오래 전의 일로, 빙산이 녹아 북극곰의 터전이 없어진다는 식의 우려의 목소리는 92학번인 필자의 학창 시절부터 있었다. 기후기술을 포괄하는 보다 큰 개념인 '친환경'이라는 용어가 생겨나고 확산된 것 역시 아주 오래 전부터의 일이다.

하지만 이미 화석연료에 대한 지나친 의존과 이를 바탕으로 성장발전한 다양한 산업과 제반인프라 때문에, 즉 경제성장을 저해할 수 없고 생활수준이나 편의를 포기할 수 없다는 이유로 기후산업은 아주 긴 세월에 걸쳐 형편이 되는 대로 천천히, 그리고 틈틈이 발전할 수밖에 없었다. 영어에는 Elephant in the Room이라는 표현이 있다. 방에 코끼리라는 커다란 문제가 있지만 모두가 마치 그 코끼리가 없는 것처럼 식사를 하고, TV를 보고, 신문을 읽고, 차를 마시고 하는 그런 현상에 대한 배유적 표현인데 대부분의 국가들에 있어서 기후변화 이슈는 불편한 진실이었다.

그러던 와중에 자발적 참여 또는 노력사항으로서의 선진국들 위주로 탄소감축에 대한 관심을 이끌어낸 교토의정서(Kyoto Protocol)가 1997년 12월에 체결되기도 했고, EU를 중심으로 비교적 조기에 의식이 각성된 선진 경제권역이 기후변화는 더 이상 미룰수 있는 영역이 아니라는 것, 그리고 전 세계가 잘만 대처하면 경제가 오히려 성장할 수도 있다라는 관점을 꾸준히 제시하면서 한국, 중국과 같은 추격경제 국가들이 녹색산업을 전략적으로 육성하는 등 적극적 호응을 보였다. 2016년 11월에는 195개 당사국 모두에게 구속력을 갖는 첫 기후합의인 파리기후변화협약이 체결되기도 하였다. 그러나 기후변화는 사기라고 말하는 전통산업의 입장을 대변하는 트럼프 대통령의 당선으로 미국이 동참하지 않으면서 산업전반의 기후변화 대응노력은 또 다시 크게 둔화되었다.

그러다가 바이든의 당선으로 미국이 기후협정에 다시 동참하고, 인류의 생존위기를 느끼는 수준으로 기후변화의 징후들이 때맞춰 나타나기 시작했다. 2023년만 해도 캐나다와 하와이의 대형산불, 스페인, 포르투갈, 이탈리아 등 서유럽 국가들뿐만 아니라 유럽 전역에 걸쳐 나타나고 있는 폭염, 그리고 그리스, 튀르키에, 뉴욕을 강타한 폭우 등 사상 최악이라 불리우는 기후이변이 전례없이 빈번하게 발생하면서 막대한 경제적 손실을 초래하고, 생존에 대한 위협으로 가깝게 다가오면서 오래전에 제기되고 상대적으로 소수에 의해서만 공감되던 이머징 이슈(Emerging Issue)가 소수가 아닌 다수의 패러다임으로 전환이 이루어졌다고 볼 수 있다.

이 패러다임의 전환은 고령화(Aging Society)와 관련된 그 것과는 근본적으로 다른 것이다. 고령화도 사람의 생명에 관한 것이지만 오래 살 것이냐 적당한 기간 건강하게 살 것이냐 등 개인 또는 집단선호의 여지를 내포하는 것이라면 기후위기는 인류 전반이 일순간에 파멸할 위기에 처했다고 하는 사실을 받아들이는, 즉 보편적인 생존에 대한 위협에 따른 인식인 것이다.

창업기회는 사회가 당면한 문제를 혁신적으로 해결하려는 관점에서 발생한다고 보면 기후위기 문제는 당면한 문제가 더 깊고 본질적이며, 더 보편적이기 때문에 이 문제를 해결하고 대응하는데 적용되는 창업기술과 아이디어의 범위도 다른 분야보다 훨씬 더 깊고 폭넓게 나타난다고 할 수 있겠다.

이러한 긴 과정 속에서 기후산업은 부분적으로 성숙되었다. 먼저 신재생에너지로 화석연료를 대체하는 부문과 에너지사용을 효율화 하는 부문, 폐기물을 에너지화하는 부문은 2000년대 중반부터 기술이 계속 고도화되었고, 그 결과 정부의 보조금을 없애거나 축소해도 경제성이 생겨나기 시작했다. 특히 태양광 산업, 풍력산업, 수력산업, 저전력 조명, 지능형 원격검침 등 송배전 전력IT산업, 모터와 배터리 기반의 전기자동차, 에너지 효율화 산업 등은 기술이 평준화되면서 승자들이 구분되는 성장기에 접어들었다고 할 수 있다. 이러한 산업들에서 규모의 경제를 추구하는 수준에 이른 선두주자들과, 해당 기술제품이 더 잘 보급될 수 있도록 기술을 보완한다든지 채택할 수 있는 경제성 있는 사이트들을 보다 효과적으로 발굴하는 등 확산문제를 해결하는 것에서 혁신을 추구하는 스타트업들을 선별하여 규모있는 투자들이 이루어지는 것으로 보인다.

아울러, 소규모 원전, CCUS(CO$_2$ Capture, Utilization & Storage), 그린수소 분야처럼 기술의 목표가 구체적이고 명확하지만 개발단계는 초기에 해당하는 미래산업분야가 계속 등장하면서 이러한 유망 Deep Tech들에 대한 투자가 활발하게 이루어지고 있는 것으로 보인다. 또한 AI기술, 빅데이터 기술, 블록체인 기술 등 새로운 기반기술(Enabling Technology)을 활용하여 탄소배출권 시장을 민간이 거래하기 편한 시장으로 만들어주는 핀테크기업, 기존의 에너지 효율화 기술을 더 고도화한다든지 예측가치와 모니터링 후 피드백 가치를 극대화하는 기업 및 기후변화에 따른 재난을 예측하고, 변화하는 기후에 적합한 작물을 추천한다든지 하는 기업, 기후변화 때문에 발생하는 저소득국가에 발생하는 질병을 예방하고 기존 병원인프라가 없이도 이에 대응할 수 있는 기술제품을 제공한다든지 하는 형태의 새로운 융합기술형 스타트업들이 등장한 것도 활발한 투자의 원인으로 보여진다.

인류가 직면한 최대 난제, 기후위기에 대한 공감대가 확산되면서 UN이나 정부가 아닌 다국적 비영리기구 등이 주도하는 RE100(Renewable Electricity 100%) 등의 실효성이 강화되면서 공공정책과 상호 자기강화적 피드백루프(Self-reinforcing Feedback Loop)를 형성하게 되었고 민간의 노력이 다시 각국 정부정책과 글로벌 대기업들의 변화된 기업행동에 영향을 미치고 있는 등 세계적으로 ESG 개념과 노력이 확산되었다. 기후변화 대응이 ESG의 큰 부분이다 보니 기업들이 해당 활동의 일환으로 기여하는 IMPACT 투자 자금이 풍부해지고 있는 것도 원인 중 하나 일 것이다.

국제에너지기구(IEA)의 '2050 넷제로로드맵 보고서(netzero by 2050)'에 따르면 2050년에 넷제로를 달성하기 위해서는 2030년까지 약 5조 달러(약 6,300조 원)규모의 투자가 필요하다고 전망했다.

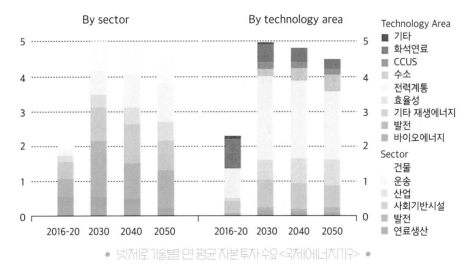

● 넷제로 기술별 연 평균 자본 투자 수요 <국제에너지기구> ●

자료: [기후테크가떴다] '인류미래 결린 기술', 한국경제2 배규모시장이열린다. 2023.7.20. Business Post

창업의 성패는 해당 스타트업이 어떤 산업에 속해있느냐와 그 산업 안에서 그 기업에 얼마나 크고 지속가능한 차별적 우위가 있는가에 의해 결정된다. 한 가지

확실한 것은 기후산업은 어쩌면 인류가 존속하는 한 영속적으로 우상향할 것이라는 점이다. 물론 정치경제적 상황에 의해 일정 기간 후퇴하는 시기가 올 수 있는 가능성이 있다. 하지만 인류생존에 대한 위협이라는 큰 문제에 대한 세계적 패러다임이 마침내 변화하고 있다는 점, 그리고 오랜 시간에 거쳐 형성된 기술의 고도화가 실제 경제성을 추구할 수 있는 수준에 이르고 있는 영역과 도전적인 신기술영역이 지속적으로 병존한다는 점, AI 등 발전하는 디지털 기술 등 다른 분야의 기술들이 기후위기 대응에 융합적으로 활용되는 사례가 증가하고 있다는 점에서 딥테크 기업들뿐만 아니라 응용·융합을 통한 보완형 기술기업들, 그리고 보다 효과적인 기술의 확산을 담당하는 서비스기업들 등 전 산업분야에 걸쳐 폭넓은 관련성이 있다는 점을 볼 때 다양한 창업기회가 있을 것으로 전망된다.

2. 기후테크와 스타트업 창업사례

기후기술이란 기후변화에 대응할 수 있는 모든 기술을 말한다. 크게는 감축기술(Mitigation)과 적응기술(Adaptation)로 분류된다. 감축기술에서 기술로는 탄소를 많이 발생시키는 주범인 화석연료를 대체할 수 있는 태양광, 풍력, 수소, 지열, 소형원자로를 포함하는 원자력, 자연스럽게 발생하는 운동에너지를 활용하는 에너지하베스팅 등의 신에너지기술이 있다. 또한 이외에도 화석연료의 부산물이나 화석연료로 발전생산된 전력이나 열에너지를 써서 생산한 자원을 다시 활용하는 자원순환기술, 그 밖에도 발생한 탄소를 대기로 흘려보내지 않게 하는 탄소포집기술, 포집한 탄소를 친환경적으로 활용하는 기술, 그리고 증가하는 인류의 육류소비와 관련하여 점점 더 많은 가축이 뿜어내는 배설가스를 상쇄하기 위해 탄생한 대체육 관련 기술 등도 감축기술에 해당한다.

적응기술은 기후변화가 가져올 자연재해를 사전에 예측하여 방책을 세울 수 있게 도와주는 기술로 AI를 활용한 재해예측 기술 같은 것들과 스마트팜이나 고밀도 실내양식처럼 기온 상승과 자연재해에 영향을 받지 않는 방식으로 식량을 생산하거나 바뀐 기온을 역으로 활용하여 작물과 품종을 교체하거나 개량하는 푸드테크기술 등이 있다.

적응기술은 그 단어 자체가 기후변화가 현재진행형임을 웅변하고 있다. 즉, 현재의 속도로 인류가 아무리 대응을 해도 이미 일어나고 있는 기후변화를 뒤집을수는 없고, 앞으로도 일정 수준 악화일로에 있을 수밖에 없다는 점을 받아들이면서 변화에 대응하고 생존을 도모하는 것이 바로 적응기술이다.

이와 더불어 원래 이산화탄소를 중화하는 자연, 즉 삼림 등의 훼손을 최소화하거나 자연의 탄소중화력을 확대하는 방향의 기술인 삼림(Forestation) 기술이있다.

본 장에서는 투자의 관점에서 기후테크와 창업의 사례 등을 다루려는 것이기때문에 보다 세세한 기후기술의 분류체계를 설명하는 것보다는 투자유치에 성공한 기후테크 스타트업들에 대해 설명함으로서 독자들에게 익숙한 태양광, 풍력 등신재생 에너지 외에도 다양한 기업들이 있음을 사례로 보여주고자 한다. 기반기술의 발전으로 과거와 달리 보다 폭넓은 분야로 확산되고 있는 기후테크 스타트업전반을 포괄하는 것은 지면의 한계상 어려울 것으로 판단되어 일부 해외사례와함께 기후기술 분류별 필자가 최근 투자했거나 투자검토한 사례들을 통해 기후테크 창업의 다양성을 조망해보고자 한다.

(1) 감축기술 분야는 소수의 뛰어난 기업들을 위주로 조기에 대규모 투자가 이루어지고 있다

태양광, 풍력 등 1세대 기후기술 분야는 일조량이나 일관성 있는 바람의 방향과 세기 등에 있어 지역적 편차가 크지만 전반적으로 원가경쟁력이 예전에 비해크게 상승하면서 시장에 초기성숙기에 접어들고 있다. 덩치가 커진 기업들에 의해규모의 경제가 시현되고 있어 해당 프로젝트나 시장을 지배할 수 있는 리딩기업들에 대한 대규모 기관투자들은 계속 이루어지고 있지만 녹색산업에 스타트업이 많이 출현했던 시기인 2009~2012년 무렵 대비 관련 기업들이 많지는 않아 보인다.물론 날씨상황이나 미세먼지 상황 등에 의해 더러워진 태양광 패널을 자동으로청소하여 광효율을 높게 유지하는 로봇처럼 문제점을 보완하는 형태의 스타트업들은 더러 눈에 띄는 것 같다.

유망한 자원순환 기술 스타트업들이 눈에 띈다. 당사가 초기에 투자했던 ㈜엘디카본은 폐타이어를 자원으로 사용하여 열분해유와 재생카본블랙을 만드는 기업으로 생산공정을 통해 기존 카본블랙 생산 공정 대비 최대 80%의 이산화탄소 배출을 저감하는 기술을 가진 기업으로 타이어 회사에서 실제로 쓸 수 있는 수준의 카본블랙을 만들 수 있는 세계에서 몇 안되는 회사다. 이 회사는 최초 투자유치 시점이 설립 후 4년차였고, 대표를 비롯한 공동창업자들의 관련 업계 기술과 경력이 뛰어났으며, 엄청난 노력을 통해 이미 기술을 검증하고, 회사에 납품이 개시된 상황으로 2022년 Pre-Money 350억 원으로 투자라운드를 오픈 2023년까지 누적 기준 300억 원에 달하는 투자를 유치하였으며, 2024년에는 Post Money 기준 1,800억 원으로 다시 국내외 유수 기관들로부터 투자를 유치하고 있다.

한편, 팁스운영사인 필자의 회사가 딥테크 팁스[2] 1호로 추천하여 패스트트랙[3]으로 통과된 ㈜휴젝트는 운동에너지 등 버려지는 에너지를 전기에너지로 변환함에 있어 세계 최고 수준의 변환효율을 보유한 한양대 실험실 창업기업이다. 필자가 기술보증기금에서 기술이전중개 업무를 담당했던 2015~2016년에 향후 유망기술로 대학과 주요 연구소들에서 많은 연구가 이루어지고 있던 기술이었지만 발전효율이 낮아 본격적인 상업화가 지연되고 있던 분야였다. ㈜휴젝트는 압전 분야에서 세계 최고 발전량 기록(759.5 mW/㎠)을 보유하고 있고 발을 내딛는 사람의 무게나 도로를 달리는 차량의 하중을 이용해 전기를 생산하는 '에너지 보도블록' 외에도 상시전원 설치가 어려운 지하 전력구 및 관로에 설치되어 온도·습도·가스 상태를 측정하는 IoT센서도 배터리나 별도의 전원 없이 흐르는 미세전류를 활용하여 발전시키는 형태로 개발하고 있다. 필자의 회사가 투자한 이래로 딥테크 팁스프로그램에도 선정된 것뿐만 아니라 한국투자액셀러레이터, 에코프로파트너스, 한양대

---

2 2023년부터 시행된 새로운 TIPS 프로그램으로 기술이 독보적인 Deep Tech 스타트업에 대해 기존의 TIPS 프로그램보다 3배 많은 금액인 15억 원을 3년간 정부에서 지원해주는 프로그램.

3 Deep Tech TIPS 프로그램은 기술성 부문과 사업성·시장성 부문 이렇게 두 번의 심사를 거쳐야 하지만 기술이 대단히 우수하여 성공가능성이 높으면 기술성 심사 한번으로 통과시켜주는 제도.

학교기술지주, IPS벤처스 등 다양한 투자사들이 투자라운드에 참여하여 총 18억 원을 Seed 단계에서 투자유치하였다.

본 장을 쓰고 있는 현재 투자 검토 중에 있는 경상남도 소재 모대학의 교수가 창업한 연구소기업은 일반적으로 폐수가 엄청 발생하고 전기나 열에너지를 써야 하는 다단적 공정이 필요한 폐배터리에서 리튬을 추출하는 분야에서 독특한 용매와 개질기술을 기반으로 환경을 파괴하지 않고, 또 에너지를 적게 사용하는 단순공정에 의해 리튬을 추출하는 기술을 실험실 규모에서 검증하고 이를 사업화하고자 창업에 나섰다. 동 기업은 폐배터리에서 리튬을 추출하는 것 외에도 철강 생산과정에서 불순물을 제거해 철강의 강도를 증가시키는 부원료인 망간합금철의 일종인 페로망간을 생산하면서 버려지는 부산물에서 고순도 망간을 다시 추출하는 기술도 보유하고 있다. 해당 회사는 향후 패배터리를 어떻게 수집할 것인가에 대한 전략수립과 단계별 투자유치 전략, 우수인력 영입전략 등 많은 부분을 체계화해 나가야 하는 극초기 기업이지만 매우 유망한 기술을 보유하고 있어 현장에서 개념이 검증되는 단계에서는 대규모의 투자유치가 용이할 것으로 전망된다.

공익뉴스인 더나은미래의 2023.12.19.일자 기사인 "미래 책임지는 기후 기술연구자를 지원합니다"는 전 세계 기후기술의 4분의 3이 아직 실험실에 있다는 분석을 언급하였는데 기술보증기금 시절부터 기술기업들을 대학이나 연구소에서 많이 보아온 필자의 현장감으로 볼 때 이 말은 맞는 말이다.

감축기술은 1차 성장기에는 태양광, 충력 등 대중적인 신재생에너지를 중심으로 성장하다가 최근 들어 다양한 분야로 혁신이 확산되고 있다는 점, 기술적인 장벽이 높은 우수한 기술(Deep Tech)을 보유한 창업기업들을 위주로 초기부터 비교적 큰 투자가 이루어지는 특징을 보여주고 있다.

PitchBook's Q3 2023 Carbon & Emissions Tech Report에 따르면 전 세계 탄소감축 관련된 스타트업에 대한 Early 단계(Series A와 B)에서의 벤처캐피탈 기업당 투자의 중간값은 2023년 3분기 기준 전 분기 대비미화 560만 달러에서 410만 달러로 감소하였지만 극초기 단계(Pre-seed와 Seed 단계)에서의 기업당 투자금액의 중간값은 200만 달러에서 230만 달러로 증가했다고 한다.

그중에서도 그린수소[4], 이산화탄소 대기직접포집(DAC: Direct Air Carbon Capture), 신재생에너지 전력망 인프라 관련 스타트업에 대한 투자가 증가했다고 밝혔다. 2022년 미국의 ELECTRIC HYDROGEN이라는 그린수소기술을 기반으로 한 스타트업에 대한 VC 투자규모는 무려 1억 9천 8백만 달러(한화 약 2,570억 원)에 달했다. 필자의 경험으로 볼 때에도 2023년 들어 국내에서도 대학 등이 주최한 IR행사들에 유독 그린수소와 CCSU(Carbon Capture Utilization and Storage) 관련 극초기 스타트업들의 등장이 눈에 띄었다.

보다 포괄적으로 기후기술의 어떤 분야에 벤처캐피탈의 투자가 이루어지고 있는지 아래 실리콘밸리뱅크의 2022년 Future of Climate Tech 보고서를 살펴보면 미국의 기후기술기업에 대한 벤처캐피탈 투자 중 교통과 물류 분야(전기차 등 미래 모빌리티 분야)에 25%로 가장 큰 금액의 투자가 이루어졌고, 22%가 기반기술(Enabling Technology) 분야에, 18%가 에너지 전력 분야에, 15%가 농업과 식품 분야에 투자가 이루어졌다고 한다.

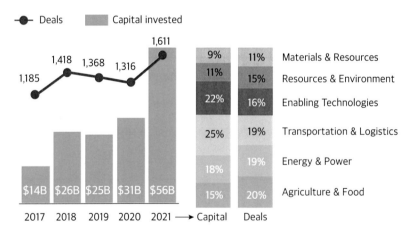

• US VC Investment in Climate Tech Startups •

---

4 물의 전기분해를 통해 얻어지는 수소로 태양광, 풍력과 같은 신재생에너지로부터 전기에너지를 물에 가해 생산하며, 이 과정에서 이산화탄소 배출이 없어, 화석연료로부터 생산되며 1kg의 수소를 생산하는데 이산화탄소 10kg을 배출하는 그레이수소, 생산 방식은 그레이수소와 동일하지만 이산화탄소를 대기로 방출하지 않고 포집 및 저장하는 블루수소와 달리 진정한 친환경 수소로 간주되고 있음.

국내에서도 2021년과 2023년 사이 전기자동차와 배터리 관련 기술을 보유한 다양한 스타트업들이 등장했고 성공적으로 투자를 유치한 사례들이 많다. 필자의 회사도 2021년~2022년에는 배터리 과열과 폭발 문제를 해결하기 위한 방열기술을 보유한 우수기업들에 여러 건 투자하였고, 배터리가 제조되어 나오는 시점에 인공지능(AI) 모델을 활용하여 불량품을 사전 점검하는 기술을 가진 기업에도 투자하였다. 특히 2021년 하반기에 발굴해 투자한 ㈜HTC는 베이퍼챔버⁵의 상용화에 성공한 국내기업으로 가전제품에 적용되던 기술을 전기자동차 배터리 과열문제를 해결하는 쪽으로 솔루션을 확장하고 있다. 해당 과정에서 냉감소재로 많이 활용되는 그라파이트(흑연) 소재쪽으로도 사업을 확장 중에 있고, 천연소화기를 응용하여 배터리 폭발 시 조기 진화하는 기술 등도 연구하고 있어 종합방열전문기업으로 진화하고 있다. 당사가 2022년에 에코프로파트너스와 함께 투자한 ㈜소울머티리얼은 한국재료연구원의 기술 현물출자로 2021년 9월 설립된 연구소기업으로 내흡습성이 우수한 고열전도성 마그네시아 필러 양산에 성공하여 창업 후 3년이 안 된 상태에서도 기업가치가 계속 크게 상승하였다. 해당 방열 필러는 전기차의 리튬배터리를 포함해 전기절연 방열 필러로 사용되는 세라믹 방열 필러로 자동차의 무게 감소와 방열특성 향상을 통해 배터리 셀의 밀도를 높일 수 있고 기존의 세라믹 필러 대비 녹는점이 높아 화재 확산도 지연시킬 수 있는 기술이다.

2023년에는 에코프로비엠 등 배터리 관련주들의 주가가 급상승하면서 전기차 배터리 관련 스타트업들에 대한 투자도 활발해졌다. 먼저 양극재 쪽에서는 LFP소재를 개발하는 스타트업들이 주목받았고, 음극재쪽에서는 배터리의 성능을 제고할 수 있는 실리콘 소재를 보다 높게 혼합하는 다양한 기술적 접근방법을 제시하는 딥테크 스타트업들이 등장이 두드러졌다. 상기 두 분야를 제외하고는 이차전지의 핵심이라고 할 수 있는 양극재, 음극재, 분리막 관련 기술들이 상당히 성숙해져 가고 있는 관계로 예전에는 상대적으로 주변부 기술로 여겨졌던 전해액, 바인

---

5 열을 효율적으로 평면 방향으로 수송할 수 있는 히트파이프를 납작하게 구현한 형태로 진공상태의 금속 상자에 소량의 냉매를 집어넣어 만드는데 열이 발생하면 냉매가 열을 식히면서 기체로 바뀌고, 열이 식으면 다시 원래의 냉매로 돌아가는 원리를 활용함.

더 분야에서 고효율을 추구하는 기술을 보유한 기업들에게도 많은 투자가 이루어졌다. 필자도 정밀화학 소재 제조 전문기업으로 리튬이차전지 음극 바인더를 대량 생산하려는 ㈜지엘켐에 유수의 투자사들이 함께 진행한 큰 규모의 공동투자에 참여하였다. 이 외에도 사용한 배터리를 재활용 관련하여 기존의 방식보다 덜 복잡하거나 더 친환경적인 관계로 탄소를 적게 발생시키는 공정기술들을 개발하는 회사들도 등장하였는데 필자의 회사도 이노비즈협회를 통해 발굴한 ㈜디와이이엔지에 기술보증기금 투자팀과 함께 투자하였다. ㈜디와이이엔지는 2018년 3월 설립되어 배터리 소재 생산, 재활용, 연구용 설비 등 이차전지 관련 설비 주문을 기반으로 생산해 오다 폐배터리 또는 그 부산물을 분쇄와 열처리 과정을 거쳐 후처리 제련 공정에 적합한 분말(블랙파우더)로 만드는 공정설비를 개발하여 사업화에 성공한 기업이다. 현재는 사업화 초기로 보다 안전하고 보다 단순한 공정에 우선 집중하고 있지만, 향후에는 열처리 과정에서 필연적으로 발생하는 유해가스 등을 포집하여 재활용하는 CCUS기술을 개발하여 접목할 예정에 있다.

원래 탄소감축과는 무관했던 기업들이 혁신적인 기술개발로 기후테크기업으로 변모하는 경우도 있다. 필자의 회사가 관여했던 SK하이닉스 사내벤처 육성사업과 관련하여 만나게 된 ㈜차고엔지니어링이라는 회사는 반도체 공정에서 사용되는 냉각장치, 공정부품 등을 개발하는 회사로 출발했지만 냉각장치에 주로 사용되는 기후변화의 주범인 프레온가스를 헬륨가스로 대체하는 기술을 개발했다. 프레온가스는 이산화탄소는 아니지만 오존을 파괴하는 강력한 온실가스이자 염불화탄소(CFC)로 지구온난화에 큰 영향을 끼친다. 냉각기 관련 기술로도 원활하게 초기투자를 유치했던 ㈜차고엔지니어링은 해당 기술의 추가적 개발로 2023년말 Series A 단계에서 대규모 투자유치에 성공하였다.

다시 미국의 기후테크 투자동향으로 돌아가서 농업분야에서는 대체육을 포함한 대체단백질 분야에서 가장 큰 투자가 이루어졌다. 일반적으로 농업분야의 기후기술이라고 하면 도시화에 기인한 경작적합지 부족 문제를 해결하려는 정밀농업과 실내농업, 그리고 기후변화에 대비해 품종을 개량하는 사업 등을 떠올릴 수 있어 일면 감축보다는 적응기술에 가까운 분야가 아닌가 생각하기 쉽다.

하지만, 세계적으로 증가하는 인간의 육류소비 때문에 가축으로부터 발생하는 메탄가스는 생각보다 기후변화에 막대한 영향을 미친다. 가축을 키우기 위해 땅을 개간하고 숲을 벌채하면 대기 중에 탄소가 배출되는 것은 물론, 소 한 마리가 내뿜는 온실가스는 소형차 1대가 1년간 내뿜는 온실가스 양과 맞먹는다니 말이다. 유엔 식량농업기구가 내놓은 '세계축산환경측정모델(Gleam 3.0)'에 따르면 2015년 기준 축산과 관련하여 나온 배출량은 7억 톤으로 전체 배출량의 11%를 차지한다고 한다. 에스토니아와 덴마크 등 일부 국가는 2022년 축산농가가 배출하는 메탄가스에 세금을 부과하는 이른바 '소 방귀세' 법안을 도입하기도 했다. 이에 따라 가축을 키우지 않고 실험실에서 고기를 생산하는 대체육 관련 기술이 각광을 받고 있지만 아직은 생산원가가 비싸고, 실제 육류의 식감을 제대로 살려내지 못하는 한계가 있는 상황이다. 이런 가운데 노르웨이의 한 스타트업은 소의 배설물을 모아 공기 중 질소를 이용해 50kw의 인공번개를 내리쳐 메탄가스 배출량을 최대 99%까지 제거하는 기술을 개발하고 EU의 유럽혁신위원회(EIC)로부터 230억 원 가량의 개발지원금을 받아 사업화에 성공하였다.

필자의 회사가 투자한 제주흑우 생산기업인 ㈜블랙마블은 3대에 이어 흑우농장을 운영하던 집안의 손자인 창업자가 동물유전학 박사과정을 통해 집요한 연구를 이어가 우리가 익히 알고 있는 한우보다 영양 면에서 훌륭한 흑우를 유전자 개량을 통해 한우만큼 빨리 그리고 크게 성장하는 기술을 개발하는데 성공하였다. 회사의 주 사업은 전통적인 흑우의 본질적인 장점은 살리면서 더 많은 고기를 더 맛있게 그리고 더 짧은 기간 안에서 생산하고 일본의 와규보다 더 유명한 프리미엄 고기브랜드를 창출하는데 있다. 대표자는 유전체 개량기술과 사육 노하우 외에도 천연사료를 직접 만드는 기술, 스마트농장을 운영하는 기술, 그리고 분뇨를 바이오가스로 활용하는 기술 등을 자체 개발 또는 접목하였다. 그러던 중 대표가 직접 배합한 사료를 먹은 소가 일반적인 사육환경의 소보다 메탄가스의 주범인 트림과 방귀를 적게 발생시킨다는 사실을 발견했다. 회사는 현재 이런 사실을 시험성적서 등 객관적으로 입증할 수 있는 방법을 찾고 있는데 이에 성공한다면 ㈜블랙마블도 훌륭한 감축기술을 가진 기후 스타트업이 될 수 있다.

한국경제신문의 2024.3.21.일자 기사에 따르면 우리나라 메탄가스 연구전문 스타트업 ㈜메틱홀딩스는 축산에 ICT기술을 접목하여 소의 위 내부에서 발생하는 메탄가스 및 이산화탄소를 포집·측정하고 저감까지 할 수 있는 캡슐을 개발하여 세계시장 공략에 나섰다. 메틱홀딩스의 기술을 활용하여 ㈜블랙마블이 개발한 사료의 메탄가스 저감 효과를 객관적으로 측정할 수 있을 것으로 기대된다.

(2) 적용기술 분야는 다양한 분야의 기술이 융합되면서 창의적인 시도들이 이루어지고 있다

필자가 외국인 전문직원과 함께 기술보증기금에서 기후기술을 위한 새로운 지원제도를 모색하던 2017년도에 기보의 DB를 분석해 보니 적용기술에 해당하는 기술이 많지 않았다. 그만큼 적용기술은 직관적이지 않았고, 지구온난화로 인해 해수면의 상승이 이루어지면 피해를 크게 받을 것으로 예상되는 도서국가들과 기후변화로 인해 사막화가 진행되는 개발도상국의 생존을 어떻게 도울 것인가하는 프로젝트와 이들의 문제 일부를 해결하는 작은 스타트업들에 대한 임팩트 투자 건은 많이 논의되었지만 이윤을 크게 내면서 규모를 키울 수 있는 사업으로서의 적용기술을 찾는 것은 쉽지 않았다.

필자의 회사가 2021년 하반기에 투자한 에이디수산㈜(영문명 Aqua Development)는 폐사 위험을 최소화한 상태로 새우를 고밀도로 실내양식하는 생태모방(Aqua Mimicry) 기술에 소프트웨어, 센서, 각종 설비 등 스마트한 양식시스템 일체인 KAMY SYSTEM을 개발하여 국내에서 직접 양식하는 한편, 사우디, 튀니지아 등에 시스템 일체를 공급하고 조인트 벤처 방식으로 글로벌 사업을 수행하는 독특한 사업모델을 제안하고 있는 회사였다. 회사는 디쓰리쥬빌리라는 투자사로부터 10억 원의 Seed 단계 투자를 유치한 상태였고, 우리 회사는 개념이 완전히 검증되고 성장이 가시화되는 사업초기인 Series A의 이전 단계인 Pre A 단계에 투자했으며, 같은 라운드에 이탈리아의 Family Office인 RAMO 그룹도 참여했다.

여러 국가에서의 새우 양식 경험이 풍부한 동사의 CTO가 개발한 생태모방 기술은 자연해수에 가까운 사육수를 만들고 자연상태에서의 새우의 행동을 연구하고 관리해 본 경험을 바탕으로 항생제나 항균제를 쓰지 않고 독특한 특허기술인 스스로 정화되는 자연순환양식법을 활용, 건강하고 맛있는 새우로 자라게 하는 기술을 보유하고 있고, 수확 후 양식에 사용한 사육수에 다시 치하를 입식하여 사육하면서 양식장 탱크 내에 남아 있는 찌꺼기는 모아서 정화 후 염생식물재배에 활용하고 있다. 즉 무동력순환생물여과기술로 환수하거나 물을 재순환, 재활용함으로써 양식수는 물론 자원과 에너지까지 재활용하는 순환자원 시스템을 구축한 한편, 엔지니어링 전문가였던 CEO와 외국인 공동창업자가 소프트웨어를 포함한 스마트양식 시스템을 직접 개발해 만든 것이 바로 KAMY SYSTEM이다. 당사가 투자했을 당시 회사는 전라북도 고창에 중간 규모의 양식장을 막 개장해 새우를 키우고 있는 상태였고, 동 양식장에서 개념검증에 성공하는 시점에 해외로 해당 시스템과 운영노하우를 기술이전하고 지분을 획득하는 조인트 벤처 방식으로 튀니지아, 사우디아라비아에 진출하였다. 특히 사우디아라비아는 2023년 하반기부터 운영이 시작되면서 대규모 양식장이 계속 추가적으로 조성될 계획에 있으며, 해당 시스템을 Reference로 삼아 벨기에, 프랑스 등 새우소비가 많은 국가들이 동사를 앞다퉈 초청하고 있는 실정이다.

질병에 취약해 폐사가 빈번하게 일어나는 새우양식을 좁은 실내 공간에서 고밀도로 양식하는 기술에는 동사의 생태모방 외에도 독일의 RAS(재순환 양식시스템)이 있다. 하지만 해당 방식은 양식종을 제외한 모든 미생물을 제거하여 병에 걸릴 가능성 자체를 원천 차단하기 때문에 공생역학을 제거하게 되어 느린 성장, 자연산에 비해 낮은 풍미와 식감 같은 문제점이 있다.

회사의 CEO인 이두현 대표와 COO인 Othman은 높은 수익성을 희생하여 지속가능성을 달성할 필요가 없다고 강조하면서 초기부터 글로벌한 행보를 보였는데 단순 전시회 참가 등은 지양하고 기후변화와 인구증가에 따른 식량 부족에 대응하는 푸트테크가 주목받는 유럽을 중심으로 모나코에서 주최되는 Monaco Ocean Protection Challenge, 영국 Barklays 그룹이 주관하는 unreasonable impact 등에 참가하여 AWARD를 휩쓰는 한편 이후에도 Future Food Asia, Try Everything 등에서도 우수기업으로 선정되는 등 비용을 거의 들이지 않고 글로벌 매체 그리고 투자커뮤니티에 자연스럽게 노출시키는 스타트업으로서 뛰어난 글로벌 전략을 보여주었다. 사업모델의 글로벌화 및 규모화(Scaleup)에 있어서도 독특한 조인트방식을 생각하고 실제로 실행에 옮겼다는 측면에서 기술뿐만 아니라 글로벌한 시각과 사업전략, 그리고 실행력이 매우 우수한 회사로 Series A 투자가 본격화되고 있는 현 시점에서 대규모 투자를 전제로 다양한 글로벌 투자사들의 관심을 받고 있다.

새로운 기후테크 스타트업들의 출현 원인 중 하나는 1세대 기후기술의 성숙 및 로봇, AI, 데이터 분석기술 등 비약적으로 발전한 타 첨단분야 기반기술(Enabling Technology)을 융합한 기업들의 약진을 꼽을 수 있다.

2012년 12월 설립되어 수처리 로봇의 형태로 인공지능 수질정화 솔루션을 개발해온 광주광역시 소재 에코피스㈜는 데이터기반 스마트 수질 관리 로봇을 제조하여 강이나 호수 등의 녹조문제를 해결하고 있다. 기후변화로 인해 주변 강수량이 줄거나 수온상승으로 인해 증발량이 늘어나면서 전 세계 호수 70%에 녹조현상이 발생하고 있다. 특히 우리나라에서도 한여름철에만 주로 발견되던 녹조현상이 보다 일찍, 그리고 보다 빈번하게 발생하고 있는데 에코피스㈜는 태양광을 이용한 자동충전 기술 및 자율주행기술을 접목한 부유식 AI 수상 로봇을 통해 녹조를 제거하고 수질을 실시간으로 모니터링하는 솔루션을 다양한 형태의 PAAS(Product-as-a-Service)로 개발하여 사업화에 성공하였다. 수면 위 발생하는 녹조만을 집중적으로 흡입할 수 있는 설비와 실시간 수질 모니터링 기능이 장착되어 있는 에코피스㈜의 수질 정화 및 감시 로봇은 다양한 기반기술의 융합적 적용과 이의 구동을 위한 완성도 높은 소프트웨어의 개발 등으로 오랜 개발기간을 거쳤고, 상용화 초기인 2023년 기술보증기금 투자팀으로부터 투자를 받았다. 수질정화로봇을 만들려는 회사는 동사 외에도 상당 수 있지만 에코피스㈜만큼 완성도 있게 융합기술이 구현된 사례는 드물어 글로벌 시장에서도 높은 관심을 받고 있어 향후 큰 성장이 기대된다.

탄소배출권과 관련된 스타트업들도 증가하고 있다. 기후변화에 대한 체감도가 갈수록 구체화되면서 유수의 금융기관들에 이어 글로벌 대기업들도 그들의 거래

기업들이 거래에 대한 전제조건으로 탄소감축 노력을 체계적으로 실행하고 공시하기를 요구하는 추세가 강화되고 있다. 이에 정부가 국가적 탄소감축 목표 하에 대기업들을 위주로 운영하고 있는 규제적 탄소 배출권시장 외에도 민간이 주도하는 자발적 탄소배출권 시장의 성장이 예상된다.

탄소감축을 거래의 선결조건으로 전제하는 글로벌기업들과 거래하는 국내 대기업들과 그들의 공급망(Supply Chain)안에 있는 중소기업들도 탄소 배출량을 합리적으로 산정하고 높을 경우 상쇄노력을 해야 하는데 규제적 시장에서 인정하는 방법만으로 획득할 수 있는 탄소배출권만으로는 탄소배출량 감축에 한계가 있다. 그렇다고 하여 명확한 기준 없이 중구난방으로 자발적 감축 노력을 하면 그린워싱 논란에 휘말리는 등 공신력이 훼손될 수 있다. 해외에서는 민간 분야를 위주로 VERRA, Gold Standard, Climate Action Reserve 등 인증기관들과 Forest Carbon, South Pole 등 탄소배출저감 사업자(Developer)들이 글로벌하게 공인된 ESG 이니셔티브의 기준에 부합하는 고품질 탄소 크레딧 공급을 위한 활발한 활동을 하고 있다. 국내에서도 과학 기반 탄소 감축 목표 이니셔티브(SBTi: Science Based Targets initiative)등 글로벌 스탠더드가 공인하는 수준에서의 방법론과 이에 기반한 자발적 탄소시장의 형성이 필요한 시점이다.

대기업 및 공공 분야 출신으로 서로 다른 전문성과 강점을 두루 갖춘 팀으로 구성된 초기 스타트업인 윈클(주)(WinCL)은 국제적으로 공인할 수 있는 고품질 탄소배출권을 안정적으로 공급할 수 있도록 다양한 탄소배출저감 사업자 확보와 국제적으로 공인할 수 있는 탄소배출권을 거래할 수 있는 민간플랫폼을 지향한다. 다만, 시장이 초기인 점을 감안하여 당장 시급한 배출량 산정 및 모니터링 서비스 및 소프트웨어부터 시작하여 블록체인기술, AI기술 등 다양한 기반기술을 활용, 점진적으로 사업모델을 고도화할 예정으로 향후 활약이 기대된다.

3. 그린프리미엄(Green Premium)과 창업전략

그린프리미엄은 환경을 위한 소비를 할 때 추가적으로 발생하는 비용을 의미한다. 환경을 위해 가솔린 자동차보다 전기차를 사려 할 때 전기차가 더 비싼 것, 우리가 일하는 건물에 지열발전 시스템을 도입할 때 그 발전비용이 기존 화석연료 기반 발전비용보다 더 비싼 것이 사례에 해당된다. 또한 EU가 해외 제품을 수입할 때 제품의 생산에 재생에너지가 쓰였는지를 판단하여 수입하겠다고 할 때 기존의 수입국가들이 아닌 다른 곳에서 제품을 수입하는 과정에서 보다 멀리서 비싸게 제품을 가져올 수밖에 없는 것도 그린프리미엄에 해당한다. 즉 수입품의 가격경쟁력보다는 환경경쟁력을 기반으로 구입을 하는 행위에는 평소보다 비싼 비용이 발생하고 정부가 전부 또는 일부를 보조금 등으로 상쇄하지 않는다면 그 부담이 고스란히 소비자에게 전달되는 속성이 있다.

이는 전반적인 물가상승에 큰 영향을 줄 수 있고, '인플레이션과 싸우기 위해'라는 명분 하에서 행해져 온 세계적인 금리인상의 원상회복을 지연시킬 우려가 있다. 금리가 높아진 상태에서 투자는 줄어들 것이고, 소비도 위축될 것이기 때문에 투자가들과 창업가들에게는 거시경제적 불확실성 요인이 높아지는 원인이 된다.

이러한 시대적 배경에 있어 창업가들은 자신들의 제품이나 서비스가 기존의 대체제와 최대한 등가(Price Parity)를 이룰 수 있도록 기술을 고도화하거나, 공정을 개선하거나, AI 등을 활용해 효율이나 최적화를 추구하는 혁신을 핵심가치(Core Value)로 삼아야 하고, 그러한 혁신으로 해결할 수 있는 문제의 크기가 금액적으로 클수록 투자유치 및 사업성공 가능성은 높아진다고 말할 수 있다.

필자가 몸담고 있는 블리스바인벤처스(이하 "당사")에서 2023년 중반에 투자한 ㈜암페어머티리얼즈는 이차전지 음극재 성능을 좌우하는 실리콘을 배합하는 것에 있어 기존기술보다 공정을 획기적으로 단순화할 수 있는 기술을 고안하여 창업 극초기에 당사가 투자하고 민간투자 연계형 정부지원 프로그램인 팁스에서 추천하여 선정되었다. CEO와 CTO는 모두 과거 원자력연구원 출신 박사들로 플라즈

마 및 마이크로웨이브 전문가들이고, 창업 극초기였음에도 불구하고 일부 장비를 발주받아 납품하는 등 상당한 사업실력을 검증한 상태였다. 전기자동차의 성능은 배터리에 의해 좌우되고 그중 음극재 분야는 실리콘을 얼마나 잘 혼합하느냐에 따라 배터리의 성능에 큰 영향을 미치게 되는 분야다. 기존 선도기업의 실리콘 혼합 공정을 적용한 음극재의 생산이 비싸기 때문에 배터리가 비싸지고, 이는 곧 전기차 가격이 비싸지는 원인으로 작용하여 전기차 소비에 있어 그린프리미엄 형성에 큰 원인이 되고 있는 시장상황이다. 동사 기술의 핵심은 마이크로웨이브를 적절히 활용하여 복잡한 공정 없이 실리콘을 혼합하는 것으로 해당 기술이 실제 음극재 생산에 적용되면 그린프리미엄의 축소에 크게 기여할 것으로 기대된다. 물론 다른 다양한 기술아이디어들이 제안 및 시도되고 있기 때문에 동사의 기술이 대세기술이 될 것이라고 현 시점에서 100% 장담하기는 힘들겠지만 국내 주요 배터리 제조사 두 곳으로부터 동시에 관심을 받고 있고, 그중 한 곳에서는 전략적 투자도 결정된 상황이라 향후 귀추가 주목되며, 해당 방식이 대형 배터리 제조사에 의해 채택되고 표준으로 자리잡는다면 큰 사업성공이 기대된다.

유엔환경계획(UNEP)에 따르면, 2020년 기준으로 건물을 짓고 운영하는 데 쓰이는 에너지가 전체 에너지 소비량의 36%를 차지하고, 전체 이산화탄소 배출량의 37%를 차지한다고 한다. 건물을 신축하면서 지열발전시스템을 도입해 친환경 건물을 만들 때 추가적으로 발생하는 건설비용 및 전력의 일부를 비싼 지열발전으로 사용함에 따라 발생하는 비용을 그린프리미엄으로 정의한다고 할 때, 지금까지는 세계적인 환경규제 분위기 속에서 ESG에 신경을 써야만 하는 기업들이 해당 건물을 사용하면서 기꺼이 프리미엄을 지불하는 시장이었다. 금리상승이 둔화된다 하더라도 저금리 시대로 바로 회귀하기는 어렵기 때문에 적어도 한동안은 경기침체가 지속될 가능성이 높고 이런 경제상황 속에서는 경제주체들이 기꺼이 프리미엄을 지불하려는 성향(Willingness-to-Pay)이 크게 둔화될 수 있다.

그린프리미엄을 줄일 수 있다라는 명제에서 창업가들이 생각해 볼 수 있는 비즈니스 기회는 많다. 비싼 재생에너지 시스템을 포함한 친환경 건물을, 표준화된 모듈 유닛으로 공장에서 미리 생산해 현장에서 조립 설치하는 모듈화 공법으로 건축 공기를 단축하는 기술을 기반으로 창업을 고려할 수 있다. 이 경우 공기가 크게 단축되면서 건축비용이 절감되어 재생에너지 발전시설 등을 추가로 적용하는데서 발생하는 비용을 상쇄시킬 수 있고, 건출물 폐기물 처리비용도 감소되며, 소음, 진동, 분진 등 사회환경적 문제도 해결할 수 있게 된다.

당사가 2023년에 투자한 또 다른 회사인 메를로랩㈜는 근거리 무선통신 기술에 매쉬 네트워크기술을 접목해 대규모 기기들을 유기적으로 연결 및 제어할 수 있는 혁신적인 기술을 보유하고 있다. 메를로랩은 해당 기술이 접목된 1차 제품으로 조명 및 센서에 대한 다양한 스마트 제어기능을 통해 일반 LED 조명 대비 30~60% 에너지 절감효과가 있는 시스템을 기반으로 하는 GRID 서비스를 제공하고 있다. 이 회사가 기술적으로 다른 스마트조명회사와 차별화된 점은 핵심하드웨어인 조명의 설치에 있어 무선통신을 기반으로 배선 시공과정이 생략되어 공사기간을 크게 단축하여 건축비용을 절감할 수 있고, 신축 건물뿐만 아니라 구축건물에도 최소한의 시공과 합리적인 비용으로 시스템을 구축할 수 있다는 것이다. 설치된 조명을 사물인테넷으로 삼아 얻는 정보를 통해 GRID는 에너지 자동 절감 기술을 이용한 수요반응(DR: Demand Response) 자원 솔루션도 제공한다. 수요반응(DR)에 참여하면 전력계통 안정화에 기여하고 정산금을 지급받을 수 있어 설치비용에서 발생하는 그린프리미엄을 조기에 상쇄할 수 있다.

• 메를로랩 조명 및 에너지 통합제어 시스템 구성도 •

자료: 전력거래소 제공

천안에 소재한 ㈜자연바이오처럼 유리섬유강화플라스틱 보강재와 같은 부식이 되지 않는 혁신적인 고강도 경량소재를 철근가격과 유사하게 공급할 수 있는 생산기술을 확보하여 사업화하는 회사도 있다. 철근가격은 계속 변화하는 특성이 있는 관계로 때때로 철근가격이 하락하면 해당 소재의 가격이 비싸질 수 있다. 하지만 기존의 철근을 사용하여 건축할 때보다 소재가 초경량일뿐만 아니라 동사의 또 다른 특허기술인 독특한 구조기술을 접목하여 작업속도가 개선될 수 있게끔 하였는 바, 이로 인해 절감되는 인건비 및 물류비 등으로 비싼 가격을 상쇄할 수 있다는 면에서 해당사도 그린프리미엄을 줄일 수 있는 좋은 창업사례에 해당한다.

상술한 사례들처럼 혁신적인 기술을 보유하고 있지 않은 창업가들도 건축자재 시장에서의 정보비대칭성과 비효율을 해결하는 거래플랫폼이라든지 기존 현장들에서 쓰고 남은 자재들을 추적하여 필요한 곳에 신품보다 낮은 가격으로 편리하게 연결해 줄 수 있는 서비스 등에서 사업기회가 있을 수 있다.

우리는 현재 금리가 안정되고 시장에 유동성이 다시 넘쳐나게 될지 알 수 없는 불확실성을 껴안은채 살고 있다. 경기위축으로 인해 세수도 크게 감소하여 정부도 예산합리화를 통해 각종 지원자금과 보조금을 줄여가고 있는 입장이다. 이러한 때에 '그린은 비싸도 ESG 때문에 기업들이 계속 채택을 할 거야', '정부가 보조해 줄 거야'라는 경제호황기의 가정으로 창업하면 낭패를 볼 수 있다. 나에게 그린프리미엄을 줄일 수 있는 기술적 또는 사업모델적 경쟁력이 있는지를 중심으로 비즈니스를 구상하고 추진해야 한다.

4. 기후기술 창업에 내재된 불확실성

세계적으로 좋지 않은 여건, 플랫폼발 버블붕괴에도 불구하고 기후기술 스타트업에 대한 투자가 계속 증가해 온 이유는 앞장에서 설명한 여러 요인에서 기인하지만 그중에서도 패러다임(Paradigm)의 변화, 신에너지 등과 관련된 핵심적인 Deep Tech들이 경제성을 갖춰나가고 있는 시점 상의 상황, 그리고 기후변화를 경제성장으로 인식하는 EU, 미국 등 선진 경제권역의 기후변화 관련 정책과 규제가 일관성 있고 공조된 방향으로 확대되면서 생산주체인 기업들이 ESG라는 명제를 수용하고 있는 현상을 꼽을 수 있겠다.

어떤 종류의 창업이라고 하더라도 성패에 대한 불확실성은 있다. 차별화된 아이디어, 실행력, 추진력과 같은 사업수행의 내적 요인은 스타트업들이 자금을 조달하는 자본시장의 상태, 시장상황의 변화, 규제의 변화라는 외적 요인에서 기인하는 공통된 위험에 노출되어 있다. 이처럼 모든 창업에 내재된 불확실성과 더불어 기후기술이나 사업아이디어로 창업하는 것에 있어 생각해 보아야 할 위험에 대해 논해 보고자 한다.

(1) 기술적 위험

테크기업의 경우 가장 큰 위험은 내가 어렵게 개발한 기술이 시장에서 채택되지 않을 위험을 말한다. 기후기술을 기반으로 하는 창업에 있어서는 지금 당장 그 아이템이 유망해 보인다 하더라도 ① 시장이 확대되면서 기술이 빠른 속도로 평준화되는 분야인가와 ② 딥테크라 하더라도 몇 개의 선도기업이 결국 시장의 대부분을 차지하는 분야에 해당할 것인지를 예측해 보고 내가 선도자가 될 수 있는 가능성 또는 무너지지 않는 나만의 틈새시장이 있을 것인지를 냉정하게 시나리오별로 전망해야 한다.

필자가 기술보증기금에 몸담고 있었던 시간 중 2008~2012년은 녹색기술의 전성시대였다. 녹색기술의 장르와 카테고리가 구체적으로 정의되고 정책적 혜택을 보편적으로 구체화, 프로그램화하면서 수많은 기업들이 해당 분야에서 창업했다. 이러한 산업의 초기에는 정부의 비교적 보편적 지원체계(Common Support System) 속에서 많은 기업들이 개발 및 사업화 노력을 경주한다. 하지만 카테고리적으로 정의된 분야에서의 사업적 노력은 대부분이 차별성을 갖기가 어렵다. 이들 기업들은 처음에는 다 유사하게 유망해 보일 수 있지만 일부 속도가 앞서는 소수의 기업들이 조기에 선도적 지위를 구축하고 규모의 경제를 구현하면 나머지는 빠른 속도로 도태되는 특성이 있다. 특히, 셀과 모듈 등 다른 곳에서 생산한 딥테크적 요소를 구입하여 태양광패널을 가격경쟁력 있고 튼튼하게 조립한 후 설치하는 업종과 LED소자를 사와서 LED 전등을 조립생산하는 업종 등은 응용분야에서 다양한 기술을 개발하여 특허로 확보한다 하더라도 진입장벽이 매우 낮다. 초기시장에서는 관급 및 조달시장, 그리고 정부과제 수행 등을 통해 많은 수가 생존이 가능하고, 생산 및 응용에 있어 일부 차별화된 작은 혁신에 대한 정부 또는 시장의 보상이 주어져 일시적으로 고무되기도 하지만 결국은 원가를 절감하기 위한 초경쟁에 내몰리거나 선도기업들이 아닌 다수의 중간에 속하는 경쟁업체군 대비 우수한 품질을 강조하다가 이들 중 대부분은 결국은 사라진다. 때때로 보급과 확산이 정책의 목표가 될 수도 있어서 크게 차별화된 경쟁력 없이도 일정 지역에서는 납품이 가능한 형태 등으로 사업이 전개될 수도 있지만 그 또한 제한적인 기회에 불과하다.

딥테크로 창업해 보면 어떨까? 난이도가 상당히 높아 장벽구축이 가능해 보이는 기술, 또는 뾰족하게 특정 적용분야를 독과점할 수 있는 기술을 딥테크라고 정의할 때, 창업자의 기술력이 뛰어나다면 자체로 개발할 수도 있고, 대학 및 연구소들이 사업화할 수 있는 기술, 기업이 쓸 수 있는 기술을 개발해야 함을 강조한 지가 오래된 우리나라에서는 기술이전(Technology Transfer)을 통해 차별화된 기술을 확보할 수도 있다. 거기에 창업자의 남다른 안목 및 사업개발능력, 사내 기술인력들의 기술완성능력을 더하여 상당히 고부가가치를 갖는 기술영역을 개척할 수 있다. 이러한 분야들에서도 표준을 선점하는 소수의 기업이 국내외적으로 등장할 수 있고 그랬을 때 내 사업에도 생존과 일정 수준 이상의 번영을 지속할 수 있는 시장이 남아있을 것인가를 생각해 보아야 한다. 아울러 어떤 연구소들은 기술이전을 할 때 통상실시권으로만 허여하고 있고, 1개보다 많은 기업에 실시권을 허여하여 기술을 독점적으로 확보하기가 어려울 수 있다는 점도 감안해야 한다.

(2) 패러다임의 손상 또는 실행지연

불편하더라도 옳은 일을 해야 한다는 것을 당위성이라고 한다. 기후변화의 경우 여러 가지 재난을 겪고 나서야 비로서 그 당위성을 정부, 기업, 가계 등 경제

세 주체가 보편적으로 수용했기 때문에 패러다임이 전환된 것으로 볼 수 있다.

하지만 수십 년간 보편적 풍요를 누려온 선진경제권역이 패러다임 변화에 따라 지속적으로 증가하는 불편을 감수하기란 여간 만만한 일이 아니다. 아울러, 경제상황이 좋지 않은데 기업에게 계속 기준을 높여가는 ESG경영을 요구하는 것도 쉬운 일이 아니다. 연합뉴스 등에 따르면 세계 최대 자산운용사인 블랙록은 2018년 이래 지속적으로 기후변화와 다양성, 젠더, 공정한 임금, 노동복지, 사회에 주는 기술의 영향력 등을 광범위하게 고려하는 ESG 투자를 주장해 왔고, 그중에서도 특히 기후변화에 대응하지 못하는 기업에는 투자하지 않겠다고 강조하는 등 시장의 변화를 선도해 왔다. 하지만, 최근 미국 민간부문에 거센 반 ESG 바람이 불면서 매년 1월에 내놓는 연례 서한에서 올해는 ESG단어를 뺐고 기후와 관련한 언급도 최소화했다. 이러한 상황은 사실 러시아의 우크라이나 침공으로 에너지 공급난이 가중되면서 기업의 비용 부담이 커진 것에서 촉발된 것 같다. 이처럼 인류의 생존과 직결되는 기후변화 대응에 대한 공감대도 경제가 침체되는 시기에는 반발을 살 수 있는 것이 자본주의이다.

아울러 "기후변화는 사기"라는 입장에 변함이 없어보이는 트럼프 대통령이 다시 당선된다면 당장의 국익을 우선시하며 EU가 경제성장의 일환으로 선도하는 기후변화 대응에 적극적으로 참여하지 않을 가능성이 커질 수 있다. 미국이라는 대국이 기후변화 대응에 참여하느냐 하지 않으냐는 세계의 기후변화 대응에 큰 영향을 끼친다. 트럼프가 미국의 대통령이던 2017~2018년 기간에 필자가 기술보증기금에서 신사업으로 준비하던 기후금융도 성과를 낼 수 있는 개연성을 상당히 구현하였음에도 사업이 탄력을 받지 못했었다가 바이든이 당선되고 난 후 분위기가 크게 바뀌었다.

필자가 몸담았던 공공기관에서 기후기술금융(Climate Technology Financing) 상품과 관련 지원제도를 정립하려고 노력할 2017년만 해도 기후위기가 사실인가라는 것에 대해 과학자들 사이에서도 갑론을박이 있었다. 그 당시 유럽은 기후변화에 대응하는 클린테크 등을 경제성장의 주요 엔진으로 삼고 세계시장을 선도하려는 정책을 견조하게 유지했던 반면 미국 공화당의 트럼프 대통령은 기후위기는 국제적인 사기이며 좌파들의 음모라며 당선 후 지속적으로 불만을 표시하였고, 2019년 11월 4일에는 파리기후협약에서 탈퇴를 공식 통보하기까지 하여 온실가스를 감축하려는 범세계적인 노력에 제동을 걸었다. 세계 1위 국가의 이러한 행보는 기후테크 산업전반에 당연히 큰 영향을 끼친다.

모든 종류의 위기, 불확실성, 위험에 대해서 완벽하게 대처하는 방법은 없다. 통제가능한 부분이라는 테두리 속에서 인류는 인간의 한계 속에서 할 수 있는 노력에 집중할 수 있을 뿐이다. 할 수 있는 노력을 계속 진행하다 보면 언젠가는 기적같은 해결책(Breakthrough)이 등장할 수 있지 않을까 하는 희망과 기술혁신적 해결책들이 산업적·기업적 노력으로 연결되어 오히려 기후산업을 통해 경제를 성장시킬 수 있다는 생각에 이르기까지 참 오랜 세월이 걸렸다.

기후테크로 창업하는 스타트업이 많아지고, 그들 중 상당수가 스케일업에 성공하여 유니콘이 탄생하고 하는 것들은 기후변화가 실제로 인류의 생존을 공통적으로 위협하고 있다는 범세계적 공감 그리고 그 공감대 속에서 공조된 정책의 맥락에서 가능한 일이다. 이러한 공조를 선도하는 그룹에서 국익을 위해 우리나라는 신경 안쓰겠다고 하는 일이 다시 발생할지도 모른다는 것이 기후테크 창업가들이 직면할 수 있는 가장 큰 불확실성이라고 생각된다.

바이든의 당선으로 인해 미국의 기후기술과 산업도 상당히 발전했고, 빌게이츠, 앨론머스크 같은 기업가들이 기후변화 관련 기술개발의 중요성을 강조하기 때문에 그때처럼 기후산업이 위축되지는 않을 것이라는 전망도 있지만 미국의 정책적 입장 변화는 생각보다 큰 영향을 미친다. 창업가들 입장에서 이러한 대외변수의 변화는 통제불가능한 불확실성에 해당한다.

이런 시기의 창업에 있어서는 다양한 시나리오를 전제하고 내 사업계획에 Stress Test를 해봐야 한다. 그리고 작금의 시기의 창업은 분야에 불문하고 대규모 투자 및 정부지원 없이도 생존할 수 있는가? 라는 물음에 답할 수 있어야 할 것 같다. 투자의 회수 호라이즌을 길게 잡으면서 세상을 뒤바꿀 기술개발만 하겠다고 하는 것보다는 당장에 창출할 수 있는 현금흐름도 함께 구상하고 투자와 정부 보조금 외에도 융자나 보증을 혼합적으로 활용하면서 성장자금을 조달할 계획을 세워야 하며, 많은 돈을 쓰지 않고도 효율적으로 사업을 추진할 수 있는 방안을 깊게 고민해봐야 할 것이다.

필자가 얼마 전에 만난 해화라는 창업기업은 버려지는 멍게껍질에서 나노셀룰로스를 추출하여 바이오차(Biochar)[6]를 생산하려는 기업이다. 동사는 바이오차의 개발 기간을 고려하여 우선 비용을 들이지 않고 멍게껍질을 수거하는 사업모델을 갖추고, 이와 함께 공사장 등에서 미세먼지 절감을 목적으로 물 대신 살포할 수 있는 용액을 생산 및 납품하여 수익을 창출하고 있다.

이처럼 주된 사업의 완성도를 높여가는 전략에 앞서 생존을 도모하기 위한 수익모델을 제시하는 방식이야말로 작금의 시기에 스타트업에게 필요한 고민이라고 할 수 있다.

---

6 Biochar(Biomass+Charcoal) 목재, 식물과 곡물, 해조류 및 미생물, 동물의 분뇨나 음식 쓰레기 등을 뜻하는 바이오매스를 산소가 없거나 부족한 조건에서 열분해하여 숯과 같은 고체탄화물로 생산하는 것으로 변환과정에서 친환경 연료가 추출되고, 바이오매스에 있던 80% 가량의 탄소를 가두는 효과가 있어 태워서 연료화하더라도 탄소를 많이 발생시키지 않는 친환경 소재.

03

녹색경영과 국제거래

포스코 탄소중립 추진 사례

김희

1. 포스코 성장과정 및 철강산업 중요성

2023년은 포스코가 쇳물을 처음 뽑아낸 지 50년이 되는 해이다. 포스코는 1968년 설립 이후, 1973년 포항제철소 1기 준공, 1992년 광양제철소 종합 준공함에 따라 현재는 글로벌 조강생산량 4천만 톤 규모의 양적 성장과 질적 성장을 이루었다. 그리고 2020년에는 탄소중립을 선언하면서 비로소 친환경 미래 소재 대표기업으로 발돋움하게 되었다. 또한, 세계적인 철강 분석기관인 WSD(World Steel Dynamics)가 선정한 '세계에서 가장 경쟁력 있는 철강사' 순위에서 2010년부터 14년 연속 1위에 선정되며, 고유의 경영능력과 기술혁신 분야에서도 글로벌 선진 철강사로 인정받고 있다. 포스코의 성장과정은 '영일만의 기적'이라 불리우며, 지난 50년간 대한민국 경제 성장을 견인해 왔다. 국가와 함께 일궈낸 영일만의 기적은 대한민국 경제 성장기 산업발전의 밑거름이 되었고, 그 결과 대한민국의 국민총생산은 1960년 40억 달러에서 2021년 1조 8,000억 달러로 450배, 1인당 국민소득은 158달러에서 35,000달러로 222배 증가하여 세계 8위의 무역강국으로 자리 매김하였다.

이처럼 철강은 산업의 쌀이자, 제조업의 근간으로 산업 경쟁력 확보를 위한 핵심 소재이다. 특히, 대한민국은 GDP 중 제조업 비중이 30% 수준에 이르고, 조선, 자동차 등 제조업 전반에 걸쳐 철강이 미치는 파급효과가 크다. 또한, 1인당 철강 소비량도 글로벌 Top 수준이기 때문에 철강의 경쟁력이 곧 국가 경쟁력에 직결된다고 해도 과언이 아니다. 그러나 최근 탄소중립이 메가트렌드로 부각되면서 철강산업이 탄소 다배출 업종이라고 한다. 하지만 주요 소재들의 단위 생산량당 탄소 배출량을 보면 알루미늄, 마그네슘 등에 비해 철강이 8~23배 적으며, 철강의 재활용률은 85%로 알루미늄(36%) 등 다른 소재에 비해서 매우 높은 수준이다. 그럼에도 철강산업의 탄소배출량이 많은 것은 철강이 전후방산업과 폭넓게 연계되어 있어 소비량이 많기 때문이다.

2. 철강산업 둘러싼 대외 탄소중립 동향

탄소중립 시대로의 전환은 국가 온실가스 감축목표(NDC, Nationally Determined Contribution) 달성, EU CBAM(Carbon Border Adjustment Mechanism) 등 무역규제 대응, 고객 탄소저감 요구 등 다양한 이해관계자의 요구가 동시에 발생하고 있어 기업의 생존과 직결되는 냉엄한 현실이 되고 있다. 투자사는 탄소중립 이행을 요구하며 투자 의사결정의 핵심 지표로 활용하고 있다. 그리고 S&P 등 신용평가사는 탈탄소 이행여부를 기업 평가의 주요 항목으로 활용하며 그 평가결과를 기업 신용등급에 반영하고 있다. 또한, 2021년 11월 국제회계기준(IFRS)은 2025년까지 탄소 배출량 등 ESG 정보를 의무적으로 공시하도록 확정하였다. 유럽, 미국 등 주요국은 자국 제조업을 보호하기 위해 탄소 감축을 명목으로 새로운 개념의 무역장벽을 구축하고 있다. 지난 2023년 5월에 발표된 EU CBAM은 2026년 본 시행을 앞두고, 2023년 10월부터 기업들로 하여금 탄소배출량을 의무적으로 제출하도록 하였다. 고객사도 탄소중립을 주요 평가요소로 반영하는 추세이며, 그 요건을 충족하지 못할 경우 기업은 비용을 지불해야 하기 때문에 직접적인 영향을 받게 된다.

향후 고객사의 탄소저감제품 수요는 큰 폭으로 증가될 것으로 전망되며, 이와 더불어 제품 생산 시 고철 사용비율 증대, 탄소배출 원단위 저감 등 고객의 다양한 탄소저감 요구사항이 증가되고 있다. 그리고 이러한 요구는 자동차 산업 중심에서 가전, 에너지 등 여러 산업으로 확대되는 추세를 보이며, 유럽계 자동차·풍력에너지 기업은 EU CBAM 등 영향으로 더욱 강화되고 있다. 이처럼 오늘날 철강산업에 있어 탄소중립은 거스를 수 없으며, 경쟁시장에서 도태되지 않기 위해 선택이 아닌 필수가 되고 있다.

3. 포스코 2050 탄소중립 선언

포스코는 2020년 12월 2050 탄소중립 달성을 통한 저탄소 순환 경제 구축을 선언하였다. 그리고 탄소중립 관리체계를 강화하는 차원에서 임원 단위의 탄소중립 전담 조직을 신설하였다. 이를 통해 기후 위기에 따른 리스크와 기회요인을 분석하여 전략을 수립하고, 이행상태를 점검함으로써 체계적으로 탄소중립을 추진하고 있다. 또한, 철강 탄소중립 관련 분야의 외부 오피니언 리더뿐만 아니라 사외 전문가 등의 객관적인 의견을 자문 받아 전략에 반영하고 있다. 그리고 이를 기반으로 기술, 원료, 에너지, 인프라 등 전체 부문을 종합적으로 아우르는 '2050 탄소중립 기본 로드맵'을 수립하였다. 로드맵은 2030년 국가 온실가스 감축목표 달성 및 탄소저감제품 공급 체제로 전환하고, 2050년 탄소중립을 실현하겠다는 계획이다.

포스코를 비롯한 대부분 철강사들이 채택하고 있는 전통적인 철강 제조 프로세스는 고로를 통해 철광석과 석탄을 사용하여 쇳물을 생산하는 방식으로 철강 제조과정 중 사용되는 석탄으로 인해 CO_2 발생이 불가피하다($2Fe_2O_3 + 3C \rightarrow 4Fe + 3CO_2$).

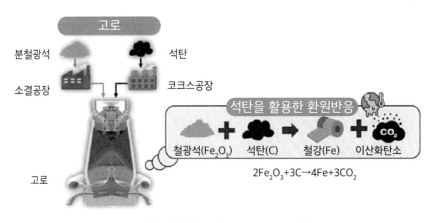

● 전통적인 철강 제조프로세스, 고로 공정 ●

자료: 포스코제공

이에 따라, 먼저 현재 가동하고 있는 고로 공정에서의 탄소 감축 기술을 도입하고, 이와 병행하여 전기로 설비를 통해 고객의 탄소저감 제품 요구에 대응할 계획이다. 포스코는 수소환원제철로 전환하는 중간 단계의 연결 기술을 '브릿지(Bridge) 기술'로 정의하고 고로 공정의 다방면에서 탄소배출을 줄이기 위해 노력하고 있다. 대표적으로 고로에서 사용되는 원료 배합을 변경하거나 AI 기반으로 조업 효율을 향상하고, 전로에서는 고철을 다량으로 재활용하는 기술을 개발할 계획이다. 2024년 2월 착공한 전기로는 고철 등을 원료로 사용하기 때문에 화석연료 사용을 줄일 수 있다. 이에 따라 탄소배출량이 기존 고로의 1/4 수준인 전기로를 활용하여 고객이 요구하는 탄소저감제품을 적기에 공급할 계획이다. 그리고 철강 생산 중 발생하는 CO_2를 포집하여 화학제품 전환 등으로 재활용하거나(CCU, Carbon Capture Utilization), 국내외 저장소 발굴 등을 통해 CO_2를 매립하는(CCS, Carbon Capture Storage) 탄소 감축 기술 도입을 검토하고 있다. 또한, 탄소중립 달성을 위해 2030년 포스코형 수소환원제철 'HyREX(하이렉스, Hydrogen Reduction)' 상용화 기술 개발을 완성하여 2050년까지 단계적으로 설비 전환을 추진할 계획이다.

고철 HBI(Hot Briquetted Iron)

산소
취입

산화정련

• 탄소저감 철강 프로세스, 전기로 •

자료: 포스코 제공

4. 철강 제조 프로세스의 혁신, HyREX

철강에서 궁극적으로 탄소중립을 달성하기 위해서는 수소환원제철 기술이 필수적이다. 수소환원제철은 기존 철강 제조 프로세스에서 사용되는 탄소를 수소로 대체하기 때문에 CO_2가 발생하지 않는 그린스틸 제조 공법이다($Fe_2O_3 + 3H_2 \rightarrow 2Fe + 3H_2O$). 이러한 이유로 글로벌 철강사들은 탄소중립 달성 위한 핵심 기술로서 수소환원제철 도입을 추진하고 있다. 포스코도 마찬가지로 탄소중립 시대에 맞는 철강 제조 프로세스 혁신을 위해 포스코형 수소환원제철 'HyREX' 기술 개발에 박차를 가하고 있다. 현재, 포스코는 소결, 코크스 등을 거치지 않고 쇳물을 생산하는 FINEX를 2007년부터 경제적, 안정적으로 가동하고 있다. 다년간의 상업운전을 통해 검증된 FINEX의 유동환원로 기술을 기반으로 HyREX Demo Plant를 건설하고, 2030년에 상용화 기술 개발을 완성하여 2050년에 수소환원제철 기반의 탄소중립을 달성할 계획이다. HyREX는 광산에서 채굴된 가루 상태인 낮은 품질의 철광석을 추가적인 가공 없이 바로 사용하는데, 글로벌 철광석 물동량의 68%를 점유하고 있어 원료 수급에 유리하다. HyREX는 수소환원 시 발생하는 열 저하 현상에 대비하여 추가적인 열원 공급이 용이하고, 균일한 품질을 확보할 수 있다는 장점을 가지고 있다. 2024년 1월에는 기술개발 및 엔지니어링 총괄 조직으로 'HyREX추진반'을 신설하고, 수소환원제철 개발센터를 개소하여 HyREX Demo Plant 설계부터 시공, 연구개발 등을 착수하였다.

포스코는 HyREX 기술개발을 위해서 국제 협력도 추진하고 있다. 아르셀로미탈, 타타스틸 등 글로벌 철강사는 HyREX 기술 우수성을 인정하고, 향후 탄소중립 달성을 위해 수소환원제철 등 친환경 미래 기술을 공유하고 상호 협력할 수 있는 장이 만들어진 점에 대해 의미를 부여하고 있다. 이에 포스코는 수소환원제철 기술 리딩과 기술개발 가속화를 위해 'HyREX R&D 파트너십' 체제를 구축하였고, 여기에 철강사, 원료사, 엔지니어링사 등 17개 사가 참여하여 협력방안을 논의하고 있다. 또한, 포스코는 수소환원제철의 필요성 및 공감대 등을 형성하기 위해 지난 2021년 세계 최초로 제1회 수소환원제철 포럼을 서울에서 개최하였다. 그리고 2022년 스웨덴에서 'Coopetition(경쟁협력)'을 키워드로 제2회 포럼이 개최되었다. 지금까지 글로벌 철강업계는 고급강 전략 등 기술 경쟁력을 기반으로 시장점유율을 높이는 것을 최우선 하였다면, 이제는 탄소중립이라는 불확실성에 대비하는 생존전략으로서 탈탄소 기술 방향 및 추진전략을 상호 공유하며 협력하는 것에 대해 공감대를 형성하였다. 이어서 2023년에는 세계철강협회 주관 행사로 전환하여 규모를 키워 포스코 주도로 아랍에미리트에서 개최하였고, 철강사, 원료사, 고객사, 엔지니어링사 등이 한데 모여서 수소환원제철 기술개발 현황 및 동향을 공유하고 앞으로 극복해야 할 과제 등에 대해 논의하였다.

● 포스코형 수소환원제철, HyREX ●

자료: 포스코 제공

5. 글로벌 철강사 및 정부 탄소중립 동향

향후 탄소중립 시대에도 철강은 대체 불가하며, 지속 가능한 미래 핵심소재이다. 따라서 철강의 탄소중립은 모든 산업에 전방위적으로 영향을 미치기 때문에 산업경쟁력을 좌우할 중요한 국가적 아젠다이다. 유럽, 미국, 일본 등 해외 주요국은 철강 탄소중립의 중요성을 인식하고, 민간 단독이 아닌 정부 차원에서 탈탄소 설비 전환을 지원하고 있으며, 수소 등 인프라에 대해서도 국가 경쟁력 확보 관점에서 추진하고 있다.

글로벌 철강사는 탄소중립 기술 리더십을 확보하고 그린스틸 시장을 선점하기 위한 전략을 실행하고 있다. EU 철강사는 풍부한 재생에너지와 정부의 적극적인 지원을 바탕으로 2026년에서 2028년 사이에 집중적인 탈탄소 설비 전환 등을 통해 탄소중립 기술과 글로벌 시장 리더십 확보를 위해 노력하고 있다. 고로 중심의 아시아 철강사는 고로 기반의 탄소저감 기술과 병행하며, 수소환원제철 기술 개발을 진행하면서 글로벌 경쟁력 확보를 위한 차별화 전략을 추진하고 있다.

각국 정부는 경제 성장전략의 일환으로 철강 탈탄소 정책을 마련하고 있다. EU의 경우 그린딜 실행을 통해 '공정하고 비용 효율적이며 경쟁력 있는 전환'을 추구하며, EU 총예산의 30%인 853조 원을 그린딜에 배정하였다. 회원국 정부는 2023년 2월 발표된 EU 그린딜 산업 계획에 의거하여 역내 철강사들의 전환 계획에 맞춰서 탈탄소 설비 전환 비용의 40~60% 수준을 직접 지원하고, 정부 주도로 수소 인프라 구축 및 정책 프레임워크를 강화하고 있다.

미국은 인플레이션감축법안(IRA)을 통해 '기술 패권국 유지와 에너지 안보'를 강화하고 있다. IRA 지원금의 84%인 480조 원을 에너지·기후변화에 투입하고, 수소 인프라 구축을 위해 '111' 프로젝트를 추진하고 있다. 또한, 모든 제품에 탄소세를 부과하는 청정경쟁법(CCA, Clean Competition Act)을 발의했으며, 미국 에너지부는 철강을 포함한 8대 탄소배출 집약 산업 33개 프로젝트에 60억 달러 보조금 지원을 발표하였는데, 이 중 15억 달러가 6대 철강 프로젝트에 지원될 예정이다.

일본은 탄소중립 실현을 통한 '시장수요 창출 및 산업경쟁력 강화'를 위해 정부 주도 하에 전방위적인 정책을 추진하고 있다. 2023년 5월 GX(Green Transformation) 법안이 통과됨에 따라 GX 실행 과정에서 민간기업 단독으로 투자하기 어려운 사업에 대해 지원 기금이 마련되었다. 이렇게 마련된 GX 기금을 통해 '잃어버린 30년'의 일본 경제를 성장궤도에 안착시키고, GX 성공이 곧 국가 경쟁력과 직결된다는 판단으로 그린산업 구조로의 변혁을 추진하기 위해 민관 150조 엔을 투자할 계획이다. 특히, 일본은 산업 근간인 제조업의 그린산업 전환을 새로운 성장 동력으로 인식하고 사업구조를 지속적인 수익 산업 모델로의 변화를 추구하고 있다. GI(Green Innovation) 기금의 경우 전체 산업의 기반이 되는 철강의 중요성을 감안하여 '수소환원제철 기술의 세계 리딩을 통한 일본 철강업 승리'를 위해 GI 철강 분야 예산을 1,935억 엔에서 4,499억 엔으로 2.3배 증액하였고, 2023년 9월 일본 경제산업성은 수소 활용한 기술에 대해 조기 실기화를 결정하였다. 또한, 탄소중립 사회를 제1미션으로 탈탄소 실증/상용설비에 정부 지원금 20조 엔을 투자 예정이며, 철강에는 민관에서 3조 엔을 투자할 계획이다. 한편, 이러한 해외 정부의 적극적인 탄소중립 지원 정책이 한국의 산업경쟁력에 영향을 미칠 것으로 우려됨에 따라 이에 대한 대응책이 필요한 상황이다.

6. 경쟁력 있는 탄소중립을 위한 제언

탄소중립이 경제성장과 더불어 글로벌 트렌드로 부각됨에 따라, 탄소중립 산업 시장은 2021년 17조 원에서 2032년 193조 원까지 지속 성장할 것으로 전망되고 있다. 이는 곧 탄소중립 산업 시장이 앞으로 기업 간 경쟁의 각축장이 될 것을 의미한다. 이러한 전망 속에 포스코의 미래 50년은 탄소중립이 화두이며, 국가적으로도 新경제성장의 주요 동력원이 될 것이다.

따라서 기업은 탄소중립 선도 기술·제품 개발 등을 통해 미래 新수요를 선점하도록 노력해야 한다. 그 일환으로 철강사인 포스코는 HyREX 기술 개발을 적기에 완성하고, 한국형 수소환원제철의 기술 경쟁력 확보에 전념할 것이다. 탄소중립은 기후변화 대응뿐만 아니라 산업 생태계도 바꾸고 있으며, 단순히 기업의 경쟁력 차원이 아니라 국가의 미래 경쟁력 확보를 위한 핵심요소로 다가오고 있다. 앞서 언급한 바와 같이 해외 주요국 정부는 '탄소감축＝경쟁력' 임을 인지하고, 국가 경제부흥 관점에서 탄소중립에 대한 지원을 확대하고 있다. 따라서 국가 미래 경쟁력 차원에서 EU 그린딜 산업 계획, 일본 GX 법안과 같은 담대한 탈탄소 정책이 마련되어야 하며, 경제적 수소 및 전력을 위한 국가 차원의 인프라 등이 구축되어야 한다.

이제 탄소중립은 국가와 사회 발전에 있어 더 이상 거스를 수 없는 거대한 흐름이다. 다가올 탄소중립 시대는 그동안 경험해보지 못한 새로운 시대가 될 것이다. 따라서 탄소중립을 국가 경제 발전의 도약 기회로 삼기 위해 백년지대계(百年之大計) 관점에서 기업과 정부가 합심한다면 우리 산업의 새로운 시장과 성장 경로를 확보함으로써 新 경제부흥을 이루어 낼 수 있을 것이다.

탄소중립과 외부 감축사업

오대균

1. 기후변화와 기후변화협약

인류는 석탄이라는 화석연료를 활용하여 산업혁명을 시작한 이후 지속적으로 화석연료 사용량을 증가시키면서 경제활동을 확대해 왔다. 화석연료는 주 구성원이 탄소이므로 탄소를 태워서 경제활동에 필요한 에너지를 얻는 방식은 필연적으로 지하에 있던 탄소를 꺼내어 이산화탄소를 만들어 대기로 배출하여 대기 중 이산화탄소의 양을 증가시켜왔다.

대기 중의 이산화탄소는 지구로 들어온 태양에너지에 해당하는 만큼 지구 밖으로 방출되는 에너지의 일부분을 지구에 남게 함으로써 대기 온도를 상승하게 하는 지구온난화, 즉 기후변화를 일으키게 된다. 지구의 기후변화를 일으키는 기체로는 이산화탄소 외에 메탄(CH_4), 아산화질소(N_2O)와 산업활동을 위하여 만들어 낸 기체인 수소불화탄소(HFCs), 과불화탄소(PFCs) 및 육불화황(SF_6) 등이 대표적이며 이외에도 여러 종류의 온실가스가 있다.

지구 대기의 평균 온도는 산업혁명 이후 1.1℃ 정도 상승하였으며, IPCC는 인류가 지속가능하려면 산업혁명 이전과 비교하여 2.0℃, 나아가 1.5℃ 이상 상승하지 않도록 해야 한다고 보고하고 있다. 기후변화는 대기의 평균온도가 상승하는 현상 외에도 폭염과 한파, 가뭄과 폭우 등 극한적인 기상현상을 가져올 수 있으며 이러한 기상재해로 인한 경제적 손실 또한 매우 빠르게 증가하고 있다.

기후변화는 전 지구적으로 나타나고 있으며, 이에 대응하여 국제사회는 여러 해의 논의를 거쳐 1994년에 '기후변화협약'에 합의하고 매년 '기후변화협약 당사국총회(COP, Conference of Parties)' 열어 대응방안을 논의하면서 기후변화에 대응하기로 하였다. 1997년에 개최된 제3차 당사국 총회에서는 협약을 실질적으로 실천하기 위하여 '교토의정서(KP, Kyoto Protocol)'에 합의하여 2008년부터 2012년까지 5년간 산업혁명을 선도하여 기후변화에 대한 책임이 더 크다고 인정되는 선진국들부터 그들의 온실가스 배출량을 1990년 배출량과 비교하여 평균 5.2% 감축하기로 하였다.

교토의정서에 따라 온실가스 배출을 줄이겠다는 선진국들은, 구소련이 무너지면서 공산주의 경제체제가 자본주의 경제체제로 전환하게 된 동유럽 국가들의 경제침체로 온실가스 배출량이 줄어든 것을 제외하면 독일과 영국 외에 다른 대부분 선진국의 배출량은 오히려 증가하였다.

게다가 온실가스를 가장 많이 배출하는 선진국인 미국은 의회의 반대로 교토의정서를 비준하지 못하였고, 중국은 개발도상국으로 분류되어 배출량을 줄일 의무를 가지지 않았다. 우리나라도 기후변화협약이 만들어진 1994년에는 경제협력개발기구(OECD, Organization of Economic Co-operation and Development)에 가입하기 이전으로, 개발도상국으로서 온실가스 감축의무를 가지지 않았다.

교토의정서는 선진국들에게만 감축목표를 부과한다는 한계를 가지고 있어서 중국을 포함한 여러 개발도상국들이 경제성장을 하면서 온실가스 배출량이 매우 빠르게 증가하는 것을 포함하지 못했다. 국제사회는 교토의정서를 2020년까지 연장하면서 동시에 기후변화에 대응하는 새로운 체제를 만들기 위해 협상을 진행하였다.

그 결과 2015년 파리에서 개최된 제21차 당사국총회에서 '파리협정(PA, Paris Agreement)'에 합의하고 2021년부터 이행하기로 하였다. 협정에서 각 당사국은 '국가감축목표(NDC)'를 제출하고 매 5년마다 NDC를 갱신하게 되었으며, NDC는 매번 갱신할 때마다 강화되어야(진전의 원칙) 한다. 이에 우리도 2030년을 목표로 하는 국가감축목표(NDC)를 제출하였으며 두 번에 걸쳐 수정 제출한 바 있다.

전 세계 온실가스 배출량은 2019년 대비 2020년에 3.7% 감소하여 10년 이상 지속된 증가세가 멈추었으나 팬데믹이 정점에 달한 직후부터 다시 증가하기 시작하여 2022년에는 2019년보다 2.3%, 2021년보다 1.4% 증가한 53.8Gt CO_2eq 수준일 것으로 전망되었다.

UN에서는 2015년에 합의된 파리협정을 준수하기 위하여 모든 당사국은 총회 결정문(제35항)에 따라 2050년 온실가스 감축목표를 포함하는 장기 저탄소 발전전략(LEDS, Long-Term Low Greenhouse gas Emissions Development Strategies)을 수립하도록 요구하였으며, 여러 나라에서 이를 바탕으로 '탄소중립'을 선언하였고, 우리나라도 2050 탄소중립을 선언하였다.

2. 2030 온실가스 국가감축목표와 국외감축

우리나라는 2020년 10월, 국제사회의 기후보호 노력에 동참하고 지속가능한 발전을 촉진하기 위해 2050년 탄소중립을 목표로 나아갈 것을 선언하고, "탄소중립은 선택이 아닌 필수이며 사회 전 영역의 혁신 추동을 통해 저탄소 사회로 이행 속도를 높여야 하며 화석연료 의존이 높고 제조업 중심의 산업구조를 가진 우리나라에게 쉽지 않은 도전이지만 기술혁신과 산업구조 혁신의 기회이자 일자리 창출의 기회"라고 강조하였다.

2050년 탄소중립 달성을 위해서는 법·제도, 계획, 재정, 기술 등 전 부문에서 전면적인 전환이 필요하며, 2030년 온실가스 국가감축목표도 2017년 대비 24.4% 감축('30년 대비 37% 감축)에서 상향 조정되어야 현실적으로 2050년 탄소중립이 달성 가능할 것이므로, 관련법의 제정과 목표 달성을 위하여 에너지, 전력수급, 온실가스 감축, 재생에너지 공급, 기술개발 계획 등이 정합성을 가지고 수립되어야 하고 달성에 필요한 시장제도, 인센티브, 규제 등을 마련할 필요가 있음을 선언하였다.

2021년 정부는 2030 국가 온실가스 감축목표를 2018년 배출량 대비 40%를 감축하는 것으로 상향 조정하여 2030년의 목표 배출량을 436백만CO_2 eq.로 하였으며, 2023년 3월에는 국가 총배출량 목표를 변동하지 않고 부문 간 감축목표를 조정한 바 있다. 이러한 조정을 통하여 산업부문의 감축부담을 줄이고 국외감축 목표량을 증가시켜 2030년에 3천 7백만CO_2eq.으로 하였다.

이로써 국외감축 부문은 2030년 국가 감축목표에서 주로 전력을 생산하는데 서 온실가스를 배출하는 에너지의 '전환부문'에 이어 두 번째로 절대 감축량이 많은 부문이 되었다. 국외감축은 국가의 NDC 범위 밖에서 감축량을 확보한다는 의미이므로, 국제적으로 사용할 수 있는 여러 가지 방안을 통하여 감축실적을 확보하게 될 전망이다.

3. 파리협정 하 국외감축

파리협정에서는 당사국이 자국의 감축목표(NDC)를 달성하기 위하여 다른 당사국과 자발적으로 협력하여 감축성과를 확보할 수 있도록 하는 협력적 접근(Cooperative Approach)이 가능하도록 협정 6조에 정하고 있다. 6조 2항은 당사국들이 자발적으로 국가 간 협력체 등을 만들고 협의를 통하여 감축사업을 발굴하여 이행하고 감축성과를 만들고 그 실적을 참여 당사국 사이에 이전함으로써 참여 당사국의 국가 감축목표 달성에 사용할 수 있도록 하였다. 또한 6조 4항에서는 기존 교토의정서체제에서 청정개발체제(CDM, Clean Development Mechanism)라 불리어 추진되었던 국제 감축사업을 파리협정체제에서 추진하는 내용을 담고 있다. 6조 8항에서는 어떤 당사국의 기후행동에 대하여 시장접근이 아닌 지원을 '비시장(non-market)' 접근으로 정하고 있다.

파리협정에서 국가 감축목표를 달성하기 위하여 자국의 NDC 이행 범위 밖에서 감축성과를 구하는 과정은 자국 내에서 감축성과를 이루는 방법과는 절차적으로 매우 다르다. 자국 내에서는 기준 배출량(또는 기준년도의 배출량)과 비교하여 해당 년도의 배출량이 더 적음을 국가 배출목록(인벤토리)를 통하여 보여주면 된다.

하지만 감축성과를 국제적으로 이전하려면 이전하는 성과를 정의하여야 하는데 보통 이산화탄소 상당 톤(CO_2 eq. ton)을 사용하며, 이렇게 정의되는 성과는 국제적으로 인정되는 사업 유형과 범위, 감축량을 산정하기 위하여 설정되는 기준선과 배출량을 측정하는 방법 등을 포함하는 '방법론(methodology)' 등이 있어야 하며, 이러한 이행 실적을 검증하는 절차와 규정 및 이들을 평가하고 인증하여 실적으로 발급하는 체계가 마련되어 있어야 한다.

파리협정에서는 제6조 제4항에서 당사국총회(CMA)가 정한 감독기구(SB, Supervisory Body)가 운영하는 메커니즘을 정하고 그 절차를 수립하였는데 이는 교토의정서에서 추진되었던 청정개발체제의 절차와 매우 비슷하게 만들어졌는데, 그동안의 운영 경험이 지속적으로 반영된 결과로 보인다. 그렇지만 파리협정체제의 메커니즘은 내용면에서 교토의정서체제와는 상당히 달라졌다고 평가된다.

또한 파리협정 제6조 제2항에 따라 도입된 국가 간 협력에 의한 감축성과의 이전에, 교토의정서체제에서 일본이 몇몇 개발도상국들과 자발적으로 추진되던 JCM(Joint Crediting Mechanism) 외에는 다른 사례를 찾기 어려워서, 제6조 제2항을 사용하는 국제 감축사업에서 참여하는 당사국들이 협력하여 관련 규정, 양식 및 절차를 만들지 않는다면 제6조 제4항 메커니즘의 감독기구(SB)가 수립하는 규정과 절차를 활용하여 사업이 추진될 가능성이 높을 것으로 보인다.

제6조 제2항의 국가 간 협력에서 추진된 사업에서 발급된 감축성과가 참여국의 국가 감축목표(NDC) 달성에 사용되려면 관련 규정, 양식과 절차가 참여국들만의 승인을 넘어 국제적으로 수용 가능한 것이어야 할 것이므로, 제6조 제4항 감독기구가 만들어서 UN 차원에서 사용하게 될 규정, 양식과 절차가 많이 활용될 것으로 전망된다.

우리의 NDC를 기준으로 하면, '국외감축'은 국제 감축사업으로 추진되어 제6조 제2항 또는 제6조 제4항의 표준과 절차를 따라 인증된 감축실적이 국내로 이전되어 우리의 국가 감축목표를 달성하는데 활용되는 감축량이다. 우리나라가 온실가스를 배출하는 범위(인벤토리) 밖에서 이루어지는 사업의 감축실적이 국내로 이전되어 활용되는 것이다.

4. 교토의정서 하 청정개발체제(CDM)의 성과

교토의정서 하 청정개발체제(CDM, Clean Development Mechanism)에서 추진된 사업들은 국제감축사업이 전 지구적인 기후변화 대응에 어떻게 기여했는지를 보여준다. 감축목표를 가진 선진 당사국들은 CDM을 통해 1톤의 CO_2에 해당하는 인증감축량(CER)을 구매하였고 이 사업은 개발도상국의 배출량을 줄이면서 지속가능한 개발을 위한 자금이 필요한 개발도상 당사국과 지역사회로 이전되었다.

2023년 9월 현재, CDM 사업에는 7,843개의 프로젝트(PA)가 등록되어 2,350,600,851톤의 CER이, 2,884개의 개별사업(CPA)이 포함된 364개의 프로그램사업(PoA)에서 68,439,129톤의 CER이 발행되었다. 그리고 166,791,520톤의 CER이 자발적으로 CDM 등록부로부터 취소되어 다른 정책이나 프로그램에서 상쇄 목적으로 사용되었다.

1) CDM에서 발급되었거나 발급 중인 인증량(CER)

2018년까지 CDM 사업으로 111개국에서 추진된 8,000개 이상의 사업에서 20억 톤의 인증감축량이 발급되고 기후 및 지속가능한 발전에 3,400억 달러에 가까운 재원이 제공되었다. 수천 개의 기업이 풍력, 바이오매스 및 태양에너지 생산, 효율적인 쿡스토브, 매립지 및 폐기물 관리; 조림 및 재조림 등 다양한 프로젝트에 자금을 투입하고 고용을 창출하였으며, 특히 등록된 재생에너지 사업은 약 100,000GWh/y의 전력을 생산했는데, 이는 에콰도르, 모로코, 미얀마, 페루에 공급할 수 있는 양이었다.

2) CDM사업의 주요 인증실적 발급 사업유형

청정개발체제는 인증 감축실적(CER)을 발급하면서 2%의 부과금을 징수하여 개발도상국이 기후변화에 적응하도록 지원하는 적응기금에 2억 달러를 지원하였고, 백만 개 이상의 효율적인 쿡스토브가 설치되어 배출량을 줄이고 건강을 개선하였으며 84만 명 이상의 사람들에게 깨끗한 식수를 제공하고 1억 5천만 그루 이상의 나무 심는 성과를 가져왔다. 이렇게 기후행동의 중요성을 이해하도록 함으로써, 많은 기업, 조직, 개인이나 스포츠 이벤트 등에서 자발적으로 탄소발자국을 줄이기 위한 행동을 촉진하였다.

5. 파리협정 6조 협력적 접근의 목적과 요건

파리협정은 제4조 제1항에서, '... 형평에 기초하고 지속가능한 발전과 빈곤 퇴치를 위한 노력... 장기 온도 목표를 달성하기 위하여... 개발도상국 당사자는 온실가스 배출최대치 달성에 더욱 긴 시간이 걸릴 것임을 인식하면서... 당사자는 전 지구적 온실가스 배출최대치를 가능한 한 조속히 달성할 것을 목표로... 이용가능한 최선의 과학에 따라 급속한 감축을 실시...'라고 국제적인 노력을 촉구하고 있다.

또한 '당사자는 그러한 국가결정기여의 목적을 달성하기 위하여 국내적 완화 조치를 추구'하도록 하여 자국 내 감축활동을 강조하고 하지만, 협정 제6조에서, '당사자는 일부 당사자가 완화 및 적응 행동을 하는 데에 보다 높은 수준의 의욕을 가능하게 하고 지속가능한 발전과 환경적 건전성을 촉진하도록 하기 위하여, 국가결정기여 이행에서 자발적 협력 추구를 선택'함으로써 당사국들의 협력하는 감축사업 즉 국제적인 감축사업을 추진할 수 있도록 하였다.

협정 제6조는 당사국들 사이의 협력을 통한 감축사업에 자발적으로 참여하고 그 성과를 국제적으로 이전하여 사용할 때, '지속가능한 발전을 촉진하고 ... 환경적 건전성과 투명성을 보장하며, 지침에 따라, 특히 이중계산의 방지 등을 보장하기 위한 엄격한 계산을 적용'하도록 정하고 있다.

이중계산을 엄격하게 방지하기 위한 방안으로 감축성과를 다른 당사국으로 이전해주는 국가에서 이전하는 양만큼 자국의 NDC를 조정하는 '상응하는 조정(corresponding adjustment)'을 한 경우에만 이전받은 당사국에서 NDC 달성에 사용할 수 있게 된다. 민간부문의 자발적 활용 목적인 경우에는 상응하는 조정이 필수적이지 않지만 이 경우에도 이중계산의 논란은 야기할 수 있는 여지가 있어서 조정이 이루어진 실적을 확보하려는 방향으로 시장이 이동할 가능성도 있다.

당사국 총회가 지정한 감독기구(Supervisory Body, 이하 SB)의 감독을 받는 국제 감축사업은, '지속가능한 발전 증진 및 온실가스 배출의 감축 촉진, 참여하는 당사국들의 NDC 달성에 기여…, 전 지구적 배출의 전반적 감축 달성에 기여'하도록 정하고 있으며, 이들 감축성과의 일부를 행정경비로 지불하여 특히 기후변화에 취약한 당사국의 적응비용을 지원하도록 한다.

국제 감축사업은 당사국들이 자발적으로 참여하여 협력하며 감축 의욕을 높이고 지속가능한 발전과 환경건전성을 촉진하면서 NDC 달성에 기여해야 한다. 즉 추진할 대상 사업의 유형과 범위를 제한하지 않으나 협력적 접근을 통하여 감축사업을 추진하는 당사국들은 감축성과가 가져야 할 요건들이 각 사업에서 어떻게 충족되는지를 국제사회에 투명하게 보여주어야 한다.

6. 파리협정 제6조 제4항 메커니즘과 탄소시장

파리협정 제6조 제4항 메커니즘의 감독기구는 사업을 추진하기 위한 방법론의 요건과 메커니즘에서 추진될 제거활동(removal)에 대한 권고안을 작성하여 2023년 제28차 당사국 총회에 제출하여 승인을 요청하고 당사국 총회에서 결정되어 2024년부터 메커니즘이 이행되기 시작할 것을 기대하였으나, 28차 당사국 총회는 메커니즘에 대한 합의에 이르지 못하였다. 제출된 지침과 권고안은 협정 제6조 제4항에 정의된 내용을 규정·양식·절차(RMP, Rules, Modalities and Procedures)에 따른 감축사업의 방법론에 대한 요건과 제거사업을 추진하는 표준을 위한 권고안이었다.

제6.4조 메커니즘 감독기구(SB)는 프로젝트 활동기준, 타당성 평가 및 검증 기준, 활동주기 절차, 운영기구(DOE) 인정기준 등에 합의하고 2024년 1월부터 시행하기로 하였다. 이에 따라 제6.4조 메커니즘은 2024년에 출범할 예정이었다.

참여 당사국들은 자발적 참여하여 협력적 접근으로 추진되는 사업의 성과가 교토의정서부터 정의되었던, 실제적(real)이고 측정 가능(measurable)하며 감축효과가 영구적(permanent)으로 지속되며 기후변화에 대응하기 위한 추가적(additional)인 노력이 포함되어 있음을 보여주는 외에도, 참여 당사국의 지속가능한 발전에 기여함을 보이고(SD tool, 지속가능성 진단 도구 사용 의무) 성별 평등과 원주민의 참여 등을 보여야 한다.

파리협정 제6조 제2항은 자발적으로 참여한 당사국 또는 일부 당사국들이 사업의 유형이나 범위에 합의하여 감축사업을 추진할 수 있도록 정하고 있지만 실제로 개별 감축사업을 추진하여 기후변화협약의 정신에 걸맞는 요건을 만족하는 성과(실적)를 산출하기 위해서는 제6조 제2항을 활용하는 국제 감축사업에서도 감축사업의 방법론이 당사국 사이에 합의되고 투명하게 공개되어야 할 것이다.

파리협정 제6조에 기반한 협력적 접근 방식은 이미 운영되고 있는 탄소시장 접근 방식과 같이 해석될 수 있다. 할당에 기반한 규제적 배출권 시장은 EU와 우리나라에서 운영되는 배출권거래제가 대표적이지만 EU 배출권거래제에서는 제6조 메커니즘에서 발급된 인증배출권이 사용이 포함되지 않으므로 인증배출권은 우리나라의 배출권 거래제와 다른 당사국들이나 국제민간항공기구(ICAO)들이 도입하고 있는 탄소가격 정책에서 사용될 수 있다.

인증배출권은 제6조 제2항에 따라 국가 간 협의체에서 발급되거나, 제6조 제4항에 따라 UN의 제6조 메커니즘 감독기구에서 발급되거나 국제적으로 자발적 탄소시장에서 배출권을 인증하여 발급하고 있는 민간 인증기구에서 발급된다.

파리협정에서는 국제 감축사업이 전 지구적 감축에 기여하고 감축실적이 사업을 유치한 당사국이나 실적을 이전받은 당사국 양쪽에서 사용됨으로써 전 지구적으로 중복산정이 발생하지 않도록 규정하고 있어서 감축성과를 국제적으로 이전하는 경우, 이전해 주는 당사국의 NDC를 이전하는 감축실적만큼 '상응하는 조정'을 하도록 하고 있다. 협정 제6조(제2항 또는 제4항)에 기반하여 추진되는 사업의 실적에 대해서는 일반적으로 상응하는 조정이 이루어진 실적으로 발급되어 이전될 것으로 전망되지만, 민간 인증기구에 등록된 사업에서 발생한 실적에 대해서는 사업을 유치한 당사국이 민간 인증기관과 협력하여 상응하는 조정을 승인해 주어야 한다.

파리협정의 정신에 비추어 보면, 향후 당사국의 정책에 따른 규제적 시장에서 국제적으로 이전되어 참여 당사국들의 NDC 달성에 사용되는 경우 외에 민간 기업들의 ESG 활동을 포함한 자발적 기후행동의 일환으로 진행되는 '상쇄'행동에 사용되는 인증배출권에 대해서도 상응하는 조정을 통한 중복산정 방지 노력이 요청될 것으로 전망된다. 이러한 변화는 국제 감축사업의 성과에 대하여 어떤 기관에서 발급했는가의 여부보다는, 어떤 유형의 사업에서 발급되었는지, 방법론 요건이 잘 구현된 방법론을 사용하였는지, 인증배출권의 구매 목적이 무엇이었는지 등이 중요하게 고려되는 시장으로 바뀌어 갈 것으로 보인다.

7. 우리나라 NDC와 국외감축

우리의 2030 국가 온실가스 감축목표는, 2018년 배출량 727.6백만 톤 대비 40%를 감축하여 436백만 톤을 배출하는 것이며, 이 가운데 국외감축량은 3,750만 톤으로 정하였다. 2030년 당해년도로 설정된 목표량을 고려하더라도 3,750만 톤은 2018년 국가 총배출량의 36%를 차지하는 산업부문에서 2030년까지 감축하도록 설정된 감축량 2,980만 톤의 125%에 상당하는 양이며, 건물, 농축수산 및 폐기물 부문을 합친 목표 감축량 3,180만 톤보다 많다. 확보해야 하는 감축실적량으로는 전환부문 감축 목표량인 1억 2,370만 톤에 이어 두 번째로 크다.

탄소중립과 2030 NDC를 달성하기 위해서는 국내적인 감축(reduction)노력이 우선적으로 이루어져야 한다. 인증배출권을 사용하는 상쇄는 감축을 추진하고 남은 배출량에 적용하거나 내부 감축잠재량이 적거나 감축비용이 높은 부문이나 조직에서 추가적으로 추진되어야 하며, 내부 감축 여력이 없거나 적은 경우 또는 단기적으로 바로 감축을 추진하기 어려워서 먼저 배출량을 상쇄해야 하는 경우에 추진되어야 할 것이다. 그럼에도 우리의 2030 NDC는 국내 감축을 하더라도 국외감축을 구분하여 정하고 있어서 국외감축 부문의 목표달성은 필수적이며 인증배출권을 시장에서 구매하는 방안과 함께 6조를 활용하여 국제 감축사업을 직접 추진하는 방안도 중요하다.

국외 배출권 시장에서 인증된 실적을 구매함으로써 사업 추진과정에 따르는 여러 가지 위험요인을 배제하면서 실적을 확보할 수 있을 것이지만, 이는 단기적인 방안이며 시장의 수급상황 등을 예측하기 어렵다는 점에서 국제 감축사업을 병행 추진하는 것이 필요할 것이다.

향후 국제적으로 탄소중립을 향한 노력이 많아지면 국제 감축성과의 거래 가격도 상승할 것으로 예상되므로 국내 또는 기업이나 조직 내 감축과 비교하여 비용 측면에서 유리하여 국내 감축을 보완하는 기능을 할 수 있을 것이며, 실적 발급기간(crediting period) 동안 장기적이고 지속적으로 감축실적을 확보할 수 있을 것으로 예상된다.

많은 개발도상국들이 기후변화에 대응하기 위하여 발간한 기술수요평가서 (technology needs assessment)를 기반으로 우리의 연구개발 성과를 구현하여 기후대응 온실가스 감축기술을 실증할 수 있는 기회가 될 수도 있고, 우리 정부나 기업들이 전 지구적인 기후위기에서 개발도상국의 지속가능한 발전을 지원하는 역할을 기대할 수도 있다.

UNFCCC, CP, 2015, L.9(Annex, Paris Agreement)

UNFCCC, CDM Executive Board 119th meeting report, 2023.

UNFCCC, Achievements of the CDM 20012018: Harnessing Incentive for Climate Action, 2018.

https://cdm.unfccc.int/sunsetcms/Statistics/Public/CDMinsights/index.html

https://2050cnc.go.kr/base/contents/view?contentsNo=59&menuLevel=2&menuNo=109

UNFCCC A6.4 SB, Recommendation, Requirements for the development and assessment of Article 6.4 mechanism methodologies, 2023.

UNFCCC A6.4 SB, Recommendation, Activities involving removals under the Article 6.4 mechanism, 2023.

Crippa, M., Guizzardi, D., Pagani, F., Banja, M., Muntean, M., Schaaf E., Becker, W., Monforti-Ferrario, F., Quadrelli, R., Risquez Martin, A., Taghavi-Moharamli, P., Köykkä, J., Grassi, G., Rossi, S., Brandao De Melo, J., Oom, D., Branco, A., San-Miguel, J., Vignati, E., GHG emissions of all world countries, Publications Office of the European Union, Luxembourg, 2023, doi:10.2760/953322, JRC134504.

온실가스 국외감축 사례

임현정

　누군가가 '사업을 하는 사람은 모두 애국자'라고 이야기하는 것을 들은 적이 있다. 사업이 쉽지 않음을, 그런 상황에서 부가가치를 창출하는 일이야 말로 의미 있다는 것이다.

　해외업무는 특히 더 그렇다. 해외업무는 불확실성이 크다. 거의 다 성사된 것처럼 이야기하지만 계약 직전 무산되는 일이 허다하고, 또 완전 무산된 사업이라고 생각하고 있으면 이제 다시 시작한다고 연락오는 일도 다반사이다.

　그러다보니 해외 업무, 특히 규모가 큰 해외 인프라 사업은 중소기업에는 남의 이야기이다. 해외 인프라 사업은 주로 국내 대형 건설사 및 엔지니어링 업체가 수주하고 이의 일부를 국내 중소기업이 가져가는 형태가 다수를 차지하고 있는 상황이다. 그러나 이러한 상황에서도 많은 중소기업들이 온실가스 국외감축 사업에 관심을 표명하며 이를 사업화해 나가고 있다.

　이번에는 국내 중소기업의 온실가스 국외감축사업의 사례를 살펴보면서 국외감축 관련해서 어떤 정부 지원사업이 있는지, 그리고 어떤 어려움을 어떻게 극복했는지를 살펴보도록 하겠다.

1. 온실가스 국외감축

앞 장에서 언급된 것과 같이, 우리나라는 2050년까지 탄소중립을 목표로 2030년까지 2018년 탄소배출량 대비 40%를 감축하기로 하는 내용의 국가온실가스 감축목표(NDC, Nationally Determined Contributions) 상향안을 2021년 12월 발표하였다. 이에 따르면 2030년 우리나라의 목표배출량은 4억 3,600만 톤 CO_2eq.이었다.

그리고 NDC 달성을 위해 우리나라가 감축해야 하는 온실가스 중 상당부문을 국외에서 온실가스 감축 후 해당 감축실정을 이전받는 방식의 국외감축 사업을 통해서 달성하겠다고 발표하였다. 2021년 12월 발표 당시 이는 3,350만 톤 CO_2eq.이었다.

그리고 2023년 3월, 이 계획은 실현가능하면서도 합리적인 감축목표를 제시하기 위해서 전체 감축량은 변함없이 부문별 감축목표 조정안과 연도별 목표를 최초로 제시하는 형태로 변경되었다. 이때 조정된 국외감축은 국내 산업계의 어려움을 반영하여 3,750만 톤 CO_2eq.으로 2021년 발표 기준 400만 톤 CO_2eq. 증가한 수치였다.

물론 NDC 달성을 위해서는 국내 감축노력이 우선적으로 이루어져야 하며, 이에 따라 국외감축은 국내 감축의 보조적인 수단으로 활용할 계획이다. 그러나 국외감축사업 발굴 및 민관협력 투자 확대 등을 통해 국외감축을 유연하게 활용하고, 이를 통해 우수한 감축 기술을 보유한 국내 기업의 글로벌 참여를 확대한다는 계획도 가지고 있다.

국외감축사업은 파리협정 제6조에 따라 해외에서 온실가스를 감축한 후 감축실적을 생성하여 국내로 이전하는 메커니즘으로, 국외감축사업은 이를 위한 투자, 구매, 기술지원 등 사업을 통칭한다. 국외감축사업의 유형을 나눠보면, 재생에너지 보급, 바이오매스 활용, 매립가스 소각, 메탄 저감, 에너지효율 향상 등이 있다.

<〈온실가스 사업 주요 유형〉>

- (재생에너지) 풍력, 태양광, 소수력발전으로 생산된 전기에너지를 사용하여 화력발전소에서 생산하는 전력을 대체한 만큼 온실가스 감축 인정

- (바이오매스) 쌀겨, 산림 잔재물 등 바이오매스로 생산된 전기에너지를 사용하여 화력발전소에서 생산하는 전력을 대체한 만큼 온실가스 감축 인정

- (매립가스) 대기 배출 매립가스를 포집, 소각하여 온실가스 감축 인정

- (메탄) 퇴비, 분뇨 등 처리 과정에서 메탄 배출을 감소시켜 온실가스 감축 인정

- (에너지효율) 에너지효율 향상으로(예: 형광등→LED 교체) 줄어든 전기사용량 만큼 온실가스 감축 인정

참고적으로 국외감축 사업은 농업·축산·식품 분야는 농림축산식품부가, 산업·발전(發電) 분야는 산업통상자원부가, 폐기물 분야는 환경부가, 건물·교통(해운·항만은 제외한다)·건설 분야는 국토교통부가, 해양·수산·해운·항만 분야는 해양수산부가, 임업 분야는 산림청이 각각 부문별 관장기관이 되어 업무가 추진된다.

2. 국외감축 사례: 타슈켄트 매립가스 발전 및 탄소배출권 거래사업

〈사업 개요〉

- (사업명) 우즈베키스탄 타슈켄트 매립가스 발전 및 탄소배출권 사업

- (사업내용) 쓰레기 매립지에서 나오는 매립가스(메탄)를 발전연료로 전기를 생산하여 연간 72만 톤, 15년간 총 1,080만 톤 규모의 온실가스 감축
  ※ 환경부는 시설 설치비 등 지분투자(27억 원)로 감축실적 11만 톤 확보(예정)

- (사업위치) 타슈켄트 州 Akhangaran 시, Maydontal 시

- (사업규모) 60백만 USD(약 800억 원) / 16MW

- (추진방식) 민관협력파트너십(PPP)

- (추진기업) 국내 중소기업 S

　　2023년 1월 26일 우주베키스탄 타슈켄트에서는 우리나라 환경부 차관을 포함하여 우즈베키스탄 천연자원환경부(現 생태환경보호기후변화부) 차관, 에너지부 제1차관, 산업통상자원부 차관보 등 고위급이 참여하는 '우즈베키스탄 타슈켄트 매립가스 발전 및 탄소배출권 사업' 착공식이 있었다. 우즈베키스탄의 환경 및 에너지부 핵심들이 다 모인 셈인데, 우즈베키스탄이 동 사업에 거는 기대와 양국의 협력관계 등을 미루어 짐작할 수 있었다.

　　'우즈베키스탄 타슈켄트 매립가스 발전 및 탄소배출권 사업'은 매립가스를 이용해 전기를 생산하고, UN으로부터 탄소배출권을 취득해 이를 국제 탄소시장에서 거래하는 대표적인 자원순환형 민관협력(PPP) 프로젝트이다.

　　사업 착수 전 타슈켄트 매립장은 각종 폐기물을 단순 매립하여 사용하던 비위생 매립장이었다. 당연히 음식물쓰레기 등이 함께 매립되고 있어 쓰레기에서 나오는 메탄가스 때문에 매립장은 불이 자주 나고 악취도 심해서 인근 주민들은 창문도 열기가 힘든 수준이었다. 또한 우즈베키스탄은 심각한 전략난을 지속적으로 겪고 있었는데, 수도 타슈켄트마저 겨울에는 난방이 되지 않고 차량용 연료를 구하는데도 국민들이 많은 어려움을 겪고 있었다.

　　그럼에도 불구하고 이를 근본적으로 해결할 만한 재정적 지원이 어려운 상황에서 매립장 안정화 작업을 하고 여기에 매립가스발전(LFG, Landfill Gas) 발전을 설치하여 전기를 생산하는 사업은 우즈베키스탄 입장에서는 고마운 사업이 아닐 수 없었다.

　　비위생매립장의 복토(폐기물 표면을 토사로 덮는 것) 작업을 통해 잦은 화재를 예방하고 고질적인 악취 문제를 해결함으로써 인근 지역주민의 민원을 해결할 뿐만 아

니라 여기에서 더 나아가 전기 생산이 가능하고 해당 시설 운영을 위한 일자리가 창출되면서도, 당장 국가 재원이 투입되지도 않는 투자형 사업으로 사업을 추진함에 따라 우즈베키스탄 입장에서는 매력적인 사업이었던 것이다.

이 사업은 한국의 중소기업인 S사가 2017년 우즈베키스탄 생태환경위원회(현 생태환경보호기후변화부)와 MoU를 체결하면서 시작하게 되었다.

2018년 9월에는 투자무역부와 투자협약(Invest Agreement) 체결하고, 2018년 11월에는 우즈베키스탄 대통령 명령서 승인 및 현지법인 설립 등을 성공적으로 수행하였다. 이어서 2019년 3~10월에는 CDM 사전등록을 완료하고 이를 바탕으로 우즈베키스탄 정부로부터 공사허가(APZ)도 획득하는 등 사업이 구체화되었다.

그리고 S사는 환경부(한국환경산업기술원)의 '환경프로젝트 타당성조사 지원사업'에 신청·선정됨으로써 사업의 사회적·기술적·경제적·재무적 분석을 추진하며 본격적으로 사업화하게 되었다. 당시 타당성조사는 2020년 6월부터 2021년 12월까지 약 18개월간 진행되었다.

〈환경 프로젝트 타당성 조사 지원 사업〉

- (개요) 해외 유망 환경사업에 대한 타당성조사 비용 지원을 통해 국내 기업의 환경사업 개발 초기 단계의 경제적 부담 완화하여 해외사업 참여를 촉진함으로써 국내 기업의 수주 가능성을 제고하고자 실시

- (지원범위) 사업 진행 수준에 따라 예비타당성 조사와 본 타당성 조사로 구분하여 지원
  - (예비 타당성 조사) 해외 환경프로젝트 사업 초기단계에 추진 가능성 등 사전 타당성 조사를 위한 사업

- (본 타당성 조사) 예비 타당성조사를 기 완료한 사업으로 경쟁입찰 사업, 수의계약형 사업, 민자투자사업 등 입찰 추진을 위한 세부 타당성조사 사업

〈타당성조사 지원 개요〉

수주교섭	예비타당성 조사	본타당성 조사	입찰공고
기초조사	사업타당성 사전검토 (정부금 2억 원 내외)	입찰계획서 근거 자료 (정부금 8억 원 내외)	발주처 공고
사업현황 사업여건 발주처 네트워크	기초현황 조사 경제적 타당성 기술 기본설계	법률적/재무적 타당성 환경사회영향평가 기술 실시설계	사업 수주

주: 사업규모에 따라 정부지원금 지원비율(전체 사업비 100% 기준)은 50~70% 수준이나 민간부
담금 중 현물(자체 인건비) 비용을 인정함에 따라 실제 현금부담은 6~10% 수준
자료: 한국환경산업기술원, 「해외 환경프로젝트 타당성조사 지원사업 사업추진 길라잡이」, 2023

• (국내 타당성조사 지원기관) 한국엔지니어링협회, 해외건설협회, 한국플랜트산업협회,
한국수출입은행, 한국에너지공단, 한국해외인프라도시개발지원공사 등

※ 타당성조사 지원기관 간에는 사업에 대한 사전 중복성 체크 실시

S사는 타당성 조사를 진행하면서 동 결과를 바탕으로 우즈베키스탄과 전력구매계약(PPA, Power Purchase Agreement) 협의를 진행하였다. PPA는 에너지 관련 사업의 성패를 좌우하는 중요한 사항으로, 당시 우즈베키스탄에서는 정부가 민간 사업자를 대상으로 전기를 구매하는 제도 자체가 없었고 그러다 보니 담당부처도 없는 상황이었다.

이에 S사는 한국의 전력구매 제도나 법률에 대한 정보를 제공했고, 이후 관련법이 만들어지면서 사업이 진행되게 되었다.

사업의 성공을 위해 정부 측면에서의 지원도 많았다. 환경 인프라 사업은 대부분 정부기관이 발주처이다 보니 공공기관의 측면 지원이 무엇보다 중요하였다.

이에 사업 추진 과정에서 어려움이 있는 경우에는 타당성 조사 지원기관이었던 한국환경산업기술원과 환경부가 민관 공동 수주지원단을 파견하여 함께 사업 추진의 애로사항을 해결하였다. 일례로 PPA 계약의 최종 체결이 지연되는 상황에서 S사는 "다른 나라 정부를 상대로 직접 협상하기 어려워 사업이 지체되고 있

다"라며, "환경부가 기업과 함께 현장에서 협력국 정부와 협상해 달라"고 요청을 하게 되었고, 당시 환경부는 차관을 단장으로 하는 '녹색산업 수주지원단'을 파견하여 에너지부 차관과 미팅을 통해 타슈켄트 매립가스 발전사업은 한국 정부도 관심 있는 정부 간 협력사업이라며 적극적인 협조를 요청함으로써 사업 추진에 결정적인 도움을 주기도 하였다.[1]

특히 동 사업은 정부가 해외 친환경 사업에 투자해 온실가스를 감축하고 이를 국가 온실가스 감축분으로 인정받는 첫 사례라는 점에서 의미가 크다.

환경부는 2022년부터 개도국 내 환경분야(환경오염방지, 환경개선, 자원순환, 폐기물, 물 관리 등)를 포함하는 국제감축사업의 감축설비 설치 지원 및 타당성조사 지원 사업을 추진하고 있는데, S사는 이 중 온실가스 감축설비 설치를 위한 투자비용 일부를 지원하는 사업에 참여하여 27억 원을 지원받았다.

우즈베키스탄 사업은 연간 72만 톤, 15년간 총 1,080만 톤 규모의 온실가스를 감축할 수 있는데, 환경부가 이 사업에 시설 설치비 등 27억 원 규모의 지분투자를 함에 따라, 향후 UN으로부터 국가 온실가스 감축분을 인정받아 10년간 11만 톤의 탄소배출권을 확보할 수 있을 것으로 기대된다.

〈환경부 온실가스 국제감축 지원사업〉

- (개요) 2030 국가 온실가스 감축목표(NDC) 달성을 위해 온실가스 국제감축사업에 설비 설치 지원 또는 타당성 조사를 지원하는 사업

- (지원대상) 개도국 내 환경분야(환경오염방지, 환경개선, 자원순환, 폐기물, 물 관리 등)를 포함하는 국제감축사업의 감축설비 설치 지원 및 타당성조사 지원
  - (설치 지원) 온실가스 감축설비 설치를 위한 투자비용

---

1   당시 환경부는 2023년 주요업무 추진계획('23년 1월 3일)을 통해 2023년 20조 원, 임기 내 100조 원의 녹색산업 수출·수주 효과를 창출하겠다고 발표하였고, 이를 위해 기업 수요를 바탕으로 '수주지원단'을 해외로 파견하여 기업의 수출·수주를 전방위로 지원하였다.

- (타당성조사 지원) 예비 타당성조사(예타) 또는 본 타당성조사(본타) 수행 비용

〈국제감축사업 지원 개요〉

대상		규모	지원비율	지원한도 (1건당 최대)
설치사업		5건 이내	총사업비 중 투자비의 최대 80%	42억 원
타당성 조사	예타	20억 원 이내	타당성조사 비용의 최대 90%	3억 원
	본타			10억 원

자료: 한경부(한국환경공단), 「온실가스 국제감축사업 공고문」, 2023

참고적으로, 환경프로젝트 타당성조사 지원사업과 국제감축사업 내 타당성조사 사업 간에는 어떤 차이점이 있는 것일까?

사실 2024년 기준으로는 기업이 느끼는 차이는 없다. 세부 지원비율 정도 등에서 미미한 차이만이 있을 뿐이다.

다만, 두 사업이 궁극적으로 가고자 하는 지향점에서는 차이가 있다. 전자의 사업은 기업의 해외진출을 지원하기 위한 사업이고, 후자는 국가 NDC 달성을 위한 국제감축량 확보가 목적이다. 해외진출을 지원하기 위한 사업에서는 국가 NDC 달성과 관련없이 해외로 판매가 수익면에서 낫다면 전량을 해외로 판다하더라도 문제가 없다.

그러나 후자의 국가 NDC 달성을 위한 사업의 경우 아직 초기단계여서 제약조건이 없지만 국외감축으로 인정되는 부분없이 전량 해외로 판매된다면 당초의 사업취지에 어긋나는 상황이 될 것이다. 그런 면에서 아마도 향후에는 변경이 있지 않을까 한다.

ESG vs Green Washing
– ESG가 각광받을수록 그린워싱 경계해야 –

임현정

1. ESG 각광과 그린워싱 우려 증가

언제인가부터 학계에서, 기업에서, 그리고 우리 일상에서까지 뜨거운 관심을 받으면서 E·S·G[1]가 자리잡게 되었다.

기업에서는 ESG 경영에 동참하겠다고 여기저기서 ESG 경영을 선포하고 있고, 정부나 국제적 차원에서도 ESG 추진을 위한 각종 정책과 지원책이 쏟아져 나오고 있다. 일반 국민들도 ESG에 대한 관심이 높아가고 있고, 이러한 맥락에서 기업의 ESG를 고려한 가치소비에 대한 참여도 늘어나고 있다.

이렇게 ESG가 각광을 받을수록, 그리고 우리의 일상에 자리를 잡을수록, 이와는 반대로 정말 제대로 된 ESG는 무엇이고 어떻게 평가할 것이냐 하는 이슈가 제기된다. 경영 활동의 실질적인 변화 없이 광고를 통해 환경친화적 기업, 사회적 기업이라고 광고하는 것만으로 이미지와 평판을 높이려 하는 기업들을 가려내고

---

1 Environment(환경), Social(사회), Governance(지배구조)의 영문 머리글자를 따서 만든 용어로 기업 경영이나 투자 시 중요하게 고려해야 할 비(非)재무적인 요소들을 지칭.

이로 인한 피해를 방지하려는 다양한 'ESG 워싱'[2] 활동이 증가하고 있는 것이다.

특히, 기업에서는 E·S·G 중 가장 중요한 이슈로는 E(환경)를 82.0%로 가장 높게 꼽고 있는 점[3]을 고려 시, ESG가 각광을 받을수록 '그린워싱'에 대한 이슈도 같이 증가할 수밖에 없는 것이 현실이다.

2. 그린워싱의 기원: 타월 몰래 사용하려다 그린워싱 목격이 계기

인터넷 포털에 '그린워싱'을 검색해 보면 정말 수많은 기사들이 나온다.

그린워싱은 환경을 뜻하는 'GREEN(그린)'과 '씻다'는 뜻의 'WASHING(워싱)'이 합쳐진 것으로 환경적으로 도움이 되는 것처럼 이미지를 세탁하는 것을 말한다.

그렇다면 그린워싱은 언제 누가 처음 사용했을까?

그린워싱이라는 용어는 1986년 환경 운동가인 Jay Westerveld에 의해 처음 만들어졌다고 한다.[4] 그 당시 대부분의 소비자는 TV, 라디오 및 인쇄 매체로부터 뉴스를 접했는데, 정보에 대한 제한된 접근과 무제한적인 광고로 인해 기업은 환경적으로 지속 가능하지 않은 관행에 참여하고 있음에도 불구하고 스스로를 환경 수호자처럼 표현할 수 있었다.

사실 Jay Westerveld가 처음으로 그린워싱이라는 용어에 대한 아이디어를 얻었을 때는 1983년 사모아로 연구 여행을 떠났을 때였다. 연구 여행을 떠난 학부생인 그는 서핑을 하러 들른 피지의 한 리조트에서, '바다와 산호초는 중요한 자원이며 수건을 재사용하면 생태학적 피해를 줄일 수 있다'며 '우리가 환경을 도울 수 있도록 도와주세요'라고 홍보함으로써 고객들에게 수건을 가져오게 하는 상황을 목격하였다. 사실 그는 실제로 그 리조트에 머물렀던 것이 아니라, 근처의 게스

---

2 그린워싱이란 단어가 많이 나타나면서 ESG를 잘하는 기업으로 위장하려는 것을 'ESG 워싱'으로 일각에서 이야기하고 있다. 그린워싱은 ESG 워싱의 한 부분이 되는 셈이다. 유사 표현으로 해외에서는 '기후 워싱(Climate-washing)'이란 표현도 사용하고 있는데, 의미상 그린워싱의 일부로 볼 수 있다.

3 전국경제인연합회 보도자료, "매출 500대 기업 조사 2023 ESG 경영 트렌드", 2023.2.

4 가디언뉴스(2016년 8월 20일자) 참조.

트 하우스에 숙박하고 있었고 깨끗한 수건을 살짝 훔치러 들어갔었음에도, 거기에서 환경운동에 동참해 달라는 안내문과는 다르게 실제로는 계속 더 많은 방갈로를 짓는 리조트를 보며 그들이 실제는 산호초에 그다지 관심을 두지 않고 있다고 생각했다고 한다. 일종의 그린워싱의 개념을 그때 처음 생각한 것이다.

그리고 3년 후인 1986년에 그가 다문화주의에 관한 학기말 논문을 쓸 때 이러한 기억이 떠올라 그린워싱이란 표현을 쓰게 되었고, 이를 문학잡지에서 일하던 그의 친구가 Jay Westerveld에게 이에 대한 에세이를 쓰게 하면서 이 용어가 퍼지게 되었다.

그 후 '그린워싱'이 좀더 본격적으로 확산하게 된 계기는 캐나다 환경 컨설팅 기업인 TerraChoice(후에 UL 인수)에 의해서였다. TerraChoice는 2007년 당시 북미 시장에서 1,080개의 친환경을 표방한 제품 중에서 단 1개를 제외하고 모두 친환경이 아니라는 사실을 발견하고, 'The Six Sins of Greenwashing(그린워싱의 여섯 가지 죄악들)'이라는 보고서를 발표했다.

TerraChoice는 이 보고서를 통해 그린워싱의 대표적인 여섯 가지 죄악을 언급했고, 이후 2010년에 한 가지 죄악을 추가하여 일곱 가지 기준을 제시하면서 소비자들에게 그린워싱을 경계하라고 했다.

표 13-1. TerraChoice의 'The Seven Sins of Greenwashing(그린워싱의 일곱 가지 죄악)

유형	내용
숨겨진 이율배반 (Hidden Trade-Off)	· 다른 중요한 환경 문제에 대한 관심 없이 좁은 범위의 특성만을 기반으로 제품이 친환경적이라는 주장하는 경우 * (사례) 재생종이가 재생원료를 사용하지만 표백을 위해서 표백제를 사용하는 경우
증거 불충분 (No Proof)	· 친환경적이라고 하지만 구체적 증거를 제시하지 못하는 경우가 해당
애매모호한 주장 (Vagueness)	· 친환경에 대한 정확한 기준과 근거가 부족

허위라벨 맹신 (Worshiping False Labels)	· 자체 슬로건이나 자체 인증마크를 통해 공신력있는 것처럼 선전
관련성없는 주장 (Irrelevance)	· 환경적으로 바람직한 제품을 찾는 소비자에게 진실일 수 있지만 중요하지 않거나 도움이 되지 않는 환경 관련 주장을 하는 경우 * (사례) 몬트리올 의정서에 따라 CFC(염화불화탄소)가 금지되어 있어 CFC가 없는 제품이 일반적임에도 불구하고 CFC가 없는 제품이라고 홍보
두 가지 악 중 덜한 것 (Lesser of Two Evils)	· 제품 카테고리 내에서는 사실일 수 있지만 카테고리 전체가 환경에 미치는 더 큰 영향으로부터 소비자의 주의를 분산시킬 위험이 있는 주장 * (사례)유기농 담배나 연료효율적인 스포츠 유틸리티 차량 등이 해당
거짓말 (Fibbing)	· 단순히 거짓인 환경 관련 주장 · 제품의 성분, 에너지등급, 자동차연비 등 각종 수치를 임의로 조작하는 것이 해당

자료: UL 홈페이지 (https://www.ul.com/insights/sins-greenwashing)

3. 우리나라에서는 2011년 모 대기업 광고가 그린워싱에 대한 관심의 포문 열어

우리나라에서도 2000년대 들어 그린워싱에 대한 관심이 증가되었다.

특히 2011년 석유화학회사가 모체인 S사에서 제작한 '북극곰의 눈물'이라는 광고의 등장이 그린워싱에 대한 관심에 불을 붙이는 계기가 되었다. 물론 당시 이 광고는 그 자체로 환경문제에 대한 거대한 경각심을 불러일으킨 수작이라는 평가를 받았다.[5] 그러나 일부에서는 기존 석유화학기업이 사업 영역별 전문성 강화를 위해 4개사로 분사하면서 처음 집행한 기업 PR 광고라는 점에서 그린워싱이 아니냐는 문제가 제기되었다.

실제 2011년 환경부 및 소속·산하기관의 국정감사에서 그린워싱 이슈가 불거

---

5 S사의 '지구를 혁신하다 캠페인-북극곰, 지구 온난화'편은 친환경 미래 에너지 개발이라는 기업철학을 진정성 있는 메시지를 통해 효과적으로 전달하고 있는 점이 높은 점수를 받아 2012년 소비자가 뽑은 좋은 광고 대상작(인쇄부문)으로 선정되었다.

져 나왔다. 당시 국정감사에서 과대광고와 불법광고, 그리고 친환경적이지 않은 활동을 함에도 불구하고 친환경 기업인 것처럼 광고하는 것의 문제가 지적된 것이다.

당시에도 공정거래위원회에서 과대 허위광고에 대한 제도를 운영 중에 있었으나, 환경분야의 경우 환경전문성이 필요하다며 환경부에서 이 업무를 담당해 줄 것을 요청하였다.

당시 국회에서는 기업 경영 전반의 그린워싱에 대한 문제를 지적하였으나, 이러한 기업 경영 전반의 그린워싱을 판단하기에는 한계가 있었다. 이에 환경부는 환경표지(마크)제도[6]나 환경성적표지제도[7] 등의 제도들과 연계하여 친환경제품으로의 그린워싱과 같은 일이 발생하는 것을 방지하도록 개선방안을 마련하는 것으로 논의하였는데, 이것이 제품의 환경성 표시·광고에 대한 기준 등이 마련되는 계기가 되었다.

4. 기업 광고, 금융활동 전반에서도 그린워싱 방지를 위한 기준 마련되고 있어

사실 우리나라의 그린워싱에 대한 정책은 제품과 관련해서 시작되었고 제품과 관련해서 가장 이슈가 많은 것이 사실이지만, 제품에 한정된 이슈는 아니다.

기업 PR 광고와 관련해서는 기업 경영활동 전반에 대한 그린워싱이 문제로 대두되었고, 금융 등에서는 경제활동 전반에 대한 명확한 '그린'의 기준이 필요하였다. 이에 정부기관에서는 소비자, 시민 등의 그린워싱으로 인한 피해를 예방하고자 관련한 여러 가지 기준이나 가이드라인을 만들고 있다.

먼저 제품의 그린워싱과 관련해서는 공정거래위원회의 '환경 관련 표시·광고에

---

6 환경표지(마크)제도는 제품의 제조·유통·사용 또는 폐기과정에서 동일 용도의 다른 제품에 비하여 환경오염을 적게 일으키거나 자원을 절약할 수 있는 제품임을 제3자가 인증하는 제도이다.

7 환경성적표지는 재료 및 제품의 환경친화성 제고를 위하여 재료 및 제품의 생산, 유통, 소비 및 폐기 단계 등의 전 과정에 대한 잠재적인 환경성 정보를 계량화하여 도표나 그래프 등으로 표시하는 제도로서 환경마크제도와 마찬가지로 제3자가 인증하는 제도이다.

관한 심사지침[8]과 환경부의 '환경성 표시·광고 관리제도에 관한 고시'가 있으며, 이러한 지침이나 고시의 경우 일반 국민들이 이해하기가 다소 어렵기 때문에 「제품 환경성 표시·광고 길라잡이」가 2018년 발표되었다.

이러한 제품 환경성에 대한 그린워싱은 상대적으로 명확할 수 있는데 반해, 앞서 언급한 '북극곰의 눈물'과 같은 기업 PR 홍보에서는 이의 그린워싱 여부를 판단하기 위해서 기업 경영활동 전반에 대한 환경성을 논의하여야 한다. 이러한 경영활동 전반에 대한 판단은 상대적으로 더 어려웠기 때문에 「친환경 경영활동 표시·광고 가이드라인」의 경우는 공정거래위원회의 '환경 관련 표시·광고에 관한 심사지침'이 1999년에 나온 것과 대비하면 한참 지난 후인 2023년 연말에야 발표되었다.

또한 전 세계적으로 기후위기가 심각한 문제로 대두됨에 따라, 기후위기를 슬기롭게 극복하고 지속가능발전을 실현하기 위해서는 기술과 금융의 방향을 지속가능발전목표와 일치시키는 것이 필요했다. 특히 코로나19 팬데믹 이후 여러 국가가 녹색회복(Green Recovery)을 중점 추진하고 있는 상황에서 앞으로 대규모 자금이 '진짜' 녹색경제활동에 집중될 수 있도록 하기 위해서는 과잉, 허위 정보로 인한 선의의 피해가 일어나지 않도록 그린워싱으로 대변되는 불합리한 행위를 억제할 수 있는 기준 마련이 필요했다.

이에 EU에서 친환경활동을 분류하여 범위를 정한 택소노미(TAXONOMY)[9]를 2020년 최초 발표했다.

그리고 우리나라에서도 EU 택소노미를 기반으로 2021년 12월 한국형 녹색분류체계를 발표하였다. 그리고 이러한 녹색분류체계는 녹색채권 발행 등 녹색경제활동에 대한 분류가 필요한 경우 그 기준으로 활용되고 있다. 즉, 한국형 녹색분

---

8 공정거래위원회의 "환경 관련 표시·광고에 관한 심사지침"은 제품뿐만 아니라 기업 PR 광고 등의 그린워싱을 심사하기 위한 것이다.

9 택소노미(Taxonomy)라는 어휘는 그리스어로 '분류하다'라는 'tassein'과 '법, 과학'이라는 'nomos'의 합성어로, 분류체계라는 의미이다. 여기에 녹색산업을 뜻하는 그린(green)을 덧붙인 그린 택소노미(Green Taxonomy-불어: Taxonomie verte)는 녹색분류체계란 뜻으로 환경적으로 지속가능한 경제 활동의 범위를 정한 것이다.

류체계는 기후금융의 법규 체계에서 경제 활동의 '녹색' 여부를 판별함으로써 그린워싱 여부를 판단하는 기준으로서 많이 활용되고 있는 것이다.

이렇듯 그린워싱 방지를 위한 국내 활동 사례를 보면, 제품, 기업 광고(기업 경영 전반), 경제활동으로 구분해 볼 수 있다.

표 13-2. 그린워싱 방지를 위한 국내 활동 사례

구분	국내 활동 사례
제품	환경 관련 표시·광고에 관한 심사지침(공정거래위원회 예규) 환경성 표시·광고 관리제도에 관한 고시(환경부 고시) 제품 환경성 표시·광고 길라잡이
광고	환경 관련 표시·광고에 관한 심사지침(공정거래위원회 예규) 친환경 경영활동 표시·광고 가이드라인
경제활동 (금융 등)	한국형 녹색분류체계(K-Taxonomy) 한국형 녹색채권 가이드라인

1) 제품의 그린워싱 방지

앞서 언급한 바와 같이 우리나라에서는 제품의 그린워싱 방지를 위해 공정거래위원회가 '환경 관련 표시·광고에 관한 심사지침'을 운영 중에 있으며, 환경부 역시 '환경성 표시·광고 관리제도에 관한 고시'를 운영하고 있다.

처음에는 부당한 표시·광고에 제재를 가하기 위해 공정거래위원회가 1999년 '환경 관련 표시·광고에 관한 심사지침'을 제정하여 업무를 담당하였으나, 당시만 해도 사회 전체적으로 환경이 중요한 이슈가 아니다보니 이 업무의 중요성은 상대적으로 낮은 상황이었다.

그러나 사회가 발전해 가면서 환경에 대한 관심도 증가하고 환경이슈도 복잡·전문화되어 가는 상황에서, 2011년 국정감사에서 환경분야의 경우 전문성이 중요하므로 환경부에서 좀더 적극적으로 그린워싱에 관심을 기울여줄 것을 촉구하면서 환경부에서 그린워싱 업무를 본격 추진하게 되었다.

사실 두 부처의 업무 접근에 조금 차이가 있다. 공정거래위원회는 부당한 표시·광고를 심사하는 입장에서의 기준, 예시 등을 담고 있고, 환경부는 실제 기업에 제품 환경성과 관련하여 부당한 표시·광고를 미연에 방지하고자 산업계에 사전에 알리고 교육하는 등의 업무에 초점이 맞추어져 있다.

현재 두 부처는 하나의 지침 또는 고시를 개정할 경우에는 서로 변경 내용을 확인하고 제도의 일관성과 수범자의 예측가능성을 높이고자 하는 측면에서 개정 작업을 추진하고 있다.

제품의 그린워싱을 제대로 이해하기 위해서는 먼저 부당한 표시·광고의 세부 유형을 살펴볼 필요가 있다.

부당한 표시·광고 행위의 세부 유형은 크게 ① 거짓·과장의 표시·광고, ② 기만적인 표시·광고, ③ 부당하게 비교하는 표시·광고, ④ 비방적인 표시·광고의 네 가지로 구분할 수 있다.

표 13-3. **부당한 표시·광고 행위의 세부 유형**

구분	내용
거짓·과장의 표시·광고	· 사실과 다르게 표시·광고 · 사실을 지나치게 부풀려 표시·광고
기만적인 표시·광고	· 사실을 은폐하거나 축소하는 등의 방법으로 표시·광고하는 행위 · 어느 한 부분에 해당하는 내용을 다른 부분에도 해당하는 것처럼 표시·광고 · 제품의 환경성이 일정한 수준에 해당하지 아니함에도 불구하고 그 수준에 해당하는 것처럼 표시·광고
부당하게 비교하는 표시·광고	· 비교 대상 및 기준을 분명하게 밝히지 않거나 객관적인 근거 없이 자기의 제품을 다른 제조업자 등의 제품과 비교하여 우량 또는 유리하다고 표시·광고 · 객관적인 근거 없이 배타성을 띤 절대적 표현(최대, 최고, 최초 또는 유일 등을 말한다)을 사용
비방적인 표시·광고	· 다른 제조업자 등의 제품에 관하여 객관적인 근거가 없는 내용을 표시·광고 · 다른 제조업자 등의 제품에 관하여 불리한 사실만을 표시·광고하여 비방

자료: 환경기술 및 환경산업 지원법 시행령 [별표 2의2]

그리고 이러한 부당한 표시·광고의 세부 유형에 대한 이해를 바탕으로 '환경성 표시·광고의 기본원칙'을 이해할 필요가 있다. 이 기본원칙은 실제 그린워싱인지 여부를 판단하는데 있어 가장 기본이 되며, 제품의 그린워싱뿐만 아니라 친환경 경영활동의 그린워싱에도 똑같이 적용되는 원칙이다.

세부적으로 살펴보면, 환경성 표시·광고 시에는 진실해야 하고, 표현이 명확해야 하며, 광고 대상이 구체화되어 있어야 한다. 또한 환경성 표시·광고 내용이 실제로 개선한 정도보다 과장하여 소비자를 기만하거나 오인시킬 우려가 없어야 한다. 법적 준수사항을 준수한 것을 자발적으로 환경성을 개선한 것처럼 표시·광고하지 않아야 하고, 소비자 또는 시민에게 중요한 정보를 누락·은폐 또는 축소함으로써 소비사를 오인시키는 일이 없어야 한다. 그리고 표시·광고가 제품의 재질, 속성, 용도와 직접적으로 관련되어 있어야 하며, 발생가능성이 없는 환경부하에 대한 개선을 언급하며 소비자를 오인시킬 우려가 없어야 한다. 그리고 마지막으로 이러한 기업의 광고활동은 모두 필요 시 실증할 수 있어야 한다.

기본원칙이라는 이름으로 나열을 했지만, 제품을 생산하고 기업을 경영하는데 있어 진실되게 기본에 충실하고 과장하지 말라는 세상을 살아가는데 있어 어디에서나 필요한 원칙이 아닐까 한다.

표 13-4. 환경성 표시·광고 8대 기본원칙

구분	내용
진실성	· 사실에 근거하고 명료·정확하여 직·간접적으로 국민을 기만 / 오인시킬 우려가 없어야
표현의 명확성	· 기업 광고의 문구(슬로건)·도안·색상의 위치와 크기 등 내용과 표현 및 방법이 정확하고 명료하여야 · (사례) "○○신문에서 지속가능성을 인정받은 업계 1위 기업" 　→ 동 순위가 ○○신문사에서 어떤 기준으로 정해진 순위인지에 명확히 표현
대상의 구체성	· 표시·광고 대상이 기업 전체 / 일부, 제품 전체 / 일부 중 어떠한 부분인지 명확히 표현 · (사례) "원료 구매분 중 ○○% 친환경 원료 도입" 등으로 구체적으로 표시·광고

환경개선의 상당성	• 국민에게 환경성 개선의 정도에 대하여 수치적으로 유의미한 구체적 근거를 제시 할 수 있어야 • (사례) '30년까지 용수 사용 및 폐수량 저감 → '40년까지' '20년 실적 대비 50% 수준으로 저감
환경개선의 자발성	• 법적 준수사항을 자발적으로 환경성을 개선한 것처럼 표시·광고하지 않아야 • 다만, 기업이 기술개발 등 자발적인 노력으로 법적 기준 이하로 관리하는 경우 환경 성 개선 사실에 대해 구체적인 수치를 통해 표시·광고할 수 있음
정보의 완전성	• 국민의 판단에 필요한 중요한 정보를 누락·은폐 또는 축소하지 않아야 • (예시) ○○그룹이 친환경사업 부문의 연구개발 및 투자를 확대하여 환경을 생각 하는 기업으로 거듭납니다 → 구체적인 기준연도 대비 투자 확대 비율 및 투자금액 등을 함께 공개
(제품) 관련성	• 발생 가능성이 없는 또는 중요하지 않은 환경부하의 개선에 관하여 국민의 오인 성 없이 표시·광고하여야 • (사례) 플라스틱 다배출 기업이 공정 및 원재료 개선이 아니라 사내카페 종이빨 대 도입 등 미미한 부분을 홍보
실증 가능성	• 표시·광고는 정확하고 재현 가능한 최신의 객관적이고 과학적인 근거로 실증할 수 있어야

자료: 「제품 환경성 표시·광고 길라잡이」 내용을 바탕으로 재편집

그러면 실제 현장에서 가장 많이 확인되는 잘못된 '제품 환경성' 표시·광고 사례를 살펴보도록 하겠다.[10]

---

10 제품 환경성 사례에 대해서는 「제품 환경성 표시·광고 길라잡이(2018, 2023)」를 바탕으로 작성하였다.

사례1

시험성적서

항목	기준	결과
VOCs	:	미검출
:	:	:

"본 제품은 친환경 무독성 접착제입니다"

사례2

☑ 친환경 인증마크 획득
☑ 한국아토피협회
☑ PEFC인증 펄프 사용
☑ 피부자극테스트 통과

"소중한 아이를 위한, 특별한 인증마크"

사례3

"타사 대비 물소비량, 에너지 소비량이 절약되는 식기세척기"

사례4

시험성적서

항목	시험 결과	방법
:	:	:

OOO공인시험기관 인증

"요가 강사들이 선택하는 OOO 요가메트,
** 공인시험기관 인증획득으로 환경까지 생각합니다"

사례5

옥수수
키울 수있는
재료로 만든 용기

재질: 바이오매스 PE

"oo 의 어린이 식기는 자연에서
온 옥수수로 만듭니다"

사례6

"E1 등급의 친환경 가구입니다"

자료: 「제품 환경성 표시 · 광고 길라잡이」, 2018/2023

〔사례1〕은 포괄적 환경성 표시·광고의 예로서, 제품의 그린워싱과 관련하여 가장 많이 등장하는 유형 중 하나이다. 흔히 아무 근거 없이 무독성, 친환경, 또는 인체무해라는 표현을 쓰는데, 〔사례1〕의 경우는 이것보다는 조금 양호한 상태로 VOCs 미검출 결과를 바탕으로 친환경, 무독성이라는 표현을 쓴 것이다.

그러나 이러한 "친환경", "무독성" 등 포괄적 표현은 자칫 잘못하면 소비자들이 환경오염과 전혀 무관하거나, 독성물질을 노출하거나 포함하지 않는다고 오인하게 할 수 있으므로, "휘발성유기화학물 미검출 제품"이라고 사실 그대로 표시·광고하여야 한다.

〔사례2〕는 환경성 관련 마크의 표현이 문제가 된 것으로, 어떤 환경성 관련 마크를 획득했다는 것인지 세부 내용의 확인이 어렵다. 인증을 받은 경우는 인증기관의 명칭 및 해당 기관에서 정한 인증마크 도안을 정확히 표기해야 하며, 인증 받은 사유 및 범위에 한정하여 표시·광고하여 소비자 오인성이 없도록 해야 한다. 당연히 인증이 없다면 인증마크 사용 및 관련 표시·광고 문구를 사용할 수 없다.

〔사례3〕은 비교대상 및 기준을 분명하게 밝히지 않거나 객관적인 근거 없이 자사의 제품을 다른 제품과 비교하여 우량 또는 유리하다고 광고하는 경우이다. 타사의 어떤 용량의 제품과 비교했느냐에 따라 결과가 많이 달라질 수 있으므로 비교 대상을 명확히 제시하여 표기하고, 비교내용 및 기준이 무엇인지 구체적인 정보를 제공하는 것이 바람직하다.

〔사례4〕는 OO공인시험기관에서 발급한 시험성적서를 부착하고 "공인시험기관 인증 획득"이라고 표기하고 있는 사례로서, 공인시험기관의 시험성적서는 시험한 결과를 표시한 것으로 인증을 의미하는 것을 아니라는 것을 명확히 인지할 필요가 있다. 이 경우는 "공인시험기관 인증 획득"이라는 표시·광고를 삭제하고, "공인기관 시험분석결과 관련 기준에 적합" 등과 같이 표현하는 것이 타당하다.

〔사례5〕도 가장 흔히 볼 수 있는 그린워싱 사례이다. 여기에서는 옥수수가 주원료인 바이오매스 합성수지로 만들었으나, 표시·광고는 마치 옥수수를 그대로

사용하여 만든 것처럼 오인하게 하고 있다.[11] 이 경우에는 바이오매스 PE의 이점을 언급해 주는 것이 바람직하다.

마지막으로 〔사례6〕은 가구에 사용된 자재가 법적 의무 준수사항인 KC인증 (E1등급)을 획득한 경우인데, 이를 친환경제품이라고 표시·광고한 경우이다. 이 경우는 KC인증 기준에 부합하는 E1등급 자재 사용, 폼알데하이드 방출량이 E1등급인 목재를 사용한 가구 등으로 바꿀 필요가 있다.

이를 앞의 부당한 표시·광고 행위의 유형으로 접근해 보면, 〔사례3〕은 '부당하게 비교하는 표시·광고' 유형에 해당하며 그 외 〔사례1〕, 〔사례2〕, 〔사례4〕, 〔사례5〕, 〔사례6〕은 '거짓·과장의 표시·광고' 또는 의도에 따라 '기만적인 표시·광고'에 해당할 수 있다.

2) 기업 PR 광고에서의 그린워싱 방지: 친환경 경영활동 표시 · 광고 가이드라인

광고를 보면 제품에 대한 광고뿐만 아니라 기업 전반의 이미지 제고를 위한 기업 이미지 광고도 자주 등장한다.

그런데 단순히 해당 기업이 친환경제품을 제조한다고 해서 친환경기업이라고 말할 수 있을까? 국제적으로 온실가스 감축이 규제화되고 있는 상황이지만 온실가스를 저감했다는 이유만으로, 심지어는 온실가스 감축에 대한 자체 비전과 전략이 있다는 이유만으로 해당 기업이 친환경기업이라고 이야기할 수 있을까?

이렇듯 기업 PR 광고가 그린워싱이라는 것을 판단하기 위해서는 기업 경영 전반에 대한 판단기준이 필요하지만, 이 기준을 설정하는 것은 기업 경영의 전반을 살펴보아야 한다는 점과 동 기준에 대해서 사회적 컨센서스를 이루어야 한다는 점 등에서 간단하지 않은 작업이다.

이러한 이유 때문에 「친환경 경영활동 표시·광고 가이드라인」은 상대적으로

---

11 바이오매스 합성수지를 사용한 경우 그 바이오매스 합성수지를 제조하는 과정에서 옥수수를 주원료로 사용했더라도 결국 옥수수의 전분을 여러 단계의 화학적인 가공공정을 거쳐 화학적인 물성 및 구조가 완전히 다른 바이오매스 합성수지로 만들어 제품에 사용되는 것이므로, 원료가 가지는 본래의 환경적 속성·효능을 간직하고 있다고 볼 수 없다.

제품 기준 보다는 훨씬 늦게 2023년 10월에야 발간되었다.

기업 PR 광고에서 그린워싱을 이해하기 위해서도 앞서 살펴본 '환경성 표시·광고의 8대 기본원칙'은 그대로 적용된다. 제품에 적용할 경우에는 이를 제품에 입각해서 이해하고, 기업 PR 광고에 적용할 경우에는 기업 경영활동 전반에 입각해 이해하여야 한다.

관련성을 예로 들어보면, 제품 관련성의 경우에는 제품의 표시·광고가 제품의 재질, 속성, 용도와 직접 관련이 있어야 하며, 경영 활동에서의 관련성의 경우에는 발생 가능성 없는 또는 중요하지 않은 환경부하의 개선을 언급할 것이 아니라 기업 핵심 경영활동과 관련이 있는 것이 중요하다. 예를 들어, 플라스틱 다배출 기업이 공정 및 원재료 개선이 아니라 사내카페 종이빨대 도입 등 미미한 부분을 홍보하는 것은 관련성이 낮은 것으로 볼 수 있다.

좀더 구체적으로 이해하기 위해 사례를 가지고 살펴볼 필요가 있다.

(1) 사례1: 2030년까지 온실가스 배출량 50% 감축

사실 흔히 볼 수 있는 표현이고 실제로 각종 신문이나 광고물에서 이러한 표현을 많이 접한 경험이 있을 것이다. 그렇다면 앞서 이야기한 여덟 가지 원칙면에서 바라봤을 때는 어떨까?

- 진실성: 위 예시로는 판단이 어려움. 명확성, 구체성 등과 전반적으로 검토할 필요가 있음.
- 명확성: 030년까지 온실가스 배출량 50% 달성이 BAU[12] 기준인지, 2020년 기준인지 불분명.
- 구체성: 과거에는 구체성에 큰 문제가 없는 것으로 판단할 수 있었으나, 최근 온실가스 산정에 있어 scope3까지 산정하는 기업이 늘어남에 따라 대상의 구체성이 떨어지는 것으로 보여지고 있음.

---

12 Bisiness As Usual의 약어로, 인위적 감축노력을 전혀하지 않은 경우에 예상되는 온실가스 배출전망치를 의미한다.

- 상당성: 직접 관련은 없으나 명확성에서 문제가 되어 상당성에서도 향후 문제 발생 예상.
- 자발성: 특이사항 없음.
- 완전성: 판단에 필요한 기준년도가 존재하지 않아 완전성에서도 문제 발생.
- 관련성: 특이사항 없음.
- 실증가능성: 직접 관련은 없으나 명확성 등에서 문제가 되어 실증가능성도 떨어짐.

(2) 사례2: ○○기업은 식물보호에 앞장서는 우수기업으로 성장하겠습니다

식물보호우수기업

이 사례 역시 우리가 흔히 볼 수 있는 사례이다. 그리고 이 내용을 검토할 때 핵심은 식물보호우수기업이 법정마크 또는 업계 자율마크인지 아니면 자가마크인지이다.

현재는 식물보호우수기업 마크가 법정마크 또는 업계자율마크로 오인할 수 있도록 표시되어 있는데, 기업자가마크라면 국민들이 이를 인지할 수 있도록 표시하여야 한다.

이를 여덟 가지 원칙면에서 살펴보도록 하자.
- 진실성: 기업자가마크를 제3의 기관이 인증한 것으로 오인하게 했다는 점에서 진실성 위반.
- 명확성: '식물보호우수기업'에 대해 불명확성 존재.
- 구체성: 특이사항 없음.
- 상당성: 특이사항 없음.
- 자발성: 앞서 언급한 기업 자발적 마크라는 점에서 문제가 없으나 기업의 자발적 자가마크를 제3자가 인증한 것으로 오인하게 하였다는 점에서는 다른 문제가 발생.
- 완전성: 직접 관련은 없으나 명확성 등에서 문제가 되어 완전성도 떨어짐.
- 관련성: 특이사항 없음.
- 실증가능성: 직접 관련은 없으나 명확성 등에서 문제가 되어 실증가능성도

떨어짐.

국제표준화기구(ISO, International Standard Organization)에서는 환경라벨링의 유형을 Type Ⅰ/Ⅱ/Ⅲ 세 가지로 나누고 있는데, 이 중 Type Ⅱ는 생산자 자신이 제품의 환경성을 주장할 수 있는 방법·조건 등을 규정하는 제품의 환경성 자기주장 제도이다. 국제표준화기구에서는 환경라벨링의 하나로 자기주장 라벨을 인정하고 있지만, 대신 이를 활용하기 위해서는 기업 자체적으로 제품의 환경성에 대한 주장을 할 수 있는 방법과 준수요건을 규정하고 이를 실천하도록 하고 있다는 점을 유념할 필요가 있다.

3) 투자 등 경제활동에서 그린워싱 방지: 한국형 녹색분류체계와 녹색채권 가이드라인

앞서 언급한 바와 같이 무엇이 진정한 녹색경제 활동인가에 대한 명확한 원칙과 기준으로 제시함으로써 더 많은 녹색자금이 녹색부문에 투자될 수 있도록 하기 위해, 그리고 기업의 경제활동과 금융기관의 투자를 녹색경제활동으로 연계시킴으로써 탄소중립과 지속가능발전목표 달성에 효과적으로 기여하기 위해 한국형 녹색분류체계(K-택소노미)가 개발되었다.[13]

우리나라는 2021년 12월 한국형 녹색분류체계를 발표했는데, 이는 우리나라의 탄소중립과 지속가능발전을 중심으로 개발된 것으로 유럽연합(EU), 국제표준화기구(ISO) 등 국제기준과 비교해 검토하고, 국내 상황을 반영하기 위해 산업계, 시민사회 등 대상으로 총 100회 이상의 의견수렴 등을 거쳐 마련되었다.

한국형 녹색분류체계가 발표되었을 당시 전국가적인 관심과 반향을 불러 일으켰다. 특히, 2022년 2월 대선 토론회에서 "K-택소노미"라는 일반인에게는 다소 생소한 개념이 이슈가 되면서 "K-택소노미"에 대한 관심을 폭발시키는 계기가 되었다.

한국형 녹색분류체계를 간단히 이야기하자면, 이는 6대 환경목표(온실가스 감축, 기

---

13 환경부 · 한국환경산업기술원, 「한국형 녹색분류체계 경제활동 해설서」, 2023.12.

후변화 적응, 물, 순환경제, 오염, 생물다양성)에 기여하는 녹색경제활동의 분류라고 이야기할 수 있다. 실제적으로 한국형 녹색분류체계는 '녹색부문'과 '전환부문'으로 구분되어 있다.

먼저, '녹색부문'은 탄소중립 및 환경개선에 필수적인 진정한 녹색경제활동을 제시한 것으로 재생에너지 생산, 무공해 차량 제조 등 67개 경제활동을 포함한다.

'전환부문'은 탄소중립 목표를 위한 최종지향점은 아니지만 그래서 진정한 녹색경제활동으로 볼 수는 없지만, 현재 단계에서 탄소중립으로 전환하기 위한 중간과정으로서 과도기적으로 필요한 7개 경제활동으로 구성하였다.

2021년 12월 「한국형 녹색분류체계 지침서」를 처음 발표했을 때 논란이 되었던 부분은 LNG 발전의 포함과 원자력 발전의 제외였다.

LNG 발전 자체는 탈탄소와 거리가 있으나, 정부는 탈탄소로 가는 경로활동도 어느 정도 인정해야 한다는 방향 하에 녹색전환활동에 포함하되 한시적으로 허용하는 방향을 선택한 것이다. 그리고 원자력 발전은 초안에서는 제외되었으나[14], 2022년 12월 녹색분류체계 지침서를 개정하면서 포함되었다. 다만 포함은 하되, 원자력 연구·개발·실증 대상을 온실가스 감축에 기여하거나 안전성 및 환경성을 향상시키는 활동으로 한정하였다. 또한 고준위 방사성폐기물 처분시설의 조기 확보 노력을 유도하기 위해 관련 문구를 인정조건에 추가하였으며, 언론, 시민사회, 학계 등의 의견을 반영하여 '연구·개발·실증'에서 환경개선과 직접적인 관련이 없는 '동위원소 생산전용로'와 '우주용 (초)소형원자로'는 제외하였다.

녹색분류체계에 제시된 경제활동에 대해서는 사업 주체가 적합 여부를 증명하고 제3자가 검증하는 것이 기본원칙이다. 이에 따라 기업이나 금융기관 등에서는 녹색금융의 활용을 위해 경제활동이 녹색분류체계에서 제시된 활동에 부합하는 활동인지 그 충족 여부를 판단할 필요가 있다. 참고로 녹색분류체계는 ① 활동기

---

14 당시에는 유럽연합 등에서 녹색경제활동 여부에 대한 논의가 진행 중인 상황이므로 향후 국제동향과 국내 여건을 고려하여 사회적 합의를 통해 포함여부를 결정할 예정이라고 밝혔으나, EU에서 원전을 포함하면서 우리나라도 포함하게 되었다.

준, ② 인정기준, ③ 배제기준, ④ 보호기준의 네 가지 기준[15]을 모두 충족하는 경우 적합한 것으로 판단한다.

이때 중요한 것은 적합성판단 기준을 이미 충족한 경제활동이라고 하더라도 적합성 판단 기준의 충족 여부를 지속 모니터링해야 한다는 것이다. 예를 들어, 금융기관은 투자 또는 여신 등을 제공한 프로젝트나 기업을 대상으로 관련 정보를 요구하는 등의 적극적인 사후관리가 필요하다. 그리고 모니터링 결과 활동·인정·배제·보호기준 중 하나라도 준수하지 않는 경우 녹색경제활동으로 간주하지 않아야 한다.

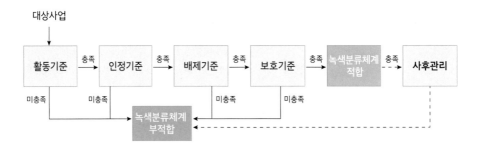

● 녹색분류체계상 적합성 판단 개요 ●

* 「한국형 녹색분류체계 가이드라인」 내용을 바탕으로 재구성

K-택소노미와 관련해서는 기업과 금융기관에 대한 이해를 돕기 위해서 용어 정의부터 산업공정 설명까지를 포함하는 해설서도 나와 있다.[16]

택소노미는 경제 활동의 '녹색' 여부를 판단하는 규정 사항이며 기업과 투자자

---

15 활동기준 판단: 경제활동이 제시된 분류에 부합하는지 판단.
  인정기준 판단: 경제활동이 6대 환경목표 중 하나 이상의 환경목표를 달성하기 위한 기술적 기준에 부합하는지 판단.
  배제기준 판단: 경제활동이 심각한 환경피해 판단 기준에 부합하는지 판단.
  보호기준 판단: 경제활동이 인권, 노동, 안전, 반부패, 문화재 파괴 등 관련 법규를 위반하지 않는지 판단.

16 「한국형 녹색분류체계 경제활동 해설서」는 부문별 경제활동에 대한 해설과 질의응답으로 구성된다. 경제활동 해설에서는 '부문-목표-분야-활동-기준'의 체계로 74개 경제활동의 주요 용어 및 관련 산업공정 등을 설명하고 있고, 질의응답에서는 녹색분류체계에 대해 많이 나오는 질문과 답변을 달았다.

에게 모두 매우 중요한 요건이다. 기업은 경영 활동이 친환경 경제에 기여했음을 인정받는 데에 택소노미를 활용할 수 있다. 채권을 발행할 때도 택소노미에 부합하는 활동이라면 '녹색채권'으로 발행할 수 있다.

국제자본시장협회(International Capital Market Association, ICMA)에 따르면 녹색채권은 발행자금이 전적으로 녹색 프로젝트에 사용되는 채권을 말한다. 해외 선진국에서는 대부분 녹색채권 시장 활성화를 위해 녹색채권 가이드라인을 마련하고 있으며, 녹색채권 시장이 이미 성숙된 EU의 경우 그린워싱 방지에 초점을 둔 구속력을 갖는 녹색채권 기준을 마련하여 시행하고 있다.

우리나라도 녹색채권 시장 활성화를 유도하기 위해 2020년 12월 「녹색채권 안내서」를 발행하였다.

그리고 2021년 12월 「한국형 녹색분류체계 지첨서」를 발표하여 녹색경제활동에 대한 명확한 기준을 제시함에 따라, 녹색채권 조달자금의 사용처를 판별함에 있어서 한국형 녹색분류체계를 적용하도록 하는 것으로 개정작업을 하여 2022년 12월 「한국형 녹색채권 가이드라인」이라는 이름으로 출간하였다.

특히 이 가이드라인은 비구속적인 권고안의 성격을 갖지만 환경부가 단독으로 만든 것이 아니라, 금융위원회, 환경산업기술원, 한국거래소 등 유관기관, 금융기관과 협의를 거쳐 발행되었다는 점에서 의미가 크다.

녹색채권에 대해 좀더 구체적으로 살펴보면, 녹색채권은 발행자금이 전적으로 녹색 프로젝트에 사용되어야 하는데 녹색 프로젝트 여부의 결정은 한국형 녹색분류체계를 활용하도록 하고 있다. 따라서 우리나라에서 녹색채권은 한국형 녹색분류체계에 의해 정의된 6대 환경목표 중 하나 이상에 기여하는 녹색경제활동에 사용되며, ① 자금의 사용, ② 평가 및 선정절차, ③ 자금의 관리, ④ 보고의 단계에서 아래의 요소를 모두 충족하여야 한다.

표 13-5. 녹색채권 핵심요소

핵심요소	내용
자금의 사용	· 한국형 녹색분류체계에 적합한 녹색경제활동에 사용되어야
평가 및 선정절차	· 평가 기준 및 선정 절차를 투명하게 운영하여야(중요내용 변경 시에도)
자금의 관리	· 내부 통제 절차를 통해 추적가능한 적절한 방법(별도계좌, 가상의 방식 등)으로 자금을 관리해야
보고	· (발행 前) 외부검토를 받고 ㉠ 관리체계 및 ㉡ 적합성판단 확인서와 ㉢ 사전 외부검토 보고서 *를 공시해야 · (발행 後)사후(연례)보고서를 작성하고 공시해야 · (자금배분 완료 시)자금배분, 환경영향 및 한국형 녹색분류체계 적합 여부 등을 포함한 사후(최종)보고서를 작성하여 외부검토를 받아 공시해야

주: * 우리나라는 한국형 녹색채권 외부검토기관 공식 등록제를 운영하고 있으며, 따라서 외부검토는 환경책임투자 종합플랫폼에 공개된 외부검토기관에 의해 수행되어야 한다.

자료: 「한국형 녹색채권 가이드라인」의 내용을 바탕으로 작성

그 외에도 금융권에서의 그린워싱 방지를 위해 해외에서도 다양한 활동을 벌이고 있다.

가장 대표적인 것이 2021년 3월 10일 공식 발효된 유럽연합(EU)의 지속가능금융 공시제도(SFDR, Sustainable Finance Disclosure Regulation)이다. 이 제도는 EU 역내에서 활동하는 금융기관들에 대해 ESG 리스크로 인한 재무적 손실, 환경·사회적 목표에 기여하는 투자규모, 환경·사회에 미치는 부정적 영향 등을 의무적으로 공시하도록 하고 있다.

또한 펀드명에 'ESG' 용어를 사용하는 것에 대해서도 ESG 워싱을 사전에 방지하기 위하여 유럽증권시장청(ESMA, European Securities and Markets Authority)은 펀드명에 'ESG' 용어를 사용하려면 투자자산의 80% 이상을 환경 혹은 사회 부문에 투자해야 한다고 규정하고 있으며, '지속가능성'이나 관련 용어의 경우에는 SFDR이 정의한 지속가능한 투자자산을 50~80% 범위 내로 구성해야 한다.

5. 전 세계적으로 그린워싱 관련 소송 증가

매년 전 세계 기후소송 분석보고서를 내고 있는 런던정경대 그래덤 기후변화·환경연구소(Grantham Research Institute on climate change and the environment) 등에 따르면 최근 세계적으로 기후소송이 증가하고 있으며 특히 기업을 대상으로 한 '기후워싱'[17] 소송이 증가하고 있는 것으로 나타났다.[18] 실제 2015년과 2022년 사이에 기업을 상대로 제기된 기후워싱 사례는 총 81건에 달하였는데, 2019년 6건, 2020년 9건에 불과했던 소송이 2021년에 27건, 2022년 26건이었다.[19] 그리고 2020년 이전에는 미국 기업 대상 소송이 대부분이었으나, 2021년 이후 非미국 기업 대상의 소송이 증가하고 있다.

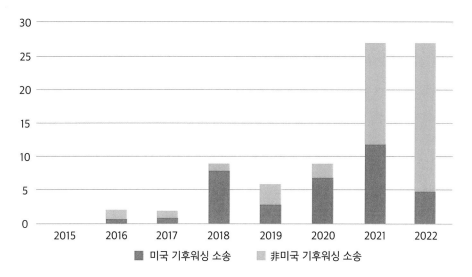

미국 및 非미국 기업 대상 기후워싱 소송 사례

자료: 「Global trends in climate change litigation: 2023 snapshot」, 2023

---

17 「Global trends in climate change litigation: 2023 snapshot」에서는 그린워싱이 아닌 기후워싱이란 표현을 사용하고 있는데, 보고서에서 담고 있는 사례를 좀더 명확히 전달하기 위해 기후워싱이란 표현을 그대로 사용하고자 한다.

18 「Global trends in climate change litigation: 2023 snapshot」

19 「Global trends in climate change litigation: 2023 snapshot」은 2022년 6월부터 2023년 5월까지의 기간에 초점을 맞춰 기후변화 소송의 주요 글로벌 상황을 검토하고 있는데, 통계는 주로 'Sabin 기후변화법센터'에서 관리하는 기후 변화 소송 데이터베이스를 사용하고 있다.

이들 기후워싱의 사례를 살펴보면, 몇 가지로 유형화할 수 있다.

우선, 기업의 기후변화에 대한 공약을 대상으로 진실성에 대해 의심이 가는 경우로서, 최근 몇 년간 등장한 가장 중요한 기후워싱 사례이다. 두 번째는 제품 속성과 관련된 내용으로, 특정제품의 환경영향에 대한 이의 제기가 해당된다. 세 번째는 기후행동에 대한 투자나 지원을 과장하는 경우로서, 신재생 에너지에 대한 기업 투자를 과장하는 경우 등이 해당된다. 마지막은 기후위험 모호화이다. 이는 관련 정보의 공개없이 기후변화에 적극 대응하고 있다고 주장만 하는 사례가 포함된다.

소송사례: 세계 최대 플라스틱 배출기업 사례

미국에 위치한 글로벌 환경단체인 어스아일랜드(Earth Island)는 C사를 대상으로 세계 최대 플라스틱 배출기업임에도 불구하고 소비자에게 지속가능하고 친환경적인 기업으로 인식될 수 있도록 표시·광고를 하고 있다며 해당 기업을 2021년 9월 고소했다.

C사는 그간 해양 플라스틱 폐기물 또는 재활용 가능한 플라스틱을 재활용해 음료용기를 만든다고 마케팅해 왔지만, 정작 C사의 플라스틱병 자체가 오염의 주범이라는 것을 드러내지 않고 폐기물을 재활용한다는 것만 강조해 소비자들이 본질을 보지 못하도록 유도하고 있다며, 이는 콜롬비아 DC 소비자보호절차법(DC CPPA)을 위반한 것이라며 콜롬비아 고등법원에 소송을 제기한 것이다.

특히 C사는 회사 웹사이트를 통해 "2025년까지 전 세계적으로 우리 회사제품의 포장을 100% 재활용 가능하게 하겠습니다. 그리고 2030년까지 포장용기에 최소 50% 재활용 재료를 사용하겠습니다."라고 의지를 천명한 적이 있는데, 어스아일랜드는 이를 그린워싱의 사례로서 언급하였다.

법원은 해당 기업의 웹사이트 진술은 본질적으로 열망을 담은 것으로 과거에 공표된 환경 목표를 달성하지 못했다고 미래의 환경목표를 공개적으로 설정하는 것을 막을 수는 없다며, 그리고 DC CPPA는 브랜드 이미지 구축 방식에 대한 통제 권한이 없다면서 2023년 5월 소송을 기각하였다.

소송이 기각되었다고 일반 소비자들은 C사가 그린워싱을 하지 않았다고 생각하지 않는다. 오히려, 그린워싱에 대한 법원의 판단과 일반 소비자의 시각차가 존재한다는 것을 인식하는 계기였다고 한다.

6. ESG 리스크를 정확히 인식해야

앞서 언급한 바와 같이 빛이 있으면 그늘이 있듯, ESG에 대한 관심이 증가될수록 ESG 워싱 또는 그린워싱에 대해 엄밀한 잣대를 들일 수밖에 없는 것 역시 현실이다.

이에 이제는 준법 리스크를 넘어선 ESG 리스크를 정확히 인식하고 이들 리스크에 대한 체계적인 관리가 필요하다. 이를 위해서는 우선 ESG 각각에 대한 국내 법상 리스크를 식별·대응하는 것이 가장 기본적인 출발점이다. 그리고 글로벌 시대를 사는 만큼, 해외 ESG 관련 리스크에 대해서도 명확히 식별·대응하는 것이 필요하다.

그리고 여기에 있어서 가장 중요한 것은 ESG 관리체계를 정립하는 것이다. 우리나라는 보통 규제 대응을 "YES OR NO"로 인식하는 경향이 강하다. 기준을 만족시키느냐 시키지 않느냐에만 관심을 갖는 경향이 있다는 것이다. 그러나 ESG 이슈에서 지속적인 개선을 위해서, 그리고 경영과정에서 컨트롤하지 힘든 변수에 적극 대응하기 위해서는 ESG 관리체계를 정립하는 것이 무엇보다 중요하다.

참고문헌

환경기술 및 환경산업 지원법 및 시행령, 시행규칙.

환경 관련 표시·광고에 관한 심사지침(공정위 예규).

환경성 표시·광고 관리제도에 관한 고시(환경부).

환경부·한국환경산업기술원, 「제품 환경성 표시·광고 길라잡이」, 2018/2023.

환경부·금융위·한국환경산업기술원·한국거래소, 「녹색채권 가이드라인」, 2020.12.

환경부·한국환경산업기술원, 「한국형 녹색분류체계 적합성판단 참고서」, 2022.12.

환경부·금융위·한국환경산업기술원·한국거래소, 「한국형 녹색채권 가이드라인」, 2022.12.

환경부·한국환경산업기술원, 「친환경 경영활동 표시·광고 가이드라인」, 2023.10.

환경부, 「한국형 녹색분류체계 가이드라인」, 2022.12.

환경부·한국환경산업기술원, 「한국형 녹색분류체계 경제활동 해설서」, 2023.12.

전국경제인연합회 보도자료, "매출 500대 기업 조사 2023 ESG 경영 트렌드", 2023.2.

2011년 환노위 국정감사 회의록.

가디언뉴스(2016년 8월 20일자) 참조.

UL 홈페이지(https://www.ul.com/insights/sins-greenwashing).

기후변화법률 DB(https://climatecasechart.com/).

Verdant Law 홈페이지(https://www.verdantlaw.com/coca-cola-wins-greenwashing-case/).

UNEP·Columbia Law School, 「Global Climate Litigation Report: 2023 Status Review」, 2023.

Joana Setzer and Catherine Higham, 「Global trends in climate change litigation: 2023 snapshot」, The Grantham Research Institute on Climate Change and the Environment, etc., 2023.

기업의 지속가능성을 가늠하는 재무정보 "온실가스 배출량"

허규만

김소영 금융위원회 부위원장은 오프닝 기조연설에서 "아시아·태평양 지역의 온실가스 배출량은 세계 50% 이상을 차지하고 있다"며 "지난 수년 동안 아시아·태평양 지역에서 발생한 홍수, 가뭄, 태풍, 폭염 자연재해는 기후변화에 따른 지역의 중요한 위험 가운데 하나"라고 말했다.

김 부위원장은 "이처럼 기후변화는 아시아·태평양 지역 생존을 위해 무엇보다도 중요한 가치이며 한국 정부도 지역의 일원으로 적극적으로 탄소중립 정책을 추진하고 있다"며 "금융위원회도 다양한 정책과제를 일관성 있게 추진하기 위해 정부, 유관기관, 기업, 민간 전문가 등이 속한 ESG(환경·사회·지배구조) 금융추진단을 꾸려 운영하고 있다"고 전했다.

이어 "온실가스 감축에 기여하는 설비를 도입하거나 신재생에너지발전사업 관련 시설자금 및 운영자금이 필요한 기업에 금리인하, 여신한도 우대 등을 적극적으로 지원하고 있다"며 "기후리스크 관리 지침서의 제정 및 개정을 통해 금융기관이 적절한 기후위기 관리 전략을 마련할 수 있도록 지원하고 있다"고 덧붙였다.

    — *2023 UNEP FI 아시아·태평양 지역 원탁회의, Business Post, 2023.5.24* —

고등학교, 대학교 때 경제학 원론을 공부했던 사람들이라면 누구나 '외부효과 (External effect)'라는 용어를 어렴풋이 기억할 것이다. 외부효과는 "개인, 기업 등 어떤 경제주체의 행위가 다른 경제주체들에게 기대되지 않은 혜택이나 손해를 발생시키는 효과"로 정의된다. 이 중 환경오염은 대표적인 외부효과 요인 중 하나로 수업시간에 설명을 듣고는 했다. 기업의 생산활동으로 인해 발생하는 환경오염은 그 주변에 있는 사람들에게 손해를 끼치지만, 정작 그 기업은 환경오염으로 인해 아무런 불이익을 받지 않는 것이다. 공장 굴뚝에서 나오는 이산화탄소 등의 온실가스는 지구의 기온을 상승시켜 여러가지 부정적인 효과를 유발하지만, 정작 그 공장에서 제품을 생산하는 회사는 별다른 불이익이 없다.

최근 들어 이상기온, 산불, 홍수 등 기후변화로 인한 자연재해가 증가하면서 보다 많은 사람들이 온실가스 배출로 인한 기후변화 위기의 심각성을 인지하고 있다. 이와 관련해서 온실가스 배출의 외부효과를 내부화하기 위한 노력이 전 세계적으로 다방면으로 이루어지고 있다. 우리나라에서 2015년부터 도입하여 현재 3기(기간: 2021년~2025년)에 이르고 있는 탄소배출권 거래제도는 대표적인 온실가스 배출의 외부효과를 내부화하기 위한 제도라고 볼 수 있다.

한편 2023년 UNEP FI 아시아·태평양 지역 원탁회의에서 금융위원회에서 언급한 바와 마찬가지로, 정부에서는 금융권을 통해 국내 기업들의 탄소배출량 감축을 위한 많은 노력을 기울일 것을 시사하고 있다. 탄소배출량을 적극적으로 감축시키는 기업들에게는 여러가지 금융혜택을 부여하지만, 반대의 경우에는 상대적으로 자본조달에 있어서 불이익을 감수하도록 하는 구조를 만들어 나가겠다는 것이다.

이제는 기후변화는 기업의 지속가능성 성장에 영향을 미치는 결정적인 요소로 작용하고 있다. 투자자는 기후변화의 문제가 투자기업의 지속가능성에 어떤 영향을 미치는지 확인하고 이를 근거로 투자의사결정을 한다. 이러한 투자자의 요구에 따라 많은 기업들이 지속가능성 보고서를 발행하고 투자자들의 요구사항에 대응하고자 관련 정보들을 공시하고 있다. 이번 장에서는 기업의 지속가능성 공시제도나 기업의 움직임이 어떻게 변해가고 있는지, 지속가능성 공시에서 논의되고 있는 관점들은 어떤 것들이 있는지, 마지막으로 기업의 탄소배출량 공시에 관한 내용을 알아보고 왜 기업의 탄소배출량이 투자자의 투자의사결정에 중요한 영향을 미치는지 살펴보기로 한다.

1. 지속가능성 공시의 최근 동향: 기업의 사회적 책임에서 생존의 문제로

ESG(Environment Social Governance) 활동이라는 말이 한때 유행했고, 지금도 ESG라고 하면 ESG 활동을 이야기한다. '우리 회사가 환경을 보호하고, 우리 사회에 기여하면서 기업의 사회적 책임을 다하기 위해 수행하는 활동'을 ESG 활동이라고 이야기하고, 이러한 활동을 수행하기 위하여 계획을 짜는 것을 ESG 전략 수립이라고 이야기한다. 기업의 사회적 책임을 ESG와 동일선상에 놓고, 사회공헌활동을 ESG 활동이라 칭하는 것이다.

그래서 우리 기업들의 ESG 보고서에는 기업에서 계획을 수립하여 실천하고 있는 다양한 ESG 활동들을 소개하는데 대부분의 지면을 할애하고 있다. 환경보호를 위해서 임직원들이 플로깅 행사에 동참하고, 지역사회에 기여하기 위해서 불우이웃 돕기 활동을 하기도 한다. 여기에 더 나아가서 친환경 제품 개발, 각종 생산설비의 친환경 설비로의 교체 등의 비전을 ESG 보고서에 제시하기도 한다. 결국 ESG 보고서를 통해서 기업이 이해관계자들에게 제공하고자 하는 정보는 기업의 많은 환경 친화적인 활동, 가치사슬 내 노동자들의 인권과 지역사회를 보호하기 위한 노력들을 홍보하는 목적이 강했다고 볼 수 있다.

그러나 최근 들어서 지속가능성 공시기준에서 요구하고 있는 기업의 지속가능성 공시 정보는 많은 기업들이 ESG 활동을 보고서에 담는 것은 엄연히 그 성격이 다르다. IFRS 재단 산하 ISSB에서 IFRS S1, S2 최종본을 발표하면서 ESG 활동 공시와 기업의 지속가능성 공시는 엄연하게 구분되는 모양새다. IFRS S1과 S2에서 요구하는 지속가능성 공시 정보는 기업의 지속가능성 여부를 판단하는데 필요한 정보를 제공한다. ISSB 지속가능성 공시기준이 제정되면서 지속가능성 공시가 담아야 하는 정보의 성격은 상당히 명확해졌다고 보인다. ESG 보고서가 "우리 회사가 좋은 회사인지, 착한 회사인지, 도덕적인 회사인지" 이해관계자들에게 알려주고자 하는 보고서의 성격이 강하다고 한다면, 지속가능성 보고서는 "우리 회사가 변화하는 환경적, 제도적 상황에서 살아남을 수 있는지" 이해관계자들에게 알려주고자 하는 성격이 강하다. 기존의 ESG 보고서가 기업의 '착한 정도'를 판단하는 데 필요한 정보를 제공한다고 한다면, 지금부터 지속가능성 공시 의무화 시대에 논의하는 지속가능성 보고서는 기업의 '건강한 정도'를 판단하는데 필요한 정보를 제공한다고 볼 수 있다.

2. 지속가능성 공시의 최근 동향: 지속가능성 공시기준의 통일

그간 기업의 지속가능성에 관한 공시 기준은 다양한 기관에서 다양한 목적으로 제정, 활용되었다. 다양한 목적과 형태의 공시기준은 그 제정 목적이나 용도에 따라 나름대로의 의미가 있었으나, 정보이용자나 지속가능성 정보를 생성해야 하는 기업 경영진의 입장에서는 많은 어려움과 혼란을 가져오기도 하였다. 일례로 금호타이어의 경우 2023년 지속가능보고서를 무려 107페이지에 걸쳐서 작성, 발간하였다(다음 그림 참조). 이 보고서의 부록(Appendix)에는 재무성과, GRI Context Index, TCFD Index, SASB Index, UN Global Compact, WEF IBC Stakeholder Capitalism Metrics, UN SDGs Contribution 등 다양한 형태의 공시기준에 대한 인덱스를 담고 있다. 결국 기업의 지속가능성 정보와 관련해서 여러 공시기준이나 프레임워크가 존재하고 기업들은 다양한 공시기준의 다양한 요구사항과 목적에 부합하도록 지속가능성 보고서를 작성하다 보니 보고서의 내용이 상당히 방대해지고 때에 따라서는 불가피하게 내용이 중첩되는 어려움이 생기기도 한다.

CONTENTS

● 금호타이어의 2023년 지속가능성 보고서 목차 ●

　다양한 공시기준은 지속가능성 보고서를 작성하는 측에서만 어려움을 야기하는 것이 아니다. 정보이용자 입장에서도 지속가능성 보고서를 읽고 이를 이해하는데 어려움을 겪는다. 정보이용자 입장에서는 다양한 기업에서 발행하는 다양한 형태의 지속가능성 보고서, 다양한 공시기준 적용으로 인해 기업 간의 비교가능성을 낮춘다. 즉, 같은 산업에 속해 있는 A기업과 B기업이 서로 다른 공시기준을 적용하여 다른 형태로 지속가능성 보고서를 작성하다 보니, 정보이용자의 입장에서는 두 회사의 상황을 비교하기가 쉽지 않다.

　다음 표 14−1에 기술된 다양한 형태의 지속가능성 공시기준은 그간 제정된 다양한 공시기준 중 대표적인 사례들을 나열한 것이다.

표 14-1. 다양한 지속가능성 공시기준별 특징

구분	제정연도	보고대상	보고형태	중심내용
CDP	2000	투자자 및 기타 이해관계자	CDP 질문지	투자자에게 기후변화, 물, 탄소에 관한 정보 제공
DSJI	1999	투자자	RobecoSAM 질문지	S&P 2,500대 기업의 지속가능성 성과를 평가
TCFD	2015	투자자	단독 또는 다른 공시내용과 통합	기후변화로 인한 위험 및 재무적인 영향을 기술
GRI	1997	다양한 이해관계자	지속가능성 보고서	조직의 임팩트 관련 투명성 및 책임
IR	2010	투자자	통합 사업보고서 또는 단독 보고서	투자자에 대한 정보의 품질 제고
SASB	2012	미국 상장기업의 투자자	SEC 10-K 또는 20-F	미국 투자자를 대상으로 산업별 지표를 제공
UNGC	2000	다양한 이해관계자	UN에 대한 진척도 보고	기업이 사회적 책임을 다하기 위한 정책을 채택하고 그 적용을 보고하도록 독려

여기에서는 그간 널리 사용되어 왔던 대표적인 지속가능성 공시기준들 몇 가지의 특징을 가볍게 살펴보고자 한다. CDP(Carbon Disclosure Project)는 기후변화와 관련한 기업 정보를 제공하여 투자 위험도 또는 투자 기회를 체계적으로 측정하고 반영할 수 있도록 돕고자 하는 목표를 가지고 있다. 이런 사유로 관련 지표는 환경 문제에 초점을 맞추고 있으며, 지표 및 공시 요구사항이 투명하게 공개되어 있다. 반면 DJSI(Dow Jones Sustainability Indices)는 우량기업을 대상으로 환경만 아니라, 사회 및 지배구조 전반에 걸쳐서 평가 후 등급을 부여하는 지수이다. 이와 관련한 평가지표는 투명하게 공개되어 있지 않다.

TCFD(Task Force on Climate-related Financial Disclosure)는 기후변화가 기업의 재무에 미치는 영향과 그에 대한 기업의 대응을 공시하도록 하는 Framework로 투자자가 필요로 하는 정보에 집중하고 있다. 다음 그림에서 보여주는 바와 같이 TCFD

에서는 기후변화 대응과 관련한 기업의 지배구조, 전략, 위험관리, 지표의 네 개 항목으로 공시하도록 권고한다.

지배구조
전략
위험 관리
지표 및 목표

지배구조	전략	위험 관리	지표 및 목표
지속가능성 관련 위험과 기회를 감독하고 관리하기 위해 기업의 경영진이 운영하는 프로세스, 절차 및 통제	기업의 사업모델, 전략에 장단기적으로 영향을 미칠 수 있는 지속가능성 관련 위험 및 기회와 그 영향	기업이 지속가능성 관련 위험을 식별, 평가 및 관리하는 데 사용한 절차	지속가능성 관련 위험 및 기회와 관련된 기업의 실적을 일정 기간 동안 평가, 관리 및 감독하기 위해 사용된 정보

● TCFD의 공시구조 ●

GRI(Global Reporting Initiative)는 현재 가장 많은 기업들이 활용하고 있는 공시기준이다. GRI는 다수의 이해관계자를 주된 정보이용자로 정의하고 있으며, 아래 그림에서 보여주는 바와 같이 환경, 사회, 지배구조에 걸쳐서 다양한 공시 요구사항들을 제시한다.

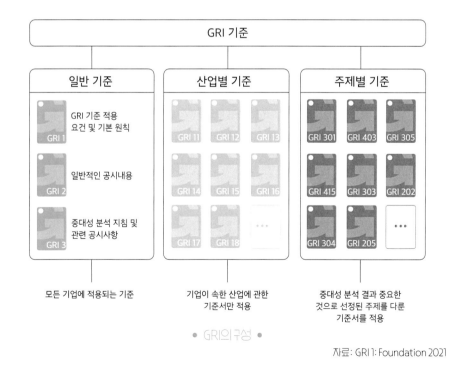

● GRI의 구성 ●

자료: GRI 1: Foundation 2021

IR(Integrated Reporting)은 조직의 전략, 지배구조 및 성과가 외부 환경과 상호작용하여 단기, 중기, 장기의 미래에 창출하거나 소모하는 가치에 관한 정보를 투자자에게 제공하여 자본시장 내에서의 자원의 효율적인 배분이 이루어지는 것을 목표로 하고 있다. 즉, 현재의 재무정보와 비재무정보를 통합하여 투자자에게 보다 장기적이고 통합적으로 의사결정을 하는데 필요한 정보를 제공하는 것이다.

SASB(Sustainability Accountability Standards Board)는 투자자에게 필요한 지속가능성 정보 제공을 위해 전체 산업을 77개의 산업군으로 구분하여, 각 산업군별로 요구되는 중요한 공시지표를 지정하였다.

한편, 최근 들어서 국제회계기준을 제정하는 IFRS 재단 ISSB(International Sustainability Standard Board)에서 지속가능성 공시기준인 IFRS S1과 IFRS S2를 제정, 공표하면서 지속가능성 공시기준이 점차 통일되어 가는 모습을 보이고 있다. IFRS S1, S2는 TCFD의 Framework를 따르고 있고, SASB, GRI 등을 보완적인 공시기준으로 언급하면서 기존에 산재해 있던 다양한 공시기준들을 통합하고 Global Baseline으로서의 역할을 곤고히 다지고 있는 중이다. 대한민국을 비롯한 많은 국가들이 정부 차원에서 IFRS S1, S2를 기반으로 각 국가별 공시기준을 제정해 나가면서 국가 내의 기업 간 지속가능성 공시정보의 비교가능성뿐 아니라 국가 간의 비교가능성 또한 높아질 것으로 기대하고 있다.

ISSB의 국제적인 지속가능성 공시기준 제정 외에도, 아울러서 EU(European Union)에서는 지속가능성 공시를 의무화하면서 ESRS(European Sustainability Reporting Standard)를 제정하였다. 이 기준은 유럽에 소재한 기업들을 주 대상으로 하고 있으나, 유럽 시장에 진출한 외국기업에도 직간접적인 영향을 미친다는 점에서 큰 관심을 끌고 있다. IFRS S1, S2에서는 현재까지 기후변화에 관한 내용만을 다루고 있으나, ESRS에서는 기후변화 외에도 생물다양성, 공해 등 환경에 관한 주제 다섯 가지, 사회에 관한 주제 네 가지, 지배구조에 관한 주제 한 가지를 다루고 있어서 IFRS S1, S2보다 포괄적이다. 더욱이 ESRS는 이중중대성 기준을 적용하면서 환경이 기업에 미치는 영향뿐 아니라, 기업이 환경 및 사회에 미치는 영향 또한 중요하게 다루고 있다는 점에서 IFRS S1, S2의 시각과는 차이를 보인다. ESRS는 IFRS S1, S2

와 마찬가지로 TCFD의 Framework을 따르면서도, 기업이 환경에 미치는 영향을 중요하게 다루고 있다는 점에서 GRI와 궤를 같이 하고 있다.

일반사항				
ESRS 1 일반 요구사항			ESRS 2 일반 공시	
환경				
ESRS E1 기후변화	ESRS E2 환경오염	ESRS E3 수자원 및 해양지원	ESRS E4 생물다양성과 생태계	ESRS E5 자원 사용 및 순환경제
사회				
ESRS S1 종업원	ESRS S2 가치사슬 내 근로자	ESRS S3 지역사회	ESRS S4 소비자 및 최종사용자	
지배구조				
ESRS G1 기업의 행동규범				

• EU ESRS의 구성 •

3. 지속가능성 공시의 최근 동향: 지속가능성 공시의 의무화

EU(European Union)에서 2023년 중순에 제정한 CSRD(Corporate Sustainability Reporting Directive)는 EU 역내에 소재하는 기업들 뿐만 아니라 EU와 거래가 있는 외국기업도 지속가능성 정보를 공시하도록 의무화하는 내용을 담고 있다. 표 14-2는 기업의 조건별로 지속가능성 의무 공시시기를 요약해서 보여주고 있다. 이 표에 따르면 국내기업들의 유럽 소재 종속기업은 2025년 회계연도부터 지속가능성 공시가 의무화되고, EU에 대한 수출액이 연간 약 2천억 원 이상인 국내기업들은 2028년부터 연결재무제표 기준으로 지속가능성 보고서를 공시해야 한다. 비록 CSRD가 유럽에서 제정된 유럽 기업들을 대상으로 한 의무화에 초점을 두고 있으나, 이 규제는 유럽에서 비즈니스를 하고 있는 국내 기업들에게도 직접적인 영향을 미치는 것이다.

표 14-2. EU CSRD의 공시 의무화 일정

기업	조건	적용시기
EU 소재 대형 상장사 (기존 NFRD 적용 기업)	EU에 소재한 기업 EU에 상장한 기업 종업원 수 500명 이상	2024년
EU 소재 대기업 그룹에 속한 상장 모회사 (기존 NFRD 적용 기업)	EU에 소재한 기업 EU에 상장한 기업 그룹 종업원 수 500명 이상 그룹의 규모 – 아래 3가지 중 2가지 이상 충족 – 총자산 EUR 20백만 이상 – 총매출 EUR 40백만 이상 – 종업원 수 250명 이상	
기타 대형 상장기업	EU소재 여부를 고려하지 않음 EU에 상장된 기업 아래 3가지 중 2가지 이상 충족 – 총자산 EUR 20백만 이상 – 총매출 EUR 40백만 이상 – 종업원 수 250명 이상	
기타 대형 비상장기업	EU에 소재한 기업 상장되지 않은 기업 모회사의 소재지는 고려하지 않음 아래 3가지 중 2가지 이상 충족 – 총자산 EUR 20백만 이상 – 총매출 EUR 40백만 이상 – 종업원 수 250명 이상	2025년
대기업 그룹에 속한 기타 상장 모회사	EU 소재 여부를 고려하지 않음 EU에 상장된 기업 그룹의 규모 – 아래 3가지 중 2가지 이상 충족 – 총자산 EUR 20백만 이상 – 총매출 EUR 40백만 이상 – 종업원 수 250명 이상	
상장 중, 소형 기업	EU 소재 여부를 고려하지 않음 EU에 상장된 기업	2026년

	역외 소재 기업 EU 향 연간 매출 EUR 150백만 이상 다음 중 하나의 기업 보유	
해외 비상장 기업 – 전체 연결 수준	– EU 소재 대형 종속회사 – EU 소재 상장 종속회사 – EU 소재 연매출 EUR 40백만 이상 지점	2028년

한편, 미국에서는 최근 상장사를 대상으로 기후 관련 정보를 사업보고서에 의무적으로 공시하도록 하는 제도를 최종 확정하였다. 이 규정에 따르면 상장사의 규모에 따라 2025년부터 순차적으로 기후공시를 의무화하고, 탄소배출량에 대해서는 별도의 외부 인증도 받도록 요구하였다. 미국의 공시 요구사항에서는 기후변화가 현재의 기업 재무상태 및 손익에 미치는 영향과 함께 향후 예상 영향을 공시하도록 요구하고 있다.

우리나라는 당초 2025년부터 자산 총액 2조 원 이상인 상장사를 대상으로 지속가능성 공시를 의무화한다고 금융위원회에서 발표한 바 있다. 최초 의무화 일정에 따르면 자산 총액 2조 원 이상 상장사를 시작으로 점차 공시 의무화 대상 기업의 범위를 확대하면서 2030년에는 모든 상장사를 대상으로 지속가능성 공시를 의무화하는 것이었다. 이후에 국내 기업의 준비 과정의 어려움 등을 고려하여 공시 의무화 일정을 1년 이상 연기하기로 하였다. 비록 공시 의무화 일정이 연기되었으나, EU 등 주요 국가들의 공시 일정이 국내 기업에 미치는 영향을 고려했을 때 의무화 일정이 상당기간 연기되는 것은 어려울 것으로 보고 있다.

이와 같이 기업의 기후 관련 지속가능성 정보의 공시가 의무화되는 것은 투자자의 투자의사결정에 지속가능성 관련 정보가 상당히 중요한 영향을 미치기 때문이다. 자본시장에서는 투자자의 투자의사결정과 자본시장 내 자본의 배분에 중요한 영향을 미치는 기업의 회계정보에 대하여 각 국가에서 정부 차원에서 공시 관련 규정을 도입하고, 이를 의무화하면서 동시에 회계감사 또한 의무화하여 자본시장 내 개별 기업 회계정보의 신뢰성을 높이고자 한다. 이와 마찬가지로 기업의 기후 관련 지속가능성 정보 또한 자본시장 내의 자본의 배분과 투자자의 투자의사결정에 미치는 영향이 중요해지고 있는 것이 작금의 현실이다. 각 국가에서는 이와 같이 기후변화가 기업의 지속가능한 성장, 더 나아가서는 자본시장의 효율성을 유지하고 발전시키는데 있어서 중요하다는 것을 깨닫고 관련정보의 공시를 의무화하고 이에 대한 인증 또한 의무화하고 있다.

4. 지속가능성 공시의 쟁점: 누구를 위한 정보인가?

앞에서 기업이 공시하는 지속가능성에 관한 내용의 초점이 기업의 사회적 책임과 홍보에서 기후변화 등으로 인한 리스크가 기업의 지속가능성에 미치는 영향과 기업의 생존전략으로 옮겨가고 있다는 이야기를 다루었다. 하지만 누가 무엇을 위해 기업의 지속가능성 정보를 필요로 하는지에 관한 논의는 여전히 진행 중이다. 전통적으로 지속가능성 정보는 기업을 둘러싼 다수의 이해관계자들을 대상으로 한다는 인식이 강했다. 과거 기업체의 홍보부서나 CSR(Corporate Social Responsibility) 부서가 최근에는 ESG 부서로 탈바꿈하면서 지속가능성 공시정보의 수집 및 보고서 발행을 책임지고 있는 것도 소위 ESG 공시가 기업의 사회적 책임이나 다수의 이해관계자를 대상으로 하는 홍보에 초점을 맞추고 있다는 인식에서 비롯된 것이라고 할 수 있다. 다수의 이해관계자는 기업의 투자자로부터 기업이 소재한 지역의 지역 주민들부터 이 회사가 제조하여 판매하는 제품을 사용하는 소비자까지 다양한 형태의 이해관계자들을 다루고 있다. 전통적으로 많은 기업들이 지속가능성 공시기준으로 활용하고 있는 GRI(Global Reporting Index)에서는 다음과 같이 지속가능성 공시정보의 이용자들을 정의하고 있다.

보고된 정보는 조직 내에서 의사결정을 위해 활용할 수 있다. 예를 들면, 목표 설정이나 정책 수행 평가 등에 활용할 수 있다.

이해관계자나 기타 정보 이용자는 GRI 기준을 근거로 조직이 어떤 내용을 공시할 것인지 예측할 수 있다. 또한 이해관계자는 조직의 보고 정보를 통해 본인이 조직에 의해 어떤 영향을 받고 있고, 어떤 영향을 받을지 평가할 수 있다.

특히 투자자는 보고 정보를 통해 조직의 영향도(Impact)와 지속가능한 발전을 사업 전략과 모형에 어떻게 통합하는지 평가할 수 있다. 또한 투자자들은 조직의 영향도와 관련된 재무적 위험 및 기회를 식별하고 장기적인 성공여부를 가늠할 수 있다. 학자나 분석 전문가와 같은 조직의 이해관계자 외의 사용자들은 연구활동과 벤치마킹을 위하여 보고 정보를 사용할 수 있다.

GRI에서 '정보이용자'라는 용어는 조직의 보고 정보를 이용하는 이렇게 다양한 이용자를 지칭한다.

위와 같이 GRI에서는 정보이용자를 다양한 이해관계자로 정의하고 있다. 다양한 이해관계자는 투자사 외에도 기업 제품의 소비자까지도 포괄한다. 기업 제품의 소비자가 소비 의사결정을 함에 있어서 환경 및 사회에 긍정적인 영향을 끼치는 기업의 제품을 소비하고자 기업의 지속가능성 보고서에 담긴 정보를 활용할 수 있다. 소비자는 사회적 책임을 이행하는 기업의 제품을 구매하고자 하는 경향을 지니고 있고, 소비의사결정을 위해 기업의 지속가능성 공시정보를 살펴본다는 것이다. 최근 환경오염을 유발하는 기업들을 대상으로 지역 주민들이 강력한 항의를 넘어 불매운동으로 확대해 나가는 뉴스들을 심심치 않게 접할 수 있다. 기업이 환경에 미치는 영향에 관심을 갖고, 이러한 정보를 근거로 행동 의사결정을 하는 전형적인 사례라고 하겠다.

다수의 이해관계자를 지속가능성 공시의 대상으로 보는 시각은 EU에서 제정한 ESRS에서 그대로 계승한다. ESRS에서는 지속가능성 공시정보의 이용자를 다음과 같이 정의하고 있다.

ESRS 1 '지속가능성 보고서 이용자'

지속가능성 보고서 이용자: 일반목적 재무보고의 주된 이용자(자산 관리자, 금융기관 및 보험사업자를 포함한 현재 또는 잠재적 투자자, 대주 및 기타 채권자) 및 기업의 협력업체, 노조, 사회 협력기관, 민간 사회 및 비정부 조직, 정부기관, 분석가, 학계를 포함하는 기타 지속가능성 보고서 이용자

ESRS에서 지속가능성 보고서 이용자의 범위는 재무제표를 이용하는 투자자뿐만 아니라 협력업체, 노조, 민간사회를 넘어서 학계까지 포괄하고 있다. 지역사회, 노조, 협력업체 등 기업이 환경 및 사회에 미치는 영향에 관심을 갖고 있고, 이에 대한 정보가 필요한 개인 및 단체 또한 ESRS에 따른 지속가능성 보고서의 이용자에 포함된다는 것은 ESRS가 가지고 있는 가장 큰 특징이라고 할 수 있다. 이는 과거로부터 전통적으로 강조되어 온 지속가능성 공시정보에 대한 시각을 그대로 보여주고 있다.

지속가능성 보고서의 정보이용자를 정의하는 것이 중요한 이유는 정보이용자의 범위가 지속가능성 보고서의 공시정보의 범위에 영향을 미치기 때문이다. 다수의 이해관계자를 정보이용자로 정의하고 있는 ESRS에서는 ESRS의 목적을 다음과 같이 서술하고 있다.

ESRS 1 '목적' 문단

1. 유럽 지속가능성 보고기준(ESRS)의 목적은 유럽 의회와 집행위원회가 제정한 Directive 2013/34/EU 및 두 기관이 수정한 Directive (EU) 2022/2464에 따라 기업이 공시해야 하는 지속가능성 공시정보를 특정하는 것에 있다. ESRS에 따라 보고하는 것으로 기업들의 유럽연합의 기타 법령에 근거한 요구사항들이 면제되는 것은 아니다.

2. 보다 구체적으로, ESRS는 기업이 환경, 사회, 지배구조의 지속가능성 문제와 관련해서 중요한 영향, 위험, 및 기회를 공시하도록 요구한다. ESRS는 ESRS에서 다루는 주제임에도 불구하고 기업이 중요하지 않다고 판단한 환경, 사회, 지배구조에 관한 주제를 공시하도록 요구하지 않는다. ESRS에 근거하여 공시된 정보는 정보이용자로 하여금 기업이 사람 및 환경에 미치는 중요한 영향과 기업의 발전, 성과와 위상에 중요한 영향을 미치는 지속가능성 관련 사항들을 이해할 수 있도록 한다.

이와 같이 ESRS에서는 지속가능성 공시정보에 기후변화 등 환경이 기업의 지속가능성에 미치는 영향뿐만 아니라 기업의 영업활동이 환경에 미치는 영향도 분석하고 다루어야 한다고 언급한다. 이와 같이 ESRS에서 기업이 사회 및 환경에 미치는 중요한 영향을 공시하도록 요구하는 것은 ESRS에서 정의하고 있는 기업의 지속가능성 정보이용자가 다수의 이해관계자이기 때문이다.

반면에 IFRS 산하 ISSB에서 제정한 IFRS S1에서는 지속가능성 공시의 목적이나 정보이용자에 대하여 상당히 상반된 시각을 견지하고 있다. IFRS 지속가능성 공시기준에서는 일반목적의 재무정보를 이용하는 주된 정보이용자를 이 공시기준에 따른 공시정보를 이용하는 자라고 정의하고 있다. 일반목적 재무보고의 주된 정보이용자는 IFRS 지속가능성 공시기준에서 다음과 같이 정의한다.

일반목적 재무보고의 주된 정보이용자(primary user of financial reports)란 현재의 또는 잠재적인 투자자, 대주, 기타 채권자를 지칭한다.

그렇다면, 일반목적 재무보고란 무엇일까? 이는 국제회계기준에서 그 답을 찾아볼 수 있다. K-IFRS 1001호에서는 일반목적 재무보고의 목적을 다음과 같이 언급하고 있다.

K-IFRS 1001호 '목적' 문단

OB2 일반목적 재무보고의 목적은 현재 및 잠재적 투자자, 대여자 및 기타 채권자가 기업에 자원을 제공하는 것에 대한 의사결정을 할 때 유용한 보고기업 재무정보를 제공하는 것이다. 그 의사결정은 지분상품 및 채무상품을 매수, 매도 또는 보유하는 것과 대여 및 기타 형태의 신용을 제공 또는 결제하는 것을 포함한다.

국제회계기준에서는 일반목적의 재무정보이용자를 현재 및 잠재적 투자자, 대여자 및 기타 채권자로 정의하고 있고, 이는 IFRS S1에서 기술하고 있는 정보이용자의 정의와 완벽하게 일치한다. 결국 IFRS S1에서 대상으로 하는 정보이용자는 재무제표의 정보이용자와 마찬가지로 투자자로 한정되어 있다.

일반적인 재무정보를 이용하는 정보이용자, 즉 투자자가 필요로 하는 지속가능성 정보는 다른 이해관계자가 필요로 하는 지속가능성 정보와는 성격이 다르다. 예를 들어, 소비자는 친환경적인 소비활동을 위해 기업의 재무제표를 분석하지 않는다. 그러나, 투자자는 필연적으로 기업의 재무제표를 이용하여 투자의사결정에 필요한 정보를 수집, 분석한다.

이와 같이 IFRS S1에서 정보이용자를 투자자로 한정하고, 특히 일반적인 재무정보를 이용하는 정보이용자로 한정하면서, IFRS에서 요구하는 구성 정보들은 오직 투자자에게만 유용한 정보들로 채워지게 되었다. 다시 말하면, 투자자 외의 이해관계자가 필요로 하는 정보는 IFRS 지속가능성 공시기준에서는 다루지 않는 것이다.

결국 IFRS S1, S2는 투자자나 잠재적 투자자들의 투자의사결정에 필요한 정보를 제공하는 것이 목적이다. 투자의사결정은 일반적으로 경제적 이해관계에 따라서 이루어진다. 투자자는 기업의 지속가능성 공시정보를 기반으로 지분 투자 또는 여신 제공에 따른 위험과 기대수익을 산출하고자 한다. 따라서 지속가능성 공시에서 다루어지는 위험과 기회, 이에 대한 전략은 기업의 미래 현금 창출 능력과 연계되어야 한다. 다시 이야기하면, 기업의 미래 현금 창출 능력과 관련이 없는 위험이나 기회, 전략은 IFRS S1, S2에서 다루지 않는다.

이와 같이 오늘날 주요하게 다뤄지고 있는 지속가능성 공시기준은 주된 정보이용자를 다수의 이해관계자 또는 투자자로 서로 다른 관점에서 정의하고 있다. 지속가능성 공시기준에서 주된 정보이용자를 어떻게 정의하는 것이 타당할 것인지는 향후에도 많은 논의가 이루어질 것으로 보인다.

5. 지속가능성 공시의 쟁점: 지속가능성 공시정보는 비재무정보인가?

IFRS S1 문단 4에서는 '이 기준은 기업이 지속가능성 관련 재무 공시사항을 준비하고 보고하는 것에 대한 지침을 제공한다'고 언급하고 있다. 기존에 많은 보고서는 ESG 또는 지속가능성과 관련한 공시를 언급하면서 이를 '비재무정보'라고 통칭하기도 했다. 기존의 재무상태표, 손익계산서, 현금흐름표 등으로 대표되던 재무정보의 틀에 대비되는 의미에서 기업의 ESG 활동과 관련한 서술, 위험 및 기회, 영향도(Impact)에 관한 정보 외에도 탄소배출량 등 많은 정보들을 비재무적인 정보라고 지칭한 것이다. 이러한 상황에서 ISSB 지속가능성 공시기준이 그 목적 문단에서 '지속가능성 관련 재무 공시사항'이라고 언급한 것, 더 나아가서 IFRS S1의 제목을 '지속가능성 관련 재무정보 공시의 일반 요구사항'이라 정한 것은 기존의 많은 지속가능성 공시기준이나 지속가능성 보고서가 가지고 있던 '비재무적인 정보'라는 틀을 깨버리는 파격적인 정의라고 보인다.

IFRS S1, S2에서는 S1의 제목에 맞게 기존에 정성적, 비재무적 형태로 공시되었던 정보들을 정량적, 재무적인 형태로 전환하여 공시하도록 요구하고 있다. IFRS S1 문단3에서는 '이 기준은 기업이 자신의 현금흐름이나 재무, 자본비용에 단기, 중기 장기에 걸쳐서 영향을 미칠 수 있다고 합리적으로 판단되는 모든 지속가능성 관련 위험 및 기회를 공시하도록 요구한다'고 언급하고 있다. 이는 결국 지속가능성 관련 위험 및 기회를 기업의 단기, 중기, 장기에 걸친 미래의 재무적인 추정치와 연계하고 이를 공시하도록 요구하는 것이다.

IFRS S1에서 지속가능성 공시기준에서 요구하는 정보가 '재무정보'라고 명시하고 있다. 그럼에도 불구하고 IFRS S2(기후관련 공시기준)에서는 기업의 탄소배출량을 공시하도록 요구하고 있다.

29 기업은 다음과 같은 산업전반 지표 범주와 관련되는 정보를 공시한다.
　⑴ 온실가스
　　㈎ 보고기간 동안 발생한 온실가스 절대 총배출량을 이산화탄소환산톤(tonnes of CO$_2$ equivalent)으로 표시하여, 다음과 같은 분류에 따라 공시한다.
　　① 스코프 1(Scope 1) 온실가스 배출량
　　② 스코프 2(Scope 2) 온실가스 배출량
　　③ 스코프 3(Scope 3) 온실가스 배출량

온실가스 배출량은 기업이 생산 등의 영업활동을 수행하면서 주변 환경으로 배출하는 온실가스의 양이다. 또한 온실가스 배출량의 배출량은 이산화탄소환산톤(t CO$_2$)로 표시한다. 여기에서 두 가지 의문이 생긴다. 첫 번째는 왜 기후가 기업에 미치는 영향에 관한 '재무정보'를 공시하도록 요구하는 IFRS S2 공시기준이 화폐단위로 표시되지 않고 이산화탄소환산톤($t CO_{2e}$)으로 표시된 온실가스 배출량을 공시하도록 하는지에 관한 의문이고, 두 번째는 기후가 기업에 미치는 영향을 공시하도록 요구하면서 왜 반대로 기업이 기업의 바깥으로 배출하는 온실가스의 양을 공시하도록 요구하고 있는지에 대한 의문이다. 여기에서는 기업이 공시하는 온실가스 배출량의 기본 내용들을 살펴보고, 왜 온실가스 배출량을 투자자들의 투자의사결정에 필요한 재무정보로 취급하는지 논의한다.

6. 온실가스 배출량 공시 이모저모

포스코의 2022년 지속가능성 보고서에 첨부되어 있는 "2022년 온실가스 배출량에 대한 검증의견서"를 살펴보는 것으로 온실가스 배출량에 관한 이야기를 시작하자. 이 검증의견서에는 Scope 1, Scope 2의 온실가스 배출량을 산정하였다고 기술되어 있다. 한편 또 다른 검증의견서인 "주식회사 포스코 Scope 3 배출량 및 사회적 감축효과에 대한 제3자 검증의견"에는 Scope 3 배출량이라는 용어가 기술되어 있다.

Scope 1, Scope 2, Scope 3를 논의하기 위해서 우리가 여기에서 다루고 있는 온실가스의 종류와 범위에 대하여 우선 논의해 볼 필요가 있다. 지구의 온도를 높이는 온실가스의 대표적인 종류로 이산화탄소가 있다는 사실을 누구나 쉽게 알 수 있다. 그러나, 지구의 온도를 높이는 기체에는 이산화탄소만 있는 것이 아니다. 우리나라의 경우 이산화탄소 외에도 교토의정서에 포함된 메탄(CH_4), 아산화질소(N_2O), 수화불화탄소(HFCs), 과불화탄소(PFCs), 육불화황(SF_6)를 법적으로 온실가스에 포함시켜 관리하고 있으며, 전 세계적으로는 이 외에도 삼불화질소(NF_3) 등의 과불화 화합물 외 다양한 종류의 기체를 온실가스로 관리하고 있다. 표 14-3에는 온실가스의 종류별 지구 온난화 지수가 기재되어 있다. 지구 온난화 지수란 각 종류의 온실가스가 대기상으로 배출될 때 지구온난화에 미치는 상대적인 크기를 의미한다. 예를 들어 이산화탄소 1톤이 대기 중에 배출될 때 지구 온난화에 미치는 영

향을 1이라고 보면, 메탄 1톤이 대기 중에 배출될 때 지구 온난화에 미치는 영향
은 27.9가 되는 것이다.

온실가스 배출량에 대한 검증의견서로 다시 돌아가보자. 이 보고서에 기술되
어 있는 온실가스 배출량의 단위는 tCO_2eq(이산화탄소 환산톤)이다. 결국 여기에는 이
산화탄소만이 포함되어 있지 않다. 이산화탄소 외에 위에서 나열한 다양한 온실가
스 배출량이 포함되어 있으나, 이는 모두 이산화탄소의 온실가스 배출량으로 환
산한 것이다. 이때 온실가스 배출량을 지구 온난화 지수로 환산한다. 즉, 메탄 1톤
의 이산화탄소 환산톤은 [메탄 1톤] × [메탄 1톤의 지구 온난화 지수]로 계산하여
27.9 tCO_2eq가 된다.

표 14-3. **온실가스 종류별 지구 온난화 지수**

온실가스	화학식	지구 온난화 지수
이산화탄소	CO_2	1
메탄	CH_4	27.9
아산화질소	N_2O	273
수소화불화탄소	HFCs	4.84 ~ 14,600
과불화 화합물	Eg. SF_6, NF_3, PFCs	0.004 ~ 25,200
불소화 에테르	HFEs	1.6 ~ 14,300
퍼플루오로폴리에테르	PFPEs	10,300
클로로플루오르카본(프레온 가스)	CFCs	0.021 ~ 16,200
수소화염화불화탄소	HCFCs	14.3 ~ 23,00

자료: IPCC Sixth Assessment Report

다음으로 Scope 1, Scope 2, Scope 3에 대하여 알아보자. Scope 1 배출량은
통상 직접 배출량, Scope 2 및 Scope 3 배출량은 간접 배출량으로 불린다.

Scope 1 온실가스는 기업이 직접 화석연료 연소 등으로 기업 밖으로 배출하

는 온실가스를 의미한다. 즉, 기업의 사무실 또는 공장 내부에서 화석연료를 연소하거나 제품의 생산과정에서 직접 배출되는 온실가스를 의미하는 것이다. 이 중고정연소는 공장 또는 사무실 내에서 연료나 폐기물의 연소과정에서 배출되는 온실가스를 의미한다. 이동연소의 경우 기업이 소유·관리하고 있는 차량 등의 운송수단에서 화석연료를 연소하여 배출되는 온실가스를 의미한다. 마지막으로 공정배출은 반도체나 시멘트 등의 생산공정에서 화학반응을 통해 배출되는 온실가스를 의미한다.

반면에 Scope 2 온실가스는 전기나 증기 등 변형된 에너지를 외부로부터 구매함으로써 간접적으로 발전소 등의 구매처에서 발생하는 온실가스를 의미한다. 즉, 기업이 1kwh의 전력을 구매할 경우 전력을 구매한 발전소에서 1kwh의 전기를 생산하는데 발생한 온실가스가 이 기업의 Scope 2 온실가스 배출량이 되는 것이다. 결국 전기와 관련한 Scope 2 온실가스 배출량은 기업이 구매·소비한 전기 사용에 따라 발생하는 온실가스 배출량이 되고, 증기와 관련한 Scope 2 온실가스 배출량은 기업이 구매·소비한 증기 사용에 따라 발생하는 온실가스 배출량이 된다.

마지막으로 Scope 3 온실가스는 Scope 1이나 Scope 2 온실가스 외에 기업의 가치사슬 내에서 발생하는 모든 온실가스를 포괄한다. 이는 기업의 원자재 납품회사나 외주회사의 생산과정에서 발생하는 온실가스 배출량, 물류에서 발생하는 온실가스 배출량, 회사 최종 제품의 생산 및 폐기 과정에서 발생하는 모든 온실가스 배출량을 포괄한다. 자동차의 예를 들면, 자동차 부품회사가 자동차 부품을 생산하여 완성차 업체에 납품하는 과정에서 발생하는 온실가스, 고객이 자동차의 내용연수 동안 차량을 운행하는데 발생하는 온실가스, 폐차 시에 발생하는 온실가스를 모두 포괄하는 것이다.

Greenhouse Gas Protocol에서 정의하고 있는 Scope 3 온실가스의 범위는 표 14-4와 같다.

표 14-4 Scope 3 온실가스의 종류

Scope 3 범주	설명
1. 구매한 상품 및 서비스	카테고리 2~8에 포함되지 않은 구매 또는 취득한 상품 및 서비스의 추출, 생산 및 운송
2. 자본재	구매 또는 취득한 재본재의 추출, 생산 및 운송
3. Scope 1 및 Scope 2에 포함되지 않는 연료 및 에너지 관련 활동	기업이 구매 또는 취득하였으나 Scope 1 또는 Scope 2에 해당하지 않는 연료 및 에너지의 추출, 생산 및 운송
4. 상류(Upstream) 운송 및 유통	1차 협력사와 기업 간의 자재 운송
5. 영업에서 발생된 폐기물	영업 중 발생하는 폐기물의 처분 및 처치
6. 출장	직원의 업무 관련 출장과 관련한 이동
7. 직원 통근	직원의 자택과 직장 간 출퇴근 이동
8. 상류(Upstream) 임차자산	Scope 1 및 Scope 2에 포함되지 않은 임차 자산의 운영
9. 하류(Downstream) 운송 및 유통	기업과 고객 간의 제품 및 상품 보관 및 유통
10. 판매된 제품의 가공	가치사슬상 하류(Downstream) 회사(예: 제조업체)에서 판매된 제품 등의 가공
11. 판매된 제품의 사용	연료, 에너지, 제품 등 판매된 제품의 최종 소비
12. 유통기한 경과 제품 처리	식품 및 비식품을 모두 포함하여 유통기한 경과 제품 폐기 및 기타 처리
13. 하류(Downstream) 임대 자산	Scope 1과 Scope 2에 포함되지 않는 자산의 임대
14. 프랜차이즈	Scope 1과 Scope 2에 포함되지 않은 프랜차이즈 운영
15. 투자	Scope 1과 Scope 2에 포함되지 않은 투자 활동(지분 및 부채 투자 및 프로젝트 파이낸싱 포함)

자료: Green House Gas Protocol: Technical Guidance for calculating Scope 3 Emissions

결과적으로 기업이 공시하도록 요구되는 온실가스 배출량은 기업뿐만 아니라 기업의 가치사슬 내 경제주체의 가치창출활동 전반에 걸쳐서 발생하는 온실가스 배출량을 포괄하고 있다. 결국은 기업의 경제활동뿐만 아니라 기업의 경제활동을 받쳐주는, 또는 그 기업이 경제활동의 혜택을 보는 모든 관련 경제주체의 경제활동으로 인한 탄소배출량을 공시해야 하는 것이다.

2022년 온실가스 배출량에 대한 검증의견서

서문
한국품질재단(이하 재단)은 포스코 (이하 회사)의 2022년 온실가스 배출량에 대한 검증을 수행하였습니다.

검증범위
회사의 운영 통제하에 있는 모든 온실가스 배출시설을 대상으로 직접 및 간접 배출된 (Scope1, 2)의 온실가스 배출량을 산정하였습니다.

검증기준
"온실가스 배출권거래제의 배출량 보고 및 인증에 관한 지침(환경부고시 제2022-279호)"과 "온실가스 배출권거래제 운영을 위한 검증지침(환경부고시 제2021-112호)"

보증수준
검증은 온실가스 배출권거래제 운영을 위한 검증지침에 규정된 절차에 따라 계획 및 수행되었고, 검증의 보증 수준은 합리적 보증 수준을 만족하도록 수행되었습니다. 또한 검증 전 과정에 대한 절차가 효과적 수행되었는지 내부 심의를 통해 확인하였습니다.

검증의 한계
검증은 기준 및 방법을 적용하는 과정에서 발생될 수 있는 고유의 한계를 내포하고 있습니다.

검증 결론
검증을 통해 명세서에 수록되어 있는 회사 온실가스 배출량 데이터에 대해 아래와 같은 결론을 제시합니다.
1) 회사의 2022년 온실가스 배출량은 "온실가스 배출권거래제의 배출량 보고 및 인증에 관한 지침"에 따라 적절하게 산정되었습니다.
2) 회사의 2022년 온실가스 배출량에 대한 중요성 평가결과 500t CO₂ 이상 한계로서, 연직 기준지수 중요도는 총 배출량의 2.0% 기준 미만을 만족하고 있습니다.
3) 따라서 회사의 2022년 온실가스 배출량에 대한 "적정" 의견을 제시합니다.

배출량 산정 결과 (단위: tCO₂)

사업장명	Scope1	Scope2	총계
합계	68,305,992,584	1,879,629,979	70,185,615

2023년 6월 20일
(주)한국품질재단 대표 송지영 *Ji Young Song*

「주식회사 포스코 Scope3 배출량 및 사회적 감축효과」에 대한 제3자 검증 의견서

서문
(재)한국품질재단(이하 재단)은 「주식회사 포스코」 (이하, 회사)의 "2022년 Scope3 배출량 및 사회적 감축효과"에 대한 검증을 수행하였습니다. 본 검증은 Scope3 및 사회적 감축효과에 중대한 오류 및 기술된 내용에 왜곡이 없는지에 대한 제한적 보증을 목적으로 하고 있습니다.

검증 범위
회사의 운영통제하에 있는 검증 대상은 다음과 같습니다.
- Scope3 배출량 : 구매한 제품&서비스, 자본재, Scope1&2에 포함되지 않은 연료 및 에너지 관련 활동, 업스트림 운송&물류, 사업장 폐기물, 직원 출장, 다운스트림 운송&물류, 다운스트림 임대자산, 투자
- 사회적 감축효과 : 고함량 제품저감량, 고효율 전기강판, 고로 수재슬래그

검증기준
본 검증은 다음의 기준을 토대로 검증을 수행하였습니다.
- Scope3 배출량 : "WBCSD/WRI, Corporate Value Chain(Scope3) Accounting and Reporting Standard" "환경성적표시 작성지침(환경부고시 제2021-65호)"과 "ISO14064-3"
- 배출계수 : 환경 공급사에서 공시된 원단위 배출정보, 환경성적표시 인증제품의 LCA정보, UNFCCC의 GHG emission calculator tool, ICAO calculator
- 사회적 감축효과 : 내부 산정기준

회사의 책임
Scope3 배출량 및 사회적 감축효과 산정 시 검증기준의 선택, Scope3 대상범위 선정 및 배출량 산정 등의 책임은 회사에 있습니다.

검증의 절차
재단은 ISO14064-3(Specification with guidance for the verification and validation of greenhouse gas statements) 온실가스 산언에 대한 타당성 검증 및 확인을 위한 세부지침」 및 상기 검증기준에 따라 검증을 수행하였습니다. 재단은 회사로부터 제공받은 Scope3 배출량 및 사회적 감축효과 산정 결과의 확인 및 교차검증을 통해, 배출량 산정에 적용된 데이터가 정확하고 배출량이 상기 검증기준에 따라 적합하게 산정되었는지에 대한 제한적 확인을 얻기 위해 검증을 계획하고 수행하였습니다.

검증의 한계
본 검증은 회사에서 설정한 산정기준 자체의 타당성확인을 목적으로 하고 있지 않습니다. 검증결과에는 회사에서 설정한 자체 산정기준에 내재되어 있는 불확실성의 고유 한계가 내포되어 있습니다. 자체 산정기준에 따라 배출량 산정결과에 중요한 차이가 발생할 수 있고, 이로 인해 가능성에 영향을 줄 수 있습니다.

검증 결론
검증을 통해 Scope3 온실가스 배출량 및 사회적 감축효과 산정 결과에 대해 아래와 같은 결론을 제시합니다.
1) 「주식회사 포스코」의 "2022년 Scope3 배출량 및 사회적 감축효과"는 "Technical Guidance for Calculating Scope3 Emission(Greenhouse Gas Protocol)" 및 내부기준에 따라 적절하게 산정되었습니다.
2) 검증 시 「주식회사 포스코」의 "2022년 Scope3 배출량 및 사회적 감축효과"에는 중요한 오류 및 누락의 발견되지 않았습니다. 배출량 산정과정에서 일부 활동자료의 추정된 배출량이 과소산정되지 않는 보수적 원칙이 적용되었습니다.
3) 사회적 감축효과는 내부기준에 대한 일관성 및 완전성이 유지되고 있는 것으로 확인되었습니다. 감축량 산정과정에서의 일부 활동자료 및 배개변수의 추정은 감축량이 과대산정되지 않는 보수적 원칙이 적용되었습니다.
4) 배출 산정된 "2022년 Scope3 배출량 및 사회적 감축효과"는 다음과 같습니다. (단위: tCO₂)

구분		2022년
온실가스 배출량	구매한 제품&서비스	2,58,1,823
	자본재	857
	Scope1, 2에 포함되지 않은 연료 및 에너지 관련 활동	290,540
	업스트림 운송&물류	1,577,143
	사업장 발생 폐기물	141,520
	직원 출장	346
	직원 통근	8,245
	다운스트림 운송&물류	489,784
	다운스트림 임대자산	1,888,240
	투자	339,080
사회적 감축효과	고함량 제품저감량	2,434,737
	고효율 전기강판	4,296,711
	고로 수재슬래그	6,270,380

5) 따라서 「주식회사 포스코」로부터 "2022년 Scope3 배출량 및 사회적 감축효과"에 대해 적정 의견을 제시합니다.

2023년 6월 15일
(주)한국품질재단 대표 송지영 *Ji Young Song*

7. 왜 탄소배출량은 투자자의 투자의사결정에 영향을 미치나?

이처럼 각종 지속가능성 공시기준에서 요구하고 있는 지표 중 가장 대표적인 지표인 탄소배출량은 기업과 가치사슬이 외부 환경으로 배출하는 온실가스의 양이 자명하다. 그렇다면 기업의 온실가스 배출량은 기업이 환경에 미치는 임팩트(Impact)에 해당하지, 기후변화와 관련된 위기나 기회, 더 나아가서는 기후변화가 기업에 미치는 재무적 영향과는 상당히 멀게 느껴진다.

그런데 왜 IFRS 지속가능성 공시기준에서는 기업의 온실가스 배출량을 투자자의 투자의사결정에 필요한 정보로 간주하고 있을까?

2022년 10월 27일 유럽연합 회원국 대표단과 유럽의회, 유럽집행위원회는 2035년부터 27개 회원국에서 휘발유 등 화석연료를 쓰는 내연기관 자동차의 신차 판매를 사실상 금지하는 자동차 제조업체의 탄소배출 규제법안을 발표하였다[1]. 이는 현재 내연기관 자동차를 생산하는 기업뿐만 아니라 내연기관에 들어가는 부품을 주로 생산하는 자동차 부품 생산업체에도 지대한 영향을 미치는 규제이다. 앞에서 설명한 바와 같이 내연기관 자동차 생산 업체는 화석연료를 이용한 이동수단이라는 특성 때문에 Scope 1, 2뿐만 아니라 Scope 3 배출량이 크게 나타나는 것이 불가피하다. 이와 같이 제품의 생산과정에서 온실가스 배출량이 크게 나타나는 기업뿐 아니라, 제품의 사용 과정에서도 온실가스 배출량이 크게 나타나는 산업에서는 이와 같은 규제가 하나의 위기 요인으로 작용할 수밖에 없다. 자동차 제조업체의 경우 내연기관이 아닌 다른 동력기관을 하루빨리 개발해서 상용화해야 새로운 시장에서 생존이 가능하고 내연기관 부품만을 생산하는 부품업체는 업종을 전환하지 않으면 생존 자체가 위협을 받게 된다. 또한 정부뿐만 아니라 금융기관을 통한 온실가스 배출량에 관한 규제 압박에 놓인다. 투자자 입장에서는 장기 미래의 피투자기업의 생존 여부를 판단함에 있어서 현재의 온실가스 배출량과 미래에 예측되는 온실가스 배출량이 중요한 기준

---

[1] 이후 2023년 3월에는 법안 통과를 위한 투표가 연기되면서 이러한 법안의 시행시기가 연기될 것이라는 관측도 있다.

으로 작용할 수밖에 없다. 따라서 온실가스 배출량이라는 정량적인 정보가 투자자의 투자의사결정에 미치는 중요한 지표인 것이다.

한편 우리나라는 2015년부터 탄소배출권 거래제를 시행하고 있으며, 이를 점차 확대해 나가고 있다. 여기에 더 나아가 유럽에서는 탄소국경조정제도(Carbon Border Adjustments Mechanism, 이하 CBAM)의 시행을 목전에 두고 있다. 이 두 가지 제도는 그동안 경제학에서 대표적인 경제의 외부효과로 여겨왔던 공해물질 배출의 내부시장을 형성해 나가는 움직임을 잘 보여주고 있다. 탄소배출권 거래제는 기업이 이산화탄소 등의 온실가스를 배출하기 위해서는 이에 상응하는 탄소배출권을 시장에서 구입하여야 한다. 유럽의 CBAM 또한 EU의 국경을 통과하여 수입되는 모든 제품은 전 가치창출 과정에 거쳐서 제품 단위당 탄소배출량을 산정, 당국에 보고하고 이에 상응하는 탄소배출권을 구매하도록 요구하는 것이다. 탄소배출량이 많은 기업은 그에 상응하는 탄소배출권을 구매해야 하기 때문에 제품 생산에 따른 원가 상승이 불가피하다. 이는 온실가스 배출량에 대한 하나의 패러다임 전환을 보여주고 있다. 온실가스는 이제 회사의 손익계산에서 하나의 원가 요소로 고려되어야 하는 것이다. 각 국가의 온실가스 배출량을 내부시장화 하려는 움직임이 더 강해질수록, 온실가스 배출량을 줄이기 위한 정부의 노력이 커질수록 온실가스 배출에 따른 원가가 상승하는 것은 자명한 일이다. 이제 투자자들은 기업의 현재 손익을 계산하고 미래 예상 손익을 전망하는데 기업의 온실가스 배출량 정보를 활용한다. 기업의 온실가스 배출량 정보는 어느 순간부터 투자자의 투자의사결정에 영향을 미치는 하나의 원가정보이자 재무정보가 되어 있는 것이다.

디지털기술과 탄소중립경영 사례분석

노태우

1. 기업의 디지털역량과 탄소중립실행

과학기술의 빠른 발전과 산업화로 인해 인류의 삶의 질은 급속으로 향상되었다. 그러나 기후변화로 인한 위험이 점점 심각해지면서 세계 곳곳에서는 태풍과 산불, 홍수, 폭염같은 이상기후나 기후 재난으로 인한 피해가 급증하고 있다(NIGT, 2020). 특히 인류가 사용하는 석탄이나 석유와 같은 화석연료가 대기 중 온실가스의 농도를 높이는 문제가 지적됨에 따라 탄소중립은 인류가 지속가능한 성장을 위해 꼭 달성해야 할 중요한 목표가 되었다(KIRI, 2021).

환경 문제에 대처하기 위하여 주요국 및 우리나라 정부는 탄소중립을 선언하고 탈탄소 사회로의 전환을 위하여 그린뉴딜 정책을 수립하는 등 친환경 및 탈탄소 정책 기조를 이어가고 있다(NIGT, 2022). 더욱이 유럽연합, 미국 등 거의 모든 주요국들이 환경정책뿐 아니라, 산업, 통상, 과학기술정책까지 총 동원하여 탄소중립의 실현과 글로벌 경쟁력 확보에 주력하고 있다. 이러한 추세에 따라 전 세계 경제질서가 탄소중립적 무역규범과 친환경 분야의 신산업을 중심으로 재편되기에 이르렀다(대한상공회의소, 2023). 따라서 많은 전 세계의 기업들이 국제적 탈탄소화 압력에 대응하여 기업활동의 친환경적 전환을 위해 노력하고 있다. 실제로 2024년 1월 기준 426개의 글로벌 기업들이 RE100$_{Renewable\ Energy\ 100}$을 선언하였으며, 국내에서도 삼성전자, SK하이닉스, LG에너지솔루션 등 36개의 기업들이 RE100을 선언하였다. RE100은 기업활동의 재생에너지 100% 사용을 선언하는 자발적 캠페인으로 전 지구적 탄소중립을 위한 중요한 요인으로 꼽히고 있다(RE100, 2024).

한편, 근래의 다국적 기업들이 직면한 최근의 이슈들은 어느때 보다도 다차원적인 측면에서 기업 환경을 변화시키고 있다. 우선, 근래 4차 산업혁명의 핵심 요소인 인공지능과, 사물인터넷 같은 디지털 기술이 발전함에 따라 비즈니스의 전략적, 조직적 흐름이 변화하고 있다(Witschel et al., 2019). 이에 더해, 2020년대 초 코로나19의 유행으로 비즈니스 환경은 대대적인 언택트의 변화를 맞이하게 되었고, 기업에 디지털화의 중요성을 더욱 부각시키는 계기가 되었다(Guo et al., 2020). 더욱이 Open AI의 Chat GPT로 대표되는 생성형 AI의 등장은 2023년 가장 주목받는 신기술로 떠오르며 업무 수행 방식을 크게 변화시킬 것으로 평가받고 있다(Wall Street Journal, 2023).

이러한 상황에서 디지털역량은 기업이 변화하는 기술환경에 대응하기 위한 수단으로 주목받고 있다(Ardolino et al., 2018). 디지털역량은 기업이 스마트한 비즈니스 모델로 변화하고 시장의 변화에 빠르게 대응하기 위해 인공지능, 사물인터넷, 빅데이터 같은 기술들을 적용하는 능력을 말한다(Lee, Roh, 2023). 특히 기업의 모든 영역에 디지털 기술을 통합하는 것을 뜻하는 디지털 트랜스포메이션(DX, Digital Transformation)의 등장으로 기업들의 디지털역량은 더욱 강조되었다(GS칼텍스, 2021). 심지어는 디지털화 전략의 성공에 따라 기업의 흥망이 변화하는 사례도 등장하고 있다. 대표적으로 커머스 시장에서 쿠팡의 성공적인 디지털 물류전략은 산업의 판도를 완전히 새롭게 바꾼 것으로 평가받는다(DBR, 2021). 쿠팡은 2023년 유통업계 1위 기업에 등극했으나, 이커머스 시장에서 밀린 이마트와 롯데쇼핑은 심각한 실적 악화를 겪은 사례가 대표적이다(인베스트조선, 2023).

나아가 디지털역량은 탄소중립 달성 전략에도 도움을 미칠 수 있다. 기업이 충분한 디지털역량을 갖추고 있다면 디지털적 자본과 기업 내부의 자원을 융합하여 지속가능성 달성을 위한 제품과 서비스, 프로세스의 혁신을 이룩할 수 있다 (Annarelli et al., 2021). 디지털 기술은 기업에 외부와의 네트워크를 제공하며 혁신능력을 높이기 때문이다. 이때 환경문제에 대처하기 위해서는 기존의 프로세스를 바꾸는 혁신과정이 필요하다. 따라서 디지털역량은 기후변화와 같은 환경문제에 대처하기 위한 해결책이 될 수 있다(Lee, Roh, 2023).

기업들은 탄소중립의 실행이라는 과제에 의한 압력을 행사받고 있지만, 기업마다 그 압박의 정도에는 차이가 있다. 더욱이 탄소중립의 실행에 필요한 디지털역량의 수준에도 차이가 있을 것이다. 따라서 기업들은 RE100이나 TCFD에 참여하는 등 자발적인 탄소중립 활동을 추진할 수도 있지만 반대로 방만하는 태세를 취할 수도 있을 것이며, 반면 탄소중립 활동에 대한 의지에도 불구하고 역량이 부족한 경우도 있을 것이다. 이러한 논의를 종합해 보면, 기업을 평가하기 위해 디지털역량과 탄소중립 활동을 기준으로 다음 그림과 같은 4분면 형태의 프레임워크를 제시할 수 있다.

• 디지털역량 – 탄소중립실행 프레임워크 •

각 사분면의 내용을 살펴보면 다음과 같다. 불이행자(defaulter)는 탄소중립과 디지털화에 무관심한 종류의 기업이다. 다음으로 기민한 방관자(astute watcher)는 디지털역량을 충분히 확보하고 있음에도 불구하고, 시장을 주의깊게 살펴보며 탄소중립에 소극적인 자세를 취한 기업을 말한다. 세 번째로 부진한 전투가(sluggish fighter)는 부족한 디지털역량에도 불구하고 적극적으로 탄소중립 전략을 추진하는 기업을 말한다. 마지막으로는 높은 디지털역량을 바탕으로 탄소중립을 위한 압력에 적극 대응하고 적응하는 기업을 의미한다. 이러한 프레임워크는 기업이 디지털역량을 적극 활용하여 탄소중립의 압력에 대응할 수 있다는 것을 보여주고 있다.

따라서, 다음으로는 디지털역량과 탄소중립 시행 정도를 기반으로 다음 사례의 한국 기업들이 프레임워크의 어떠한 영역에 해당하며 탄소중립을 위한 압력에 어떻게 대응하고 있는지를 살펴보았다.

2. 관련 사례

1) 사례 1: 삼성전자

1969년 창립된 삼성전자는 국내 최초 웨이퍼 가공 회사인 한국반도체를 인수하여 반도체 분야에서 우위를 점할 수 있는 기반을 마련했다. 이후 삼성전자는 독자적인 기술력 확보를 위해 다양한 연구개발을 진행했고 1Mb DRAM(Dynamic Random Access Memeory) 개발 및 세계 최소형, 최경량 4mm 비디오테이프 리코더를 개발해 나갔다. 1988년 삼성전자는 삼성반도체통신을 흡수합병하여 이를 바탕으로 통합 삼성전자를 출범하면서 세계시장 내에서 경쟁할 수 있는 제품 생산에 돌입했다. 이후 세계 최초 CDMA(Code-Division Multiple Access) 상용화 및 64비트 알파칩 개발 성공에서 더 나아가 D램을 바탕으로 한 메모리반도체 분야의 글로벌 리더로 자리매김해 나갔다. 삼성전자는 2000년대에 들어 반도체 개발과 더불어 휴대폰 및 TV 생산을 통해 디지털 시대로의 전환에 적극적으로 대응할 수 있었고 2002년 낸드플래시 시장 1위, 2006년 TV 시장 1위를 달성하면서 부품뿐만 아니라 제품 분야에서도 우위를 점하게 되면서 2007년 매출 1천억 달러를 달성하여 세계 3대 전자업체로 부상하게 됐다. 2008년부터 지속가능보고서를 발간하고 경제적 가치뿐만 아니라 사회적, 환경적 가치를 창출하기 위한 활동을 시작했다. 이후 내부 경쟁력 강화와 함께 오픈 이노베이션을 통해 새로운 성장 가능성을 모색해 나갔다. 삼성전자는 현재 유엔개발계획(United Nations Development Programme)과 함께 SDGs(United Nation Sustainable Development Goals) 달성을 위해 노력하고 있으며 반도체, TV, 스마트폰의 혁신과 더불어 사회적 책임을 다하는 글로벌 시민사회의 일원으로서의 역할에 충실히 임하고 있다(Samsung, 2024).

2009년, 삼성전자는 사람과 자연을 존중하는 녹색경영을 선포했다. 이를 바탕으로 다양한 친환경 정책을 수립하고 저탄소 제품 개발을 이어 나갔다. 그중에서도 삼성전자의 지펠 T9000 냉장고는 용량은 크면서 에너지 소모는 적게 발생하는 트리플 독립 냉각 방식을 적용하여 에너지 효율을 15% 개선하는데 성공했다. 또한 기존 종이상자를 대신하여 '무독성 발포 폴리프로필렌'을 사용하여 전자제품을 포장함으로써 포장재를 40번 이상 재사용할 수 있게 됐다. 이러한 친환경 포장재의 사용으로 연간 상자 포장지를 2,742t 절약할 수 있었고, 이를 통해 이산화탄소 배출량을 9,320t 절감하는 효과가 나타났다(Samsung, 2014a). 이후 2014년, 삼성전자는 디지털화되어가는 사회 속에서 디지털 문화 체득 유무에 따른 디지털 디바이드 현상(digital divide)에 주목하여 초고령층과 장애인과 같은 디지털 약자를 대상으로 제품 개발에 착수했다. 삼성전자는 시각장애인을 대상으로 시각장애인용 전용 스마트폰을 개발하여 문서 판독을 돕는 옵티칼 스캔과(optiacal scan) 빛이 오는 곳을 알려주는 라이트 센싱(light sensing), 음성 서비스 제공을 위한 NFC 및 '보이스 라벨, 그리고 장애물의 존재를 알려주는 초음파 커버 등 다양한 디지털 기술을 스마트폰에 탑재하여 장애인들에게 다양한 접근성 기능을 제공했다(Samsung, 2014b). 이와 같이 삼성전자의 과거 10년을 살펴보면, 다양성과 형평성을 추구하여 모두를 위한 기술을 개발할 뿐만 아니라 친환경 정책을 수립하여 제품 혁신을 통한 녹색성장을 달성을 위해 지속가능한 기업 경영을 이어 나갔다는 사실을 확인할 수 있다. 하지만 삼성전자는 기기 접근성 향상을 위한 혁신 기술 개발에 성공하는 반면, 2012년 대비 2014년 온실가스 배출량이 약 11% 증가하여 6,775,000t을 기록하게 되면서 기업의 녹색경영을 바탕으로 한 친환경 제품 생산 및 판매에도 불구하고 탄소배출 감축이 충분히 이뤄지지 않았다고 볼 수 있다 (Samsung, 2015). 따라서 제품 생산 및 사용을 위해 고려되는 디지털역량은 다소 높지만 실질적인 탄소배출 감소 효과가 저조하다는 점을 고려하여 10년 전 삼성전자는 기민한 방관자(astute watcher)에 해당한다고 볼 수 있다.

2017년, 삼성전자는 IoT 연결성을 강화한 소비자 요구 맞춤 생활가전제품 플렉스드라이와 플렉스워시를 공개하면서 보다 발전된 디지털 기술을 선보였다 (Samsung, 2017). 하지만 이후 국제환경단체 그린피스가 글로벌 전자기기 브랜드의 친환경 에너지 정책을 평가한 결과, 삼성전자가 D등급으로 하위권에 올랐다(경향신문, 2017). 삼성전자의 경우 재생에너지 사용량이 전체 전력 소비량의 1%를 넘기지 못했으며 스마트폰 조립 과정에서 과다하게 사용된 접착제로 인해 제품의 수리 및 재활용률이 현저하게 떨어지게 되면서 결과적으로 기업의 탄소중립 성과가 부진하다는 평가를 받았다. 이에 대해 그린피스는 탄소배출의 75% 이상이 부품과 소재를 생산하는 과정에서 발생하기 때문에 삼성전자가 재생에너지 소비를 활성화할 필요가 있다고 언급했다(아시아경제, 2017). 삼성의 이러한 탄소중립 성과 달성의 부진은 2018년까지 이어졌다. 2015년부터 2018년까지 삼성전자의 온실가스 배출량은 연평균 5.1%씩 증가했고 이는 국내 상위 10개 기업 가운데 가장 높은 수치로 기록됐다(서울파이낸스, 2019). 또한 2019년 삼성의 지속가능경영보고서에 따르면, 사업장 온실가스 배출량에서 Scope 1과 Scope 2 부문에 해당하는 온실가스 배출량이 2016년 11,600GWh, 2017년 13,585GWh, 그리고 2018년 15,173GWh를 기록하면서 탄소배출 절감이 제대로 이뤄지지 못하고 있다는 사실을 확인할 수 있다(Samsung, 2019). 따라서 삼성전자의 디지털역량이 높은 반면, 탄소배출은 지속적으로 발생했고, 이를 성공적으로 완화하지 못했다는 점을 통해 5년 전 삼성전자는 기민한 방관자(astute watcher)에 해당한다고 볼 수 있다.

현재까지 삼성전자는 탄소중립 달성을 위한 기업활동을 꾸준히 이어 나가고 있지만, 실질적인 탄소 감축 성과 측면에서는 큰 호평을 받지 못하고 있는 상황이다. 삼성전자의 주력 분야인 반도체 산업은 에너지 집약도가 매우 심한 산업이다. 삼성전자는 무엇보다 재생에너지 전력에 대한 접근이 매우 어렵기 때문에 삼성은 국내 사업장의 탈탄소화에 어려움을 겪는 중이라고 볼 수 있다. 한국뿐만 아니라 아시아 여러 국가들은 현재 재생 에너지 공급원이 제한되어 있기 때문에 아시아에서 생산된 반도체가 미국이나 유럽에서 생산된 반도체보다 친환경적이지 않을 수 있으며, 이는 제품 경쟁력 문제로 이어질 수 있기 때문에 이에 대한 우려가 커지고 있다. 현재 삼성은 2050년 글로벌 사업장의 탄소중립을 선언한 반면, 미국 반도체 업체 인텔과 유럽의 인피니온, ST마이크로일렉트로닉스는 이보다 앞당긴 2030년 탄소중립 달성을 선언하게 되면서 재생에너지 부족 문제가 아시아 내의 반도체 제조업체들의 순배출량 제로 달성 로드맵에 영향을 미칠 것으로 평가된다(Financial Times, 2023a). 실제로 2015년부터 한국에서 탄소배출권 거래제가 시작된 2021년까지, 삼성전자는 온실가스 배출량을 감소시키지 못하고 오히려 증가시켰으며 그 증가량 또한 최고 수준이었다. 현재 삼성전자는 국내 최대 전력 소비 기업으로 전력의 대부분을 한국전력에서 구매하고 있으며, 한국전력의 화석연료 발전 비중은 60%가 넘는다. 삼성전자는 포스코와 현대제철에 이어 한국 3위의 온실가스 배출기업이지만 철강, 시멘트, 석유화학 산업에 비해 삼성전자가 속한 산업은 상대적으로 재생에너지를 통한 탄소배출이 쉬운 편에 속한다. 실제로 삼성전자의 전 세계 재생에너지 전력 조달 비중은 20%에서 31%로 증가했지만 재생에너지 전력 조달 과정에서 주로 재생에너지 인증서 구매, 그린 프리미엄과 같은 구매 방식을 사용했기 때문에 삼성의 자체적인 발전, 전력 구매 계약, 지분 투자 등의 방식에 비해 지구적으로 실질적인 탄소 저감 효과가 크게 나타나지는 않았다(The Korea Times, 2023b).

하지만 삼성은 탄소감축에 있어서 나름대로 유의미한 성과를 달성한 바가 있다. 삼성전자의 2023년 지속가능경영보고서에 따르면, 삼성전자는 베트남, 인도, 브라질 사업장까지 모두 100% 재생에너지 전환을 달성하게 되면서 총재생에너지 전환율이 2021년 대비 11% 증가하여 2023년 31%를 기록했다. 이와 더불어 온실가스 배출전망치 대비 감축량이 1,016만 톤으로 2021년 대비 59%가 증가하면서 탄소감축에 있어서 의미 있는 발전을 이뤄냈다고 볼 수 있다(Samsung, 2023). 삼성이 이러한 탄소중립 성과를 달성할 수 있었던 이유 중 하나는 바로 삼성전자가 탄소배출 저감시설 운영에 있다. 실제로 삼성은 2022년에 공정가스 대용량 통합처리 시설(RCS, Regenerative Catalytic System)에 투자하여 온실가스 직접 배출을 감축하는 성과를 달성했고 이를 근거로 2030년까지 탄소배출 저감시설 라인을 대폭 확충할 계획이라고 발표했다(ESG경제, 2023). 결과적으로 삼성의 탄소중립 관련 정책 및 기업 활동은 과거에 비해 발전된 성과를 보이고 있지만, 근본적으로 탄소 다배출 산업군에 속하는 반도체 산업을 주력으로 둘 뿐만 아니라 삼성이 가진 복잡한 공급망에서 간접적으로 발생하는 수백만 톤의 탄소배출량과 국제 사회적인 관점에서 재생에너지 발전이 상대적으로 미흡하다는 점 등을 고려했을 때, 현재 삼성의 매트릭스는 과거와 동일하게 기민한 방관자(astute watcher)에 해당한다고 볼 수 있다(Tech Informed, 2023). 그러나 삼성전자의 탄소중립 활동이 점점 증가하고 RE100 등에 참여하는 등 탄소중립을 위한 실행계획들을 점차 확대하는 것을 고려할 때 점점 더 지속가능한 행동가(sustainable performer)에 가까워지는 방향으로 움직이고 있다고 평가할 수 있다.

표 15-1. 삼성전자의 환경성과 (2020-2022년)

온실가스 관리	단위	2020년	2021년	2022년
사업장 온실가스 배출	천톤 CO_2e	14,806	17,400	15,053
직접 배출량(Scope 1)	천톤 CO_2e	5,726	7,604	5,972
간접 배출량(Scope 2)	천톤 CO_2e	9,079	9,796	9,081
기타 간접 배출량(Scope 3)	천톤 CO_2e			124,715
온실가스 배출량 집약도	톤 CO_2e/억 원	6.6	6.7	5.4

자료: Samsung(2023)

2) 사례 2: 현대자동차

현대자동차는 1967년에 설립되었으며 추후 대한민국의 첫 독자 고유 모델인 '포니'를 출시하며 국산화의 시작을 알렸다(파이낸셜리뷰, 2023). 그 뿐만 아니라 2003년부터 지속가능성 보고서를 출간하면서, 예전부터 ESG에 신경 쓰는 기업으로 볼 수 있다(현대자동차, 2023b). 2023년 기준 현대 및 기아자동차는 도요타, 폭스바겐, 스텔란티스에 이어 4위에 위치해 있음을 통해서 전 세계에 많은 시장 점유율을 가지고 있다고 할 수 있다(Statista, 2023).

현대자동차는 2000년부터 각종 에너지 사용량을 기록하고 추세를 분석하여 환경 보호에 노력하고 있다. 2002년에는 전사적 CRM(Customer Relationship Management) 시스템을 구축하여 고객과의 소통을 체계적으로 만들었다. 각 고객에게 맞춘 세부 프로그램을 도입하고, 이를 웰컴팩, 맞춤형 매거진, 이레터(e-letter), 이매거진(e-magazine), 재구매 지원팩, SMS 등의 맞춤형 서비스를 제공했다. 2005년부터는 글로벌 CRM 구축에 나서면서 일찍이 글로벌 시장을 위한 노력을 했다고 볼 수 있다(전자신문, 2005). 2024년 기준의 시각으로는 부족한 디지털화로 보일 수 있지만 2002년에서부터 2005년에 걸쳐 국내외 CRM을 구축하여 디지털화를 통해서 고객과 소통한 것은 높은 디지털 리터러시(digital literacy)로 볼 수 있다(현대자동차, 2003).

10년 전의 현대자동차는 에너지 정의 실현을 위해 현대자동차는 수소연료전지차를 보급 및 확산하려는 목표를 세워 진행했다(동아일보, 2014). 한국, 미국, 프랑스, 독일 외 5개의 국가에 수소연료 전기차 보급에 성공했다. 이를 기반으로 각국에서 자원 순환을 통한 공유가치 창출은 이산화탄소 감소 및 재활용률을 높이는데 집중했다. 2014년 기준으로 현대자동차의 폐차량은 평균적으로 92.5%의 재활용률을 달성했으며, 유럽연합에서 제시한 재활용률 95%에 근소한 수치를 기록했다. 이를 통해 이산화탄소를 약 114,000톤 감축할 수 있었으며, 이는 한화 약 62억 원의 가치가 있다고 평가되었다(현대자동차, 2014).

현대자동차는 하이테크 원격 기술을 활용하여 고객 서비스를 제공하는 글로벌 서비스 지원센터를 설립하고, 전 세계 고객에게 차량 정비 서비스를 원격으로 진단 및 지원하는 기술을 개발했다. 덕분에 고객들은 언제 어디서나 편리하게 차량 정비 서비스를 받을 수 있게 되었다. 2013년에는 정비소 자동화를 통해 입고에서 출고까지의 모든 과정을 고객 중심 디지털 운영 체계로 지향하는 혁신을 추진하기 시작했다. 나아가 자동차 설계에도 디지털 기술을 적극적으로 활용하고 있다. 설계 과정에서 3D 도면을 적극활용한 후 디지털 재활용성 검증을 진행하는 방식을 채택하여 사용 중이며, 이를 통해 자동차의 품질과 안전성을 향상시키고, 생산성을 높일 수 있었다. 자동차와 IT의 융합을 실현하기 위해 '블루링크' 브랜딩을 활용했다. 블루는 현대자동차를 대표하는 색상이며, 연결성을 의미하는 링크를 사용하여 자동차와 IT 기술의 융합을 상징적으로 표현했다. IT 기술을 활용하여 SOS 긴급출동 및 도난 추적을 도입했고, 편의성 측면에서는 원격 시동, 원격 공조, 주차 위치 확인, 내비게이션 역량 강화 등의 분야에서 활용한다(현대자동차, 2014). 탄소중립을 위한 투자와 계획을 시행하고자 했지만 유럽연합의 기준에서는 부합하지 않았다. 다만, 디지털화에서 차량과 IT의 융합을 시작하는 등 높은 디지털역량을 보였다. 따라서 10년 전 현대자동차는 기민한 방관자(astute watcher)라고 할 수 있다.

한편, 약 5년 전 현대자동차는 최상의 고객 경험 제공, 신성장 기회 발굴, 글로벌 운영의 최적화를 경영철학에 추가하였다. 이는 글로벌 기업으로서 더 포괄적인 책임감을 효율적으로 관리할 것을 확인한 것으로 평가된다. 또한 과거부터 지속적으로 연구해 온 수소전기차를 더욱 발전시켜 2013년에 양산화에 성공했으며, 2018년에는 차세대 수소전기차를 공개했다(매일경제, 2019b). 수소전기차뿐만 아니라 태양광을 보조 에너지 수단으로 사용하는 자동차를 개발하는 모습을 보여주며, 다양한 방법으로 자동차를 친환경적으로 개발하고 있는 모습을 보여준다. 이러한 경영 철학과 기술 개발을 통해 5년여 전의 현대자동차는 고객들에게 최상의 경험을 제공하고 글로벌 시장에서 경쟁력을 강화하고 있는 모습을 확인할 수 있다(현대자동차, 2019).

환경적 측면에서 현대자동차는 SDGs와 같은 국제기준에 더욱 세세하게 신경 쓰고 폐자원 순환과 함께 더 많은 친환경 소재 적용을 달성했다. 기후변화 대응 부문에서는 직간접적에 해당하는 Scope 1과 Scope 2에만 한정하지 않고 Scope 3에서도 신경 쓰는 모습을 보여줬다. 2018년에 전기차의 보급량이 늘어나면서 작년 대비 Scope 3를 27.6%를 감소시켰다. 울산공장, 아산공장, 남양연구소, 그리고 전주공장에 태양광 및 수소인프라를 확대하면서 Scope 1과 Scope 2 탄소배출량도 감소시켰다. 5년의 현대차는 많은 모빌리티 기업과 협력하면서 디지털화에서는 여전히 높은 점수에 해당하며, 탄소중립 부문에서도 Scope 1, Scope 2, 3까지 신경 쓰면서 발전한 모습을 보였고 냉매가스 사용량, VOC(Volatile organic compounds) 배출량, 대기오염물질 발생량이 등 2016년과 2017년 대비 감소한 모습을 보였다(현대자동차, 2019).

또한 현대자동차는 CSV(Creating Shared Value) 전략체계를 구축하여 사회적 책임을 통해 더욱 포괄적인 가치를 창출하고자 하였다. 이를 위해 국제 기준인 GRI(Global Reporting Initiative)를 참고하여 우선순위 및 부족한 점을 파악하고 이해관계자들에게 효과적으로 전달하는데 집중했다. GRI뿐만 아니라 UN에서 지정한 SDGs를 달성하기 위해 핵심 이슈인 친환경 차량 생산, 고객 및 제품 안전, 사회적 가치 창출에 집중하였다. 각 핵심 이슈에 따라 현대자동차는 이해관계자 영향 평가 및 SDGs 평가도 함께 진행하는 등 친환경적 활동에도 노력을 기울이고자 했다(현대자동차, 2019).

현대자동차는 다양한 모빌리티 기업과도 협력을 추진하였다. 인도의 올라(Ola)와 레브(Revv), 한국의 마일, 동남아시아의 그랩(Grab), 호주의 카 넥스트 도어(Car Next Door), 미국의 미고(Migo)와 협력을 맺었다. 현대자동차의 전기자동차와 이들 어플리케이션들간의 융합으로 각국의 온실가스 감축 계획을 어긋나지 않는 사업을 진행하였다. 특히, 싱가포르 기업인 그랩은 싱가포르 전력 공급업체인 싱가포르 파워(Singapore Power)와 전기차 충전 인프라 파트너십을 통해 충전기 1,000기 구축을 2020년까지 구축해 나갈 것이며, 이를 기반으로 전기차 상용화 인프라 구축에도 협력할 것이라고 밝혔다(매일경제, 2019a). 모빌리티 어플리케이션뿐만 아니라 자율주행에서도 미국 자율주행 업체인 오로라(Aurora)와 중국의 바이두(Baidu)의 아폴로 프로젝트에 참여하면서 자동차와 내비게이션, 음성인식, 인공지능 분야를 더욱 견고하고 통합된 디지털화를 향해 투자하고 있다. 이를 종합하였을 때, 5년 전의 현대자동차는 충분한 디지털역량과 탄소중립 활동 수준을 보이는 지속가능한 행동가(sustainable performer)로 분류할 수 있다.

최근의 현대자동차는 우선 탄소중립 목표는 사업장에서 발생하는 온실가스 감축뿐만 아니라 전동화 전환을 통해 고객의 차량 운행과정에서 발생하는 모든 온실가스는 제거 및 상쇄하려고 할 계획이다. 2035년까지 유럽 시장에서 100% 전동화를 달성하고, 2040년까지 주요 시장에서 100% 전동화를 달성할 계획이며, 2045년까지 RE100을 이행할 예정이다. 이를 위해 전기차 및 수소차 등 친환경 차량의 생산을 지속적으로 확대하고, 공급망에서의 탄소 감축을 적극적으로 추진하고 있다. 국내 사업장뿐만 아니라 해외 사업장에서도 각 지역과 협력하여 친환경 활동을 추진하고 있으며, 협력사의 탄소 감축을 지원하여 전체 공급망의 탄소 감축을 확대하고 있다. 또한 재활용 가능한 친환경 소재를 확대하고 있으며, 최신 차량에는 친환경 소재를 적용하고 있다. 이러한 노력을 통해 현대자동차는 지속 가능한 미래를 만들어 나가고 있다. 2022년 스크랩량은 34.7%에 해당하고 용수는 21.2% 재활용, 폐기물은 90.8% 재활용을 달성했다. 그러나 실제 현대자동차의 온실가스 배출량을 살펴보았을 때 2020년부터 2022년 사이의 온실가스 배출량은 거의 정체한 모습을 보이고 있다. 구체적으로 2021년 대비 2022년의 온실가스 배출량은 Scope 1에서는 감소하였으나 Scope 2와 3에서는 증가한 것으로 확인되었다. 따라서 현대자동차의 다양하고 과감한 목표와 노력에도 불구하고 실질적으로 온실가스 배출량을 감소시키는 충분한 성과를 달성하였다고 할 수는 없다.

표 15-2 현대자동차 온실가스 배출량 MWh

구분	2020	2021	2022
Scope 1	716,237	724,013	704,726
Scope 2	1,680,079	1,660,058	1,684,121
Scope 3	100,536,484	101,790,793	105,790,785
Scope 1+2	2,396,316	2,384,071	2,388,847

자료: 현대자동차(2019)

한편, 2023년 현대자동차는 2003년부터 진행된 디지털화를 통한 고객 맞춤 서비스 차별화를 더욱 강화했다. 우선 디지털 트윈(Digital Twin)이라는 배터리 예측 기술을 도입하여 차량 주행 이력 및 여러 가지 정보를 종합하여 배터리 수명을 정교하게 계산함으로써 정확한 배터리 수명 예측을 가능하게 했다(KED Global, 2021). 또한 공급망 부문에 해당하는 화물차량 에코 드라이빙 부문에서도 디지털화를 진행하여 디지털 운행 기록계(DTG, Digital Tachograph) 장착을 통한 연비 개선 활동 모니터링을 진행했다. 디지털화 시대의 잠재적 리스크를 데이터 공유 관련 규제 강화를 위해서는 디지털 서비스 경쟁 심화를 전망하여 전사 TF팀을 구축했다. 앞으로는 보안을 강화하여 유출 리스크를 감소시키고, 경쟁력 하락을 방지하기 위해 오픈 플랫폼인 현대 디벨로퍼스를 지속적으로 강화하여 현대자동차만의 디지털 서비스 생태계를 구축해 나갈 계획이다(동아일보, 2019). 현대자동차 내부적으로는 수집한 데이터를 통해 디지털 서비스 경쟁력을 지속적으로 강화해 나갈 수 있다는 기대가 있다(현대자동차, 2023a).

현대자동차는 디지털 전환을 오랜 기간 진행해 왔다(비즈워치, 2023). 현대자동차는 소비자 습관의 변화와 코로나19와 같은 외부 요인으로 인해 SUV와 같은 특정 차종의 일시적인 인기를 예측하기 위해 데이터가 필요했기 때문이다. 현대자동차는 마케팅부터 자율주행까지 빅데이터 기술을 적용하여 디지털 전환을 추진해 왔다. 2023년에는 싱가포르에 인공지능과 로봇공학을 활용하는 공장인 HMGICS(Hyundai Motor Group Innovation Center Singapore)을 구축했다(조선일보, 2023). 5G

네트워크 시스템을 설치하여 신속한 데이터 전송과 분석을 가능하게 했으며, 3D 가상 공간에서 제조 공정을 시뮬레이션하고 제어하는 메가 팩토리(Mega Factory)를 구축했다. 메가 팩토리의 핵심은 시장 수요에 따른 변화에 유연하게 대처할 수 있는 것이다. 이를 통해 현대자동차는 디지털 전환을 성공적으로 추진하고 있으며, 미래 자동차 산업의 변화에 대응할 수 있는 경쟁력을 확보하고 있다(The Korea Times, Times, 2022). 이는 2014년에 진행했던 3D 모델링 보다 더욱 정교하여, 현대자동차가 지속적으로 디지털 전환를 통해 경쟁력을 강화시키고 있다는 것을 볼 수 있다.

현대자동차는 2003년부터 지속가능성 보고서를 작성하고 디지털화를 시도한 것으로 바탕으로 일찍부터 지속가능성과 디지털화에 관심이 있었다고 할 수 있다. 10년 전에는 친환경적인 수소연료전기차를 개발하고, 유럽연합의 기준에 부합할 수 있게 노력하는 모습을 보여줬다. 이러한 노력들이 지속적으로 이어져서 5년 전에는 차량 운행과정 전체에서 탄소중립을 확대했다. 이에 그치지 않고 싱가포르와 같은 해외 국가와 협력을 통해서 탄소중립을 지키려는 모습을 보여줬다. 최근에 들어서는 싱가포르에 메가 팩토리를 구축하면서 탄소중립을 지키는 뿐만 아니라 경쟁력까지 확보하는 모습을 보여줬다. 지금까지 현대자동차의 행보를 보았을 때, 2003년부터 시작되었던 탄소중립과 디지털화에 대한 관심이 지속적으로 발전하고 범위가 확장되는 것을 확인할 수 있다. 처음에는 탄소중립에 대한 투자를 시작했을 때는 기민한 방관자(astute watcher)에 해당했지만 2018년에는 2016년과 2017년에 비해 온실가스 배출량을 감소시킨 모습으로 사분면 상에서 지속가능한 행동가(sustainable performer)로 도약하였다. 또한 전반적으로 많은 투자와 노력을 기울인 점, 그리고 새롭게 추진되는 스마트 팩토리 등을 종합했을 때 지속가능한 행동가(sustainable performer)로서의 입지를 굳힐 가능성도 충분하다. 그럼에도 불구하고 현대자동차는 2022년에는 2020년과 2021년에 비해 결과적으로 온실가스 배출량을 감소시킨 모습을 보여주지 못했다. 이는 탄소중립의 흐름에 현대자동차가 뒤처질 수도 있다는 가능성을 시사하고 있으므로 경쟁사에게 뒤처지지 않도록 주의할 필요가 있을 것이다.

3) 사례 3: LG에너지솔루션

LG에너지솔루션은 에너지 저장 솔루션을 제공하는 배터리 기업이다. LG에너지솔루션은 과거 LG화학의 전지사업부에 해당하였으나, 국내 최초로 리튬 이온 배터리의 양산을 성공시키고 전기자동차 배터리와 에너지저장장치(ESS, Energy Storage System)까지 사업이 확장되면서 LG에너지솔루션으로 물적분할 되었다(LG에너지솔루션, 2024). 출범 4년째인 LG에너지솔루션은 오늘날 세계 전기자동차 배터리 시장 2위 기업으로 자리매김하였다(연합뉴스, 2023). 2023년 3분기까지의 매출이 25조 7,441억 원, 영업이익은 1조 8,250억 원으로 전년 실적을 이미 훌쩍 넘으며 LG에너지솔루션은 향후 세계적인 배터리 기업의 자리를 지킬 것으로 예상된다(한국경제, 2023).

2000년대 초, 새롭게 배터리 사업에 뛰어든 LG화학 전지사업부(분사 전 LG에너지솔루션)는 수천억 원의 적자를 내며 성과가 부진했다. 그러나 구본무 전 LG그룹 회장은 배터리 산업의 잠재력을 믿었기 때문에 꾸준히 배터리 기술 개발에 투자하였다. 결국 LG화학은 2010년대에 들어서 북미, 유럽, 중국 등에 진출하고 GM(General Motors)과 같은 대형 고객사들을 유치하는 데까지 성장할 수 있었다(매일경제, 2023). 이처럼 LG화학은 배터리 기술력 측면에서 큰 성장을 보여주었지만 오늘날 고도화된 디지털 전략을 시행하고 있는 LG에너지솔루션과는 달리 디지털 기술을 활용하여 배터리 사업을 발전시키는 모습을 보여주지는 못했다. 마찬가지로 현재의 LG에너지솔루션에 비해 이 당시 공식적으로 이루어진 탄소중립 대처방안은 없었으나, LG화학은 주력으로 내세우던 석유화학 시장의 불황을 겪자 신재생 에너지 사업에 관심을 돌렸다(데일리안, 2014). 2013년, LG화학은 첨단 융복합 R&D 기지인 '마곡 LG 사이언스 파크'에 친환경 에너지의 생산, 저장, 효율적 사용을 위해 ESS 배터리를 제공하였다(산업일보, 2013). 또, 2014년에는 신재생 에너지 자립 마을로 주목받던 펠트하임(Feldheim)에 ESS 배터리를 구축하며 신재생 에너지에 대한 적극적인 관심을 보였다(산업일보, 2014). 그러므로, 10년 전의 LG에너지솔루션은 불이행자(defaulter)에 위치해 있다고 볼 수 있다.

2010년대 후반에는 LG화학 전지사업부가 계속해서 사업을 발전시킬 수 있도록 기술연구원을 구축하였다. 그 결과 2017년, LG화학이 배터리의 핵심 기술인 분리막을 연구하여 일반 분리막과 차별화되는 LG화학만의 SRS 분리막을 개발해냈다. 이 독자적 기술은 LG화학이 세계 배터리 시장에서 꾸준히 경쟁력을 유지할 수 있게끔 해주었다(뉴스핌, 2017). 비슷하게 이 당시에도 LG화학의 기술 발전 속도는 높았으나 디지털화를 통한 직접적인 성과는 보이지 않았다. 2018년, LG화학은 'LG 디지털 아카이브'를 구축하며 유용한 기업 자료를 효율적으로 활용하고자 하였다. LG 디지털 아카이브는 자사의 문서, 사진, 영상 제품 등 과거 기록을 보존하여 그중에서 가치가 높은 기업활동 자료를 발굴해낼 수 있게 해준다(헬로디디, 2018). 이 디지털 솔루션이 LG화학 전반의 발전이 촉진됐을 수는 있으나, 직접적으로 배터리 사업의 성과에 영향을 주었다고 말하기는 힘들다. 반면에, 탄소중립 차원에서의 노력은 이전보다 늘었다. LG화학은 LG전자로부터 10만 톤의 탄소배출권을 구매하면서 온실가스 배출권 거래제에 참여하였다. 2017년에는 20억 6,500만 원을 투자하였으며 2019년에는 27억 9,000만 원까지 금액이 늘어났다(서울경제, 2019). 이는 탄소배출권 가격 상승에 따른 금액차이기도 하지만, LG화학이 막대한 금액을 투입하여 탄소중립을 위해 적극적으로 노력했음을 알 수 있다. 그러므로, 5년 전의 LG에너지솔루션은 여전히 불이행자(defaulter)에 위치해 있었다.

2010년대 전반에 걸쳐서 보았을 때, LG화학의 Digital capability는 크게 관찰되지 않았다. LG 디지털 아카이브와 같은 진전은 있었으나, 배터리 산업의 직접적인 성과로 이어지지는 못했다. 마찬가지로, LG화학의 Carbon neutrality action의 수준 또한 높다고 말하기 힘들다. LG화학이 친환경 에너지 사용의 확대를 위해 전기자동차 배터리나 ESS를 개발하였지만, 탄소중립을 위한 직접적인 노력은 온실가스 배출권 거래제 참여 외에 크게 보이지 않았다. 게다가 당시 LG화학은 배터리 사업보다는 석유화학 사업이 주였기 때문에, LG화학이 석유화학 분야를 위해 시행한 디지털 전략과 탄소중립 전략들이 LG에너지솔루션의 결과물이라고 보기는 힘들다. 결론적으로, 10년 전 그리고 5년 전의 LG화학 전지사업부(현 LG에너지솔루션)는 불이행자(defaulter)로 분류될 수 있다.

2020년에는 LG화학 전지사업부가 LG에너지솔루션이라는 새 이름으로 출범하였다. LG에너지솔루션은 현재 전기자동차 배터리 시장에서 중국의 CATL, BYD와 어깨를 나란히 하고 있다(디지털타임스, 2023). 이는 독보적인 신기술들을 포함한 총 5만여 건의 지식재산권을 보유하게 되면서 이전보다 더 높은 기술경쟁력을 확보할 수 있었기 때문이다(한국경제, 2023). 분사 후 LG에너지솔루션은 매우 빠른 속도로 전사적인 디지털 전환을 추진하고 있다. 디지털 전환을 위해 LG에너지솔루션은 AI 전문가를 CDO로 영입하고 엔비디아(NVIDA)에서 데이터 사이언티스트를 새롭게 역임하였다. 또, 배터리 생산 과정에 디지털 솔루션을 적용시킴으로써 생산성과 품질을 향상시킬 수 있도록 스마트팩토리 구축을 추진하였다(LG에너지솔루션, 2022c). LG에너지솔루션은 2023년 DX 페어에서 현재 수행하고 있는 DX 과제들을 선보였다(표 15-3 참조).

표 15-3. LG에너지솔루션 디지털 전환 과제

DX 과제
빅데이터를 활용한 설비 데이터 분석 및 예지 보전 알고리즘 개발
디지털 트윈 기술을 활용한 설비 및 공정 사전 검증 기술 개발
이미지 관련 분량 검출 기술 개발
원자재 가격 예측을 위한 AI 예측 모델링과 분석
데이터 기반 공정 모델링 및 운전 최적화 기법

자료: 이투뉴스(2023)

LG에너지솔루션 DX 과제들을 보면, 디지털 전략들이 과거보다 더 고도화된 것을 볼 수 있다. LG에너지솔루션은 ESG 실천을 위해서도 디지털화 전략을 채택하였다. 먼저, ESG 공시 규제에 대한 대응으로 ESG 데이터를 효율적으로 관리하기 위해 'LG ESG IT Intelligence' 플랫폼이 개발되었다. 이 플랫폼은 공시에 요구되는 기업의 비재무적 지표를 정량적으로 관리할 수 있게 해 준다(LG에너지솔루션,

2022b). 또, 온실가스 감축 및 에너지 절감을 위해서는 웹기반의 배출권 관리 시스템을 구축하였다. 이 시스템은 내부적으로 사용되는 온실가스와 에너지 데이터를 효율적으로 관리할 수 있게 해주며, LG에너지솔루션은 이 시스템을 활용하여 배출권 거래제에 효율적으로 대응하려 하고 있다(LG에너지솔루션, 2022a).

10년 전 그리고 5년 전과 비교하였을 때, LG에너지솔루션은 오늘날 더 다양한 디지털 전략을 채택하여 배터리 제조의 효율성을 높이고 있다. 이는 LG화학의 전지사업부가 LG에너지솔루션으로 분사하게 되면서 자원적 역량이 크게 늘었기 때문에 가능한 일이다. 분사 전, LG화학은 이미 전기자동차 배터리 사업에서 수주잔고 150조 원 이상을 확보하고 연간 3조 원 이상의 시설 투자를 이뤄내고 있었다. 그럼에도 LG화학 전지사업부는 배터리 시장이 확대되고 있는 가운데 LG에너지솔루션으로 분사함으로써 대규모 투자자금을 유치하고 전문화된 역량을 사업에 집중하며 신속한 의사결정을 통해 경영의 효율성을 극대화하고자 했다(디일렉, 2020). 격변의 시기를 겪은 LG에너지솔루션은 새롭게 밀려들어오는 투자자금과 효율성이 극대화된 사업구조로 사업 발전 속도를 증폭시킬 수 있었다. 2022년 기준, LG에너지솔루션은 수주잔고 385조 원에 이르면서 2020년 분할 당시보다 2배 이상 상승하였다. 이에 따라 R&D 투자 비용도 4,220억 원에서 8,761억 원으로 2배가량 증가하였다. 더하여, LG 에너지솔루션은 많은 자원을 기반으로 ESG 전략들을 시행하게 되면서 더욱 효과적으로 탄소중립을 이뤄냈다. LG에너지솔루션의 전사 재생에너지 전력 전환은 60%를 초과하였으며 전극재료 용매 재활용률은 97%를 달성하였다(LG에너지솔루션, 2022b). 이처럼 분사 이후 대량의 자원을 기반으로 크게 발전한 LG에너지솔루션의 디지털역량과 탄소중립행동수준은 모두 증가하여 지속가능한 행동가(sustainable performer)로 도약하였다고 말할 수 있다.

4) 사례 4: 포스코

포스코는 1960년대 대한민국 산업계의 근대화를 위한 기초산업을 강화하기 위한 정부 주도에 노력 하에 1968년 4월 1일 '포항종합제철주식회사'로 처음 설립되었다. 공기업으로 시작된 포스코는 2000년 민영기업으로 거듭나며 기존 '포항종합제철주식회사'에서 '포스코'로 사명을 바꾸었고, 국내 최대 규모 철강 기업으로 성장하였다(포스코, 2023b). 포스코는 4차 산업 혁명 시대에 맞추어 빠르게 디지털화에 박차를 가했으며 초기부터 제철소의 스마트화에 의욕을 보이며 AI와 빅데이터를 사용한 선진적인 제철 기술을 다수 개발하는 등 성과를 보였다(포스코, 2019a). 포스코는 현재 세계적인 철강전문 분석기관인 WSD(World Steel Dynamics)에서 '세계에서 가장 경쟁력 있는 철강사'로 13년 연속(2010~2022) 선정되었고, 2021년 기준 세계 최대 단일 제철소 1, 2위를 모두 보유하고 있는 등 세계적으로도 경쟁력을 가진 철강 기업이 되었다. 하지만 포스코는 2022년 기준 대한민국 온실가스 배출량 1위 기업이자 대한민국 전체 온실가스 배출량의 약 10%를 차지하며 세계적인 제철 기업인 동시에 탄소 다배출 기업이라는 꼬리표를 가지게 되었다(한겨레, 2023; 환경부, 2023a). 이에 포스코는 현재 탄소중립 선언을 하는 등 탄소감축을 위한 노력을 다하고 있다.

포스코는 2016년 4차 산업혁명이라는 용어가 등장하기 전부터 제철소와 ICT 기술을 혼합한 스마트팩토리를 구축을 시도했다. 포스코는 2010년 엔지니어링과 ICT기술의 컨버전스를 추구하는 포스코ICT를 설립했으며(포스코DX, 2023), 같은 해 포스코는 광양제철소 산소공장을 대상으로 스마트그리드 기술을 적용하여 이미 제조시설의 디지털화를 진행했다(포스코, 2011). 이후 포스코는 2013년부터 3년간 개발에 몰두한 결과 세계 최초 연속공정 스마트팩토리 플랫폼, 포스프레임(PosFrame)을 개발에 성공하였다. 포스코는 포스프레임을 통해 공장의 데이터를 수집해 정형화하고, 이 데이터를 사용해 스스로 학습하여 최적의 공정 조건을 내놓고 공장을 제어할 수 있는 능력을 가질 수 있게 되는 기술이다(포스코, 2018). 하지만 이때 포스프레임은 시범운영 단계에 머무르기 때문에 디지털역량이 높다고 보기 힘들다.

포스코는 1995년부터 환경보고서를 작성하며 환경경영을 실현했으며, 2012년부터는 환경보고서, 지속가능성 보고서, 그리고 사업보고서를 통합한 포스코 보고서를 공개하고 있다. 또한, 2010년 12월 포스코패밀리 글로벌 환경 경영방침을 선언한 이후, 오염물질 배출 최소화, 자원 순환, 청정 에너지 사용, 녹색기술 적용 등 가치를 실천하였고, 2010년에 2020년까지 탄소를 2007~2009년 평균 대비 9% 감축하겠다는 목표를 이행하고 있다. 추가로 2014년에는 총합 2,999억 원을 사용하여 환경설비에 투자하였다(포스코, 2015). 이처럼 포스코는 탄소감축 계획을 세우고 그 과정을 환경보고서를 작성하여 내역을 투명하게 공개했기에 활발한 탄소감축 활동을 했다고 할 수 있다. 따라서 10년 전 포스코는 사분면상 디지털역량은 시작 단계이지만 탄소감축 활동은 활발히 진행한 부진한 전투가(sluggish fighter)에 속한다.

2019년 세계경제포럼은 중국 다롄에서 열린 '2019 세계경제포럼'에서 포스코를 등대공장으로 선정하였다. 등대공장은 사물인터넷, 빅데이터, 인공지능 등 4차 산업혁명의 핵심기술을 적극 도입하여 혁신적으로 세계 제조업의 미래를 이끌어 나가는 공장을 말하며 국내에서는 최초의 등대공장이 되었다. 세계경제포럼은 선정 이유에는 지속적인 투자 끝에 개발한 포스코의 스마트 고로 기술, 인공지능 초정밀 도금 제어 기술, 그리고 압연 하중 자동배분 기술 등 인공지능과 빅데이터를 활용한 제철 기술과 산학연 협력체계를 구축한 것을 꼽았다(포스코, 2019a, b). 이에 더해 2020년에 포스코는 연원료 최소 비용 및 최적 배합을 찾을 수 있도록 돕는 디지털 트윈인 포스플롯(PosPLOT)을 개발에 성공하였다(포스코, 2021b).

포스코는 제철소의 조강 1톤 생산 시 배출되는 CO_2 배출량이 2021년부터 지속 감소하고 있다. 이는 철강 공정 스마트화, 재생에너지 구입 및 사용, 친환경 제품 생산 등 적극적인 탄소절감 노력으로 인해 이루어진 것이다(포스코, 2020). 이어, 2020년 10월 대한민국 정부의 2050 탄소중립 선언에 이어 12월에 포스코 또한 2050 탄소중립을 선언했다. 포스코는 수소환원제철 기반 2050 탄소중립을 목표로 2030년 10%, 2040년 50% 감축경로를 설정하였다. 따라서 5년 전 포스코는 사분면상 디지털역량이 강하고 탄소감축 활동이 높은 지속가능한 행동가(sustainable performer)에 속한다.

현재에 이르러서 포스코는 여전히 강한 디지털역량을 보유하고 있다. 2020년 개발한 포스플롯은 제철소에 시범 운영하는 과정을 거치고 있고, 포스코는 이를 AR과 VR 기술을 접목한 가상 제철소로 발전시킬 계획을 가지고 있다(매일경제, 2022). 포스코는 제조 시설을 넘어, 마케팅 분야에 메타버스를 접목하여 디지털 전환을 선도하고 있다. 메타버스를 활용하여 철강 산업과 B2B영업에 특화된 메타버스 플랫폼을 통해 고객들은 단기적으로 디지털 쇼룸을 통해 제품을 직접 체험할 수 있게 되고, 장기적으로 고객과 고객이 만나 새로운 비즈니스가 이루어지는 공간을 사용할 수 있게 된다(포스코, 2023d). 또한, 포스코는 이미 많은 시설의 스마트화를 성공하였다. 포항제철소의 2고로는 현재 AI용광로라고 불릴 정도로 스마트 고로 시스템이 완전히 적용되었고 3고로에도 인공지능 기술을 확대 적용하였으며, 광양제철소 3고로와 4고로에까지 스마트 고로 시스템을 탑재하는 작업을 마쳤다(철강금속신문, 2023). 포스코는 현재 철강 생산라인의 45%를 스마트화했다고 밝히며 디지털 전환 역량에 자신감을 보였다(시사저널e, 2023). 이에 더해 광양제철소에 5G 통신망을 자체적으로 구축할 수 있는 '이음 5G' 사업자 등록까지 마치며 스마트팩토리 고도화에 나서고 있다(포스코, 2023e). 이처럼 포스코는 제조를 넘어 마케팅까지 디지털 전환을 진행 중이며 관련 기술을 보유하고 있어 디지털 전환 역량이 충분하다고 판단할 수 있다.

포스코는 탄소감축에도 많은 노력을 기울이고 있다. 2020년 2050 탄소중립을 선언하고, 탄소감축 기술/원료/에너지 전략이 종합되어 있는 '2050 탄소중립 기본 로드맵'을 수립하였다. 그 일환으로 포스코는 석탄을 주된 연료로 사용하는 기존 고로들을 전기로로 대체하여 탄소를 감축하며 CCUS 기술을 통해 배출되는 탄소를 포집 및 이용하겠다는 계획을 세웠다(포스코, 2023c). 마지막으로 포스코는 수소환원제철 기술인 HyREX(Hydrogen Reduction)를 적극적으로 활용하여 탄소중립에 도달하고자 한다. 수소환원제철은 석탄 대신 100% 수소를 사용하여 가루 상태의 철광석을 직접 환원하여 철을 생산하고 이를 전기로에서 녹여 쇳물을 제조하는 친환경 제철 기술이다. 향후 전기로에 사용되는 전력 또한 전부 친환경 에너지를 사용하여 탄소배출을 최소화한 철강을 생산할 계획이다(포스코, 2023a). 더군다나 2022년 기준 70,185,623t의 탄소를 배출하여 2011년부터 온실가스 배출을 보고한 이후 가장 적은 양을 기록했다(환경부, 2023b). 따라서 포스코는 실제 탄소 감축을 이루었고 탄소중립 계획을 수립하고 있는 탄소감축 활동이 활발한 기업이라고 할 수 있다. 따라서 현재 포스코는 사분면상 디지털역량이 높고 탄소감축 활동을 활발히 진행하는 지속가능한 행동가(sustainable performer)에 속한다. 다만 탄소집약도가 매우 높은 포스코의 산업특성상 포스코는 꾸준히 대한민국 탄소배출 기업 1위의 기업으로 탄소배출 활동을 활발히 벌이고 있음에도 여전히 탄소배출의 주범으로 주목받는 상황이다. 그러므로 포스코는 높은 수준의 지속가능한 행동가(sustainable performer)라고 보기에는 약간의 무리가 있으며 지속적인 투자와 R&D를 통해 탄소배출을 줄여나갈 필요가 있을 것이다.

3. 소결

최근 국내 기업들도 탄소중립의 달성이라는 전 지구적 과제로 인해 기존의 탄소집약적 산업구조에서 탈출하고 탄소중립을 달성해야 하는 상황에 놓이게 되었다. 이와 동시에, 디지털 기술의 발전으로 산업계 질서가 개편됨에 따라 디지털 변화의 흐름에 편승하고 주도하기 위한 움직임이 필요하게 되었다. 이에 우리나라의 대표 기업 중 삼성전자, 현대자동차, LG에너지솔루션, 포스코의 디지털역량과 탄소중립 활동에 따라 불이행자(defaulter), 기민한 방관자(astute watcher), 부진한 전투가(sluggish fighter), 지속가능한 행동가(sustainable performer)의 사분면 형태의 프레임워크를 구성하여 우리나라 기업들의 10년 간의 변화와 현 주소를 파악하였다.

표 15-4. 사례기업의 디지털역량-탄소중립실행 프레임워크 변화

기업	10년 전	5년 전	2023년 현재
삼성전자	기민한 방관자	기민한 방관자	기민한 방관자
현대자동차	기민한 방관자	지속가능한 행동가	지속가능한 행동가
LG 에너지솔루션	불이행자	불이행자	지속가능한 행동가
포스코	부진한 전투가	지속가능한 행동가	지속가능한 행동가

확인 결과 <표 15-4>에서 볼 수 있듯, 삼성전자는 10년 전 기민한 방관자에서 지속가능한 행동가의 방향으로 나아가고 있으나 아직은 그 경계면 정도의 수준에서 기민한 방관자에 머물러 있는 것을 확인했다. 현대자동차의 경우 10년 전 기민한 방관자로 이동한 이후 약 5년 전 지속가능한 행동가로 변모하였으며, LG에너지솔루션은 불이행자에서 최근 지속가능한 행동가로 빠른 시간 내에 탈바꿈하였다. 마지막으로 포스코는 10년 전에는 부진한 전투가의 모습이었으나, 5년 전을 기점으로 지속가능한 행동가로 변화한 것을 확인하였다.

앞서 약 10년간 우리나라 기업들도 모두 지속가능한 행동가의 모습으로 변화하고 있다는 것을 확인했다. 이러한 변화가 이루어지고 있듯, 오늘날의 세계적인 비즈니스 환경변화로 인해 이제 대부분의 기업들은 디지털역량과 탄소중립을 모두 달성해야만 살아남고 성장할 수 있다. 실제로 디지털역량과 탄소중립 달성이라는 두 가지 목표를 달성한 기업들이 주목받고 있다. 북미에서 탄생한 SkySpecs라는 드론 스타트업의 사례도 그러한 시장의 트렌드를 투영하고 있다. 2010년대 말 드론 스타트업은 향후 전망에 대한 회의적 시선이 증가하면서 대다수의 드론 기업들이 도산하는 위기에 있었다. 그러나 SkySpecs은 성장세가 높은 친환경 산업인 풍력발전기의 점검에 특화한 비즈니스 전략을 통해 빠른 성장을 구가할 수 있었다(HBS, 2021) (다음 그림 참조).

● SkySpecs의 친환경 혁신 ●

자료: SkySpecs.com 및 HBS(2021) 재인용

이는 디지털과 탄소중립이 잘 융합되어 큰 시너지를 창출한 사례로 볼 수 있다. 그런가 하면 탄소중립 목표에 부합하지 않는 기업들은 시장에서 퇴출되거나 침체를 겪기도 한다. 조선 산업의 예시가 대표적이다. 2010년대 저렴한 노동력을 바탕으로 중국의 조선산업은 빠른 속도로 성장했다. 반면 기존 시장을 대부분 점유하고 있었던 한국 기업들의 수주량은 감소하였다. 이는 한국 조선산업의 심각한 위기로 떠올랐다. 이후 화석연료 선박의 경우 높은 가격경쟁력을 확보한 중국 기업들이 대부분의 수주물량을 점유하게 되었다(KIET, 2015). 그러나 친환경선박인 LNG선 분야에서는 달랐다. 일찍이 한국 기업들의 이른 친환경 선박 기술 투자로 인하여 부가가치가 높고 발주량이 꾸준히 증가하는 LNG선의 경우 아직까지 한국 기업들이 시장의 대부분을 점유하고 있는 상황이다. 더욱이 한국 기업들은 선박 내 자율운항장치 같은 디지털 기술들을 탑재하기까지 한 친환경 스마트 선박을 통해 시장에서의 입지를 지키고 있다(이투뉴스, 2021; 헤럴드경제, 2024). 앞으로도 이러한 추세는 꾸준히 이어져, 디지털기술과 무탄소 기술을 활용한 스마트 친환경 선박이 시장의 주류로 성장할 전망이다(포스코경영연구원, 2020). 따라서 우리나라의 모든 기업들도 향후 디지털 기술 중심의 친환경 비즈니스 환경 하에서도 살아남고 성장하기 위해 이 두 분야에 대한 지속적인 투자와 적극적인 혁신 전략을 고려할 필요가 있을 것으로 사료된다.

참고문헌

Annarelli, A., C. Battistella, F. Nonino, V. Parida, E. Pessot(2021), "Literature review on digitalization capabilities: Co-citation analysis of antecedents, conceptualization and consequences", Technological Forecasting and Social Change, 166, 120635.

Ardolino, M., M. Rapaccini, N. Saccani, P. Gaiardelli, G. Crespi, C. Ruggeri(2018), "The role of digital technologies for the service transformation of industrial companies", International Journal of Production Research, 56(6), 2116-2132.

DBR(2021), "물류의 디지털 트랜스포메이션에 주목하다"

ESG경제(2023), "삼성전자 환경개선 성과…작년 온실가스 배출 235만t 감축"

KED Global(2021), "Hyundai Motor to adopt digital twin in latest move of virtual technology use"

GS칼텍스(2021), "디지털 트랜스포메이션(DX)에 대한 모든 것"

Guo, H., Z. Yang, R. Huang, A. Guo(2020), "The digitalization and public crisis responses of small and medium enterprises: Implications from a COVID-19 survey", Frontiers of Business Research in China, 14(1), 19.

Harvard Business School(2021), "SkySpecs: A New Horizon for Wind Energy – case W62C87"

Tech Informed (2023), "Samsung and Amazon named among biggest carbon polluters in big tech"

Wall Street Journal(2023), "How Did Companies Use Generative AI in 2023? Here's a Look at Five Early Adopters."

KIET(2015), 「조선산업의 글로벌 위상 변화와 향후 전략」

KIRI(2021), 「보험회사 ESG 경영 현황 및 과제: 독일 알리안츠 사례 연구」

Lee, M.-J., T. Roh(2023), "Digitalization capability and sustainable performance in emerging markets: mediating roles of in/out-bound open innovation and coopetition strategy", Management Decision, forthcoming.

LG에너지솔루션(2022a), 「2022년 사업보고서」

LG에너지솔루션(2022b), 「LG에너지솔루션 ESG REPORT」

LG에너지솔루션(2022c), "LG에너지솔루션 변경석 CDO를 만나다"

LG에너지솔루션(2024), "대한민국 배터리 역사가 시작되다"

NIGT(2020), 「2030 기후변화대응 분야 글로벌 메가트렌드」

NIGT(2022), 「온실가스 감축 목표 달성을 위한 수소경제 및 CCUS 산업 클러스터 활성화 방안 연구」

RE100(2024), "RE100 members' electricity and renewable electricity consumption by market"

Samsung(2014a), 「[삼성전자 녹색경영 특집]_① 친환경 정책 한 길, 결실을 맺다」

Samsung(2014b), 「[스페셜 리포트] 누구도 소외되지 않는 디지털 세상 꿈꾼다_삼성전자의 디지털 접근성 개선 노력 이야기」

Samsung(2015), 「2015년 지속가능경영보고서」

Samsung Newsroom(2017), "삼성전자, 'CES 2017'에서 소비자 삶을 바꿀 혁신 제품과 미래 기술 선보여"

Samsung(2019), 「2019년 지속가능경영보고서」

Samsung(2023), 「2023년 지속가능경영보고서」

Samsung(2024), "기업 정보"

Statista(2023), "Leading car manufacturers by cumulative sales between January and September 2023"

Financial Times(2023a), "From TSMC to Samsung, Asia's chipmakers struggle to go green"

The Korea Times(2022), "Hyundai Motor opens innovation center in Singapore"

The Korea Times(2023b), "Samsung, do what you can"

Witschel, D., A. Döhla, M. Kaiser, K.-I. Voigt, T. Pfletschinger(2019), "Riding on the wave of digitization: insights how and under what settings dynamic capabilities facilitate digital-driven business model change", Journal of Business Economics, 89(8), 1023-1095.

경향신문(2017), "친환경 에너지 분야서 애플 'A-', 삼성·LG전자 'D'"

뉴스핌(2017), "전기차 배터리 1위 비밀 'LG화학 기술연구원'..누적 수주 36조 돌파"

대한상공회의소(2023), 「한국경제의 새로운 도약을 위한 탄소중립 전략보고서」

데일리안(2014), "LG화학, 석유화학 불황 … '기술+신사업'으로 돌파"

동아일보(2014), "국내 수소연료전지차 시대 열린다"

동아일보(2019), "현대차그룹, '현대 디벨로퍼스' 출범… 플랫폼 개발 가속화"

디일렉(2020), "LG화학 배터리 사업 'LG에너지솔루션' 분사 배경"

디지털타임스(2023), "CATL·BYD·LG엔솔 '배터리 3강' 굳히나"

매일경제(2019a), "현대 전기차 코나, 싱가포르 공유차 공급"

매일경제(2019b), "현대차는 왜 수소차를 택했나-세계 최초 기술력, 프리미엄 브랜드 발판 시장 선점 진입장벽 구축…독점 지위 노력"

매일경제(2022), "포스코, '가상' 수소환원제철소 만든다".

매일경제(2023), "'배터리가 세상을 바꾼다'…30년을 앞서 본 구본무"

비즈워치(2023), "현대차그룹, IT기업 보다 더 IT기업답게 변하는 이유"

산업일보(2013), "첨단 융복합 R&D 기지 마곡산업단지"

산업일보(2014), "LG화학, 독일 최대 신재생에너지 기업 ESS 배터리 공급"

서울경제(2019), "그린경영의 힘...탄소배출권으로 70억 번 LG전자"

서울파이낸스(2019), "국내 온실가스 배출 저감 1위 (주)한화…연평균 13.3% 감소"

시사저널e(2023), "포스코, 철강 생산라인 스마트화 45% 완료…AI 활용 본격화"

아시아경제(2017), "삼성·LG 스마트폰이 친환경 성적표 'D' 받은 이유"

연합뉴스(2023), "LG엔솔, 中제외 배터리 시장 1위 유지…2위 CATL과 0.8%p차"

이투뉴스(2021), "LNG선 중심 한국 조선업 세계 1위…올해도 청신호"

이투뉴스(2023), "LG에너지솔루션, 디지털전환 우수성과 및 최신동향 전사 공유"

인베스트조선(2023), "쿠팡이 흔든 유통 판도…뒤로 밀린 이마트·롯데와 '톱픽'된 현대百"

전자신문(2005), "현대자동차, 첫 글로벌 CRM 구축 나서"

조선일보(2023), "[사설] 한국 제조업 미래 보여준 싱가포르 현대차 공장, 노조가 봐야"

철강금속신문(2023), "(포스코 창립 55주년) 친환경 철강 기술 개발과 4차 산업혁명 기술 혁신에 집중②"

파이낸셜 리뷰(2023), "[역사속 오늘리뷰] 12월 29일 현대자동차 설립"

포스코(2011), 「2010 탄소보고서」

포스코(2015), 「2014 포스코보고서」

포스코(2018), "포스코, 포스프레임(PosFrame)으로 스마트인더스트리 주도한다"

포스코(2019a), "스마트제철소, 무엇을 바꿨나? 제대로 밝혀보자(사례 편)"

포스코(2019b), "포스코, 세계 제조업의 미래 '등대공장'으로 선정"

포스코(2020), 「2019 기업시민보고서」

포스코(2021a), 「2020 기업시민보고서」

포스코(2021b), "포스코, 제철소 '디지털 트윈' PosPLOT 개발…시뮬레이션으로 연원료의 최적 배합 찾는다"

포스코(2023a), "HyREX"

포스코(2023b), "역사"

포스코(2023c), "탄소중립전략"

포스코(2023d), "포스코, 메타버스 기반 마케팅 디지털전환 선도"

포스코(2023e), "포스코DX, '이음5G'로 제철소 스마트팩토리 고도화 나선다"

포스코DX(2023), "연혁"

포스코경영연구원 (2020), 「新造 발주 집중될 친환경 선박분야 경쟁 현황과 향후 전망」

한겨레(2023), "힌남노에 온실가스 830만t 줄인 포스코…'기후 악당' 안 되려면"

한국경제(2023), "LG엔솔 출범 3년…글로벌 전기차 배터리 시장 1위·수주잔액 500조"

헤럴드경제(2024), "'K-조선 주력 시장까지 군침' 절반이나 뺏겠다는 중국의 도발"

헬로디디(2018), "박진수 LG화학 부회장 '적자생존, 기록하는 자만 산다'"

현대자동차(2003), "현대자동차 2002/2003 지속가능성 보고서"

현대자동차(2014), "현대자동차 2014 지속가능성 보고서 지속가능성을 향한 길"

현대자동차(2019), "Road to sustainability"

현대자동차(2023a), "Road to sustainability 2023 현대자동차 지속가능성 보고서"

현대자동차(2023b), "지속가능성 보고서"

환경부(2023a), "2022년 온실가스 잠정배출량 전년보다 3.5% 감소한 6억 5,450만 톤 예상"

환경부(2023b), "명세서 배출량 통계"

순환 경제와 예치금 반환 제도

정준영, 한오섭

1. 순환 경제와 예치금 반환 제도

1) 지속가능성의 시대

지속가능경영이란, 기업의 경영활동이나 기타 인간의 활동들이 환경과 사회가 지속가능한 발전과 번영을 하는 데에 공헌이 되어야 하는 것을 의미하며, 오늘날에는 세계적으로 경제 운영과 기업 경영에서 지속가능성이 강조되고 있다. 기업 경영을 예로 설명하는 경우 지속가능경영이란 기업의 경영활동이 환경의 보호와 보존, 사회 가치 창출, 사회 윤리의 확립 등에 기여하는 것으로 최근에는 ESG 경영에서는 기업 경영에서 Environment protection(환경 보호), Social contribution (사회적 공헌), Governance structre(투명하고 공정한 지배구조) 등의 가치 추구을 강조하고 있다.

UN에서는 2015년에 지속가능발전목표(SDGs; Sustainable Development Goals)를 전 세계 빈곤을 종식시키고 지구를 보호하며, 2030년까지 모든 사람들이 평화와 번영을 누릴 수 있도록 보장하기 위한 목표로 채택하여 사회의 지속가능성을 17개의 지속가능개발목표를 통해 구현할 수 있도록 제시하였으며, 앞으로 기업들은 사회의 지속가능발전목표의 구현에 공헌할 수 있어야 한다는 것을 의미한다.

표 16-1. UN의 지속가능 개발 목표

01	모든 형태의 빈곤 퇴치	10	불평등 완화
02	기아해소와 지속가능한 농업	11	지속가능한 도시
03	건강과 웰빙	12	지속가능한 소비와 생산
04	양질의 교육	13	기후 변화 대응
05	양성 평등	14	해양 생태계
06	물과 위생	15	육상 생태계
07	깨끗하고 저렴한 에너지	16	평화와 정의 제도
08	양질의 일자리와 경제성장	17	파트너십
09	혁신과 인프라 구축		

2) 순환 경제(Circular economy)의 이해

(1) 순환 경제의 정의와 목적

순환 경제는 생산, 유통, 소비 등 모든 과정에서 폐기물의 발생을 억제하고, 사용된 폐기물과 순환자원을 경제활동의 순환계로 되돌려 천연자원과 에너지의 사용을 최소화하는 자원순환을 의미한다.

자원의 효율적인 활용과 재활용을 중심으로 한 경제 체계로 지속 가능한 사회를 만들기 위한 중요한 개념으로 기존의 '채취—생산—소비—폐기'로 이어지는 선형 경제 모델을 극복하고, 한정된 자원의 무한한 재활용과 재생이 가능한 경제 모델을 지향함으로써 제품과 자원의 수명을 최대화하고, 폐기물 생성을 최소화하여 이를 통해 지속 가능한 경제 성장을 추구하는 것에 목적이 있다.

(2) 순환 경제의 구성요소

기존의 생산 공정에서 발생하는 오염물질을 저감할 수 있는 친환경 공정개발, 신재생에너지 활용, 폐기물을 활용해 재생한 제품 및 재활용품 생산 등을 고려하여 환경오염 저감과 일자리 창출 등 사회·경제적 파급효과를 생성시킨다. 이를 통해 자원 소비를 줄이고 재활용, 재생 및 회수를 통해 자원의 가치를 최대한 활용하는 것으로 이를 통해 환경오염 감소, 기후 변화 대응, 경제적 효율성 향상, 경제 성장의 기회와 일자리 창출을 목표로 이루어진다.

표 16-2. **순환 경제의 구성요소**

구성 요소	내용
제품 수명 연장	제품의 사용 기간을 최대한 늘리고, 수리, 재사용, 재생
자원 효율성	자원 사용의 최소화를 위해 재생에너지와 자원을 선호하며, 생산과 소비 과정에서 발생하는 낭비를 줄이기 위해 혁신적인 기술과 설계를 적용
폐기물 관리	폐기물을 최소화하고, 재활용, 재생, 회수를 통해 폐기물 처리의 효율성 제고
지역 경제	지역 자원과 생태계를 고려하여 지역 경제에 대한 영향을 최소화 하고, 지역 사회와 기업의 협력을 강화
디지털 혁신	기술과 데이터를 활용하여 자원 효율성, 제품 추적, 자원 관리 등에 대한 혁신적인 해결방안을 제안

(3) EU의 순환경제 추진-순환경제 패키지(Circular Economy Package)

EU 집행위원회는 2015년 12월 경쟁력 제고·일자리 창출·지속가능한 성장을 위해 순환경제 패키지(Circular Economy Package)를 제안하고, 2015년 순환경제 액션플랜(Action Plan for a Circular Economy)을 채택하였다.

2018년 5월 30일에는 자동차, 배터리 및 전기·전자폐기물, 폐기물 매립, 포장 폐기물을 포함하는 순환경제 패키지 4개 지침 개정을 승인(European Commission, 2018)

하였으며, 또한 순환경제의 전환 정도를 측정하기 위해 생산과 소비, 폐기물 관리, 2차(재생) 원료, 경쟁력 및 혁신의 네 가지 분야에서 모니터링 및 평가를 위한 10개 지표(European Commission, 2018)를 제시하였다.

3) 예치금 반환 제도(DRS, Deposit Refund Scheme)

(1) 등장 배경

국제적으로는 1989년 3월 22일 유엔 환경계획(UNEP) 후원 하에 스위스 바젤에서 채택된 유해폐기물의 국가 간 이동 및 처리에 관한 국제협약인 '바젤 협약(Basel Convention)'의 영향으로 필요성에 대한 인식이 제고되었다.

이후 점점 증가하는 폐기물이 지구 환경에 미치는 영향에 대한 연구가 이루어졌으며, 높은 환경오염과 낮은 재활용률을 어떻게 효과적으로 관리하는가에 대한 문제에 대해 법적 구속력 있는 목표 제정을 통한 지속 가능한 관리 방안으로서 예치금 반환 제도가 제시되었으며, 추가적으로 나타난 폐기물에 대한 사회적 쟁점이 등장함에 따라 대책으로서의 예치금 반환 제도의 필요성이 증가되고 있다.

표 16-3. **폐기물에 대한 사회적 쟁점**

구분	내용
①	버려지는 플라스틱의 심각성
②	원료 품질에 대한 관심 증가와 재활용 비용 증가
③	순환 경제에 대한 관심
④	폐기되는 용기 수거의 법제화
⑤	접근성만으로는 반환율 상향 불가
⑥	유리제품 재활용의 어려움
⑦	재생원료 사용을 위한 재활용 증대 필요성

(2) DRS의 개요

① 자원 보존과 환경 보호를 위한 중요한 도구

DRS는 일회용 포장물의 재활용의 촉진을 위해 소비자가 사용한 포장물에 일정한 예치금을 지불하고 회수할 수 있는 제도이다. 소비자가 포장재를 상점 및 수집 장소로 다시 반환하도록 동기를 부여하여 적절한 재활용을 보장하고 재활용률을 높이는 것을 목적으로 소비자가 일회용 용기에 보증금을 지불하고, 용기 회수 시 보증금을 반환받는 시스템으로 일회용 용기의 재활용과 폐기물 감축을 촉진하기 위해 도입되었다.

2017년에 권고된 UN 환경 프로그램(UN Environment Programme)에 따라서 각국에 보증금 제도 도입과 시행에 대한 요구는 전 세계적으로 증가하고 있으며, 특히, EU에서 2019년에 채택한 일회용 플라스틱 지침(Single-Use Plastics Directive)은 회원국이 2029년까지 모든 플라스틱 용기의 90%를 수거하도록 목표를 설정되어 있어 순환경제와 예치금 반환 제도는 자원 절약과 환경 오염 감소를 위한 중요한 도구로서 계속해서 제도의 발전과 적용의 필요성이 증가하고 있다.

② DRS 시스템의 작동 방식 및 장점

DRS의 시스템은 보증금 부과, 용기 회수, 보증금 반환으로 설계되어 있으며, 운영의 최적화 및 자동화를 통해 효율성과 투명성을 촉진하기 위해 사용하기 쉬운 접근 방식을 도입하고 있다.

표 16-4. **DRS 시스템의 작동 방식**

구분	내용
보증금 부과	일회용 용기에 보증금이 부과. 이 보증금은 용기의 가격에 포함되어 구매 시에 지불
용기 회수	소비자는 사용한 용기를 특정 장소에 반납. (예 : 슈퍼마켓 또는 지정된 회수 센터)
보증금 반환	용기를 회수한 후, 소비자는 보증금을 반환받음. 이 보증금은 구매 시 지불한 금액으로 환급

DRS 시스템의 장점으로는 소비자에게 용기 회수의 경제적인 인센티브를 제공하여 재활용률을 제고시킴으로써 자원의 재활용을 촉진시키고, 일회용 용기의 폐기물을 줄이고 자원을 보존하여 폐기물 감축에 기여하며, 회수된 용기를 재활용 공정으로 이송, 새로운 제품 생산에 사용함으로써 재생 자원의 경제에 재투입함에 따라 경제적 이점을 얻을 수 있다.

그러나 환경 보호와 재활용 촉진 등의 긍정적인 영향이 있음에도 운영과 관리의 복잡성, 그리고 추가 비용 문제의 발생에 따라 DRS 시스템의 도입을 위해서는 해당 국가 및 지역의 법적 규제와 정책, 기업들의 참여와 협력, 기술적 혁신 등이 선결되어야 할 조건이라고 할 수 있으며, 이를 통해 DRS 시스템의 확대와 순환경제의 실현, 자원 관리의 지속 가능성을 높여가는 것이 과제라고 할 수 있다.

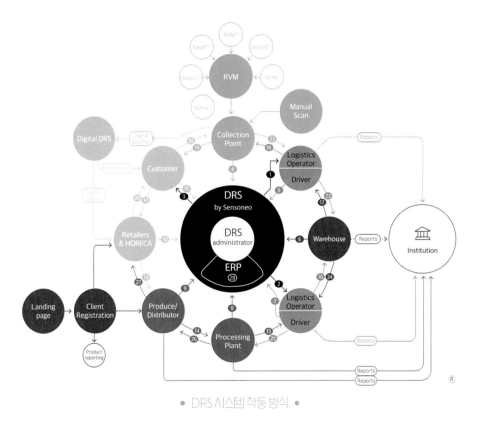

• DRS 시스템 작동 방식 •

자료: https://sensoneo.com/waste-library/deposit-refund-schemes-models

(3) DRS의 효과

DRS는 쓰레기 및 폐기물 감소를 통한 환경문제의 해결뿐만 아니라 자원의 순환 사용에 따른 비용 절감 및 일자리 창출 등 사회 전반에 걸쳐 순기능의 효과를 주며, 그 내용은 다음과 같다.

① 투기 및 해양 플라스틱 쓰레기 감소 효과

보증금 반환 제도가 도입된 지역과 없는 지역은 배출된 전체 무단투기 쓰레기 중 일회용 음료 용기의 비율이 상대적으로 66% 낮은 것으로 조사되었다.

② 보증금 제도와 폐기물 감소 효과

유럽에서 도로변 수거 방식을 통한 PET 평균 회수율은 47%이나, 보증금 반환 제도를 적용한 지역은 94%의 회수율을 보였으며, 미국에서는 보증금이 없는 알루미늄, 유리, 플라스틱 용기 회수율이 평균 27%인데 반해, 보증금이 있는 플라스틱 용기는 평균 72%로 상대적으로 높은 회수율을 나타나는 것으로 확인되었다.

③ 보장된 재활용

재활용 시스템의 운영상 용기의 회수가 절반이라면, 나머지 절반은 재활용 시스템의 프로세스 전반에 걸쳐 자재로서의 소재 품질을 유지하는 것이다. 보증금 반환 제도는 이 부분에서 성과에 효과적이라고 할 수 있다. 예를 들어, 노르웨이의 톰라(Tomra)가 뉴욕에서 빈용기 보증금 제도를 통해 처리하는 유리의 100%가 유리병 제조 공정까지 이어지는 사례를 통해 알 수 있듯이 DRS의 재활용 시스템의 소재 관리 분야에 있어 효과적이다.

④ 탄소 발생 절감 효과

소재를 재활용함으로써 생산에 있어서 새로운 원자재를 사용하지 않고 새로운 제품을 생산하는 것을 가능하게 하므로, 신소재 추출, 수송, 제조 과정에 관련된 환경 영향이 감소되는 효과가 있다.

2019년 엘렌 맥아더 재단(Ellen MacArthur Foundation)에서 실시한 연구에 따르면,

플라스틱 1톤을 재활용하는 것은 같은 양의 플라스틱을 새로운 화석 원료에서 생산하는 것보다 CO_2 배출을 1.1−3.0톤 절감하였다는 결과를 내놓았다.

⑤ "다운 싸이클링"되지 않고 닫힌 고리 안에서 재활용되는 물자 증가

보증금 반환 제도를 통해 용기를 따로 회수해서 처리하면 소재의 품질을 유지할 수 있기 때문에 생산자로부터 수요가 증가하며 오염이 발생하는 혼합 수거 방식보다 시장 가치가 훨씬 높아지는 효과를 얻을 수 있다.

⑥ 폐기물 처리 비용 절감을 통한 비용우위 효과

재활용 가능한 음료 용기의 매립과 소각에 따라 발생하는 세금과 민간 폐기물 처리비 등의 비용을 용기에 적절한 금액의 보증금을 부과하면 보증금이 있는 음료수 병의 대부분을 폐기하지 않고 수거할 수 있는데, 이는 비용 절감과 재활용 증대 효과로 이어진다고 할 수 있다.

⑦ 투기된 쓰레기 청소 비용 절약 및 환경 정화 비용의 감소

정부와 지자체, 사유지 소유주들이 무단 투기된 쓰레기를 처리하는 일에 발생하는 비용을 절감시키고, 나아가 해양 환경과 먹이 사슬로 쓰레기가 흘러 들어 갈 경우 발생될 환경 정화 비용을 감소시키는 효과가 있다.

⑧ 새로운 시장수요와 일자리 창출

2017년 뉴욕에서 보증금 반환 제도의 도입으로 인해 직간접적으로 창출된 일자리는 5,700개 이상인 것으로 조사집계 되었으며, 이를 통해서 보증금 반환 제도는 수거, 선별, 집계, 처리, 재활용 서비스 분야에서 새로운 시장 수요를 창출하여 새로운 일자리를 만드는 효과가 있다는 것을 알 수 있다.

⑨ 지역의 환경 개선 효과

사회학 연구에 따르면 사람들은 버려진 쓰레기가 없는 지역에 살기 위해 서라면 기꺼이 비용을 지불한다는 사실을 알 수 있다. 벨기에에서 진행된 한 연구에서는 굴러다니는 음료수 병을 치우는데 한 가구당 1년에 미화 33.28달러 정도

를 지불할 의향이 있는 것으로 나타났는데, 이를 유럽과 미국에 적용하여 환산하면 연간 116억 달러(98억 유로)에 달하는 것으로 보증금 반환 제도의 경제적 효과를 설명할 수 있다.

⑩ 재사용 가능한 병으로 전환 촉진

보증금 반환 제도는 음료수 병 재사용 시스템을 구현할 수 있는 메커니즘 역할을 함으로써, 용기의 재사용을 촉진시켜 환경에 매우 이로운 효과를 가져온다. 이 제도는 소비자 스스로 빈 용기를 반환하는 습관을 들여주어 재사용 시스템의 능동적인 작동에 필요한 사회적 기반이 다져지는 토대가 만들어지는데 기여한다고 할 수 있다. 실제로 독일에서는 전 세계에서 가장 성공적인 음료수 병 재사용률을 달성하였다.

또한, 음료 용기 41%는 재사용 가능 용기여야 한다는 리필 할당(refill quota)으로 매년 재사용이 가능한 용기 98%(254억 개), 일회용 용기 98%(205억 개)를 수거한다. 미국 오리건주를 포함한 일부 지역에서는 최근 맥주병 재사용 프로그램을 시작했는데, 기존의 일회용 용기 보증금 반환 제도로 이미 인프라가 갖추어져 있고, 생산자 간에 비용 분담이 자리 잡혀 있기에 그 효과가 가시적으로 나타날 수 있었다.

⑪ 지역 순환경제 창출

보증금 제도가 시행되는 지역에서는 해당 지역의 자재 처리 업계가 성장하는 효과가 나타난다고 할 수 있다. 대표적인 지역으로 뉴욕은 다양한 처리 시설의 본 고장으로 뉴욕에만, 2개의 PET 플라스틱 재활용 업체와 2개의 유리병 제조사가 자리한다. 이러한 시설 모두가 보증금 반환 제도를 통해 깨끗하고 좋은 품질의 원료 조달을 시행하고 있다.

⑫ 재활용 접근성 향상

높은 성과를 보이는 보증금 반환 제도에서는 인구학적 특성이나 소득에 상관없이 모든 가구가 동등하게 재활용 서비스를 이용할 수 있는 환경을 제공한다. 보증금 반환 제도가 가져오는 편리한 접근성의 이점은 도로변 수거나 또는 재활

용 센터(drop-off) 수거 체계를 통해 자재를 수집하던 재활용 업체들의 코로나19의
영향으로 인해 폐업율이 늘어남에 따라 더욱 분명히 드러났다.

(4) DRS의 시스템을 위한 고려사항

성공적인 DRS 시스템의 운영과 관리를 위해서는 몇 가지 고려해야 할 사항
들이 있다. 특히, 시스템의 작동을 위해서는 정부, 기업, 소비자가 서로 유기적이고
투명하게 연결되어야 하기 때문에 4개 분야에서 12가지의 고려해야 할 내용을 제
시한다.

표 16-5. **DRS의 고려사항**

구분		내용
성과	①	다양한 음료 및 용기를 대상으로 함(음료, 재료, 크기)
	②	적절한 반환 보증금 금액의 산정
	③	목표 반환율
편리성	①	소비자의 편리성 제고
	②	별도의 보증금, 100% 환불
	③	보증금 반환 표시와 정확한 정산을 위한 바코드
생산자 책임	①	생산자 책임 재활용 제도를 통한 비용 조달
	②	미반환 보증금 및 자재 수익을 시스템에 재투자
	③	재생원료 사용 의무
시스템의 투명성	①	비영리 및 중앙 집중식 관리와 운영
	②	정부 보고 및 소비자 커뮤니케이션
	③	정부의 역할

2. 예치금 반환 제도(DRS)의 적용 사례

1) 세계의 DRS 현황

예치금 반환 시스템은 독일, 북유럽 등 EU 내 9개 국가에서 이미 자리 잡았으며, DRS의 재활용 잠재력이 다른 어떤 시스템보다도 크다는 사실에 선진국에서는 환경과 건강을 보호하는 동시에 지속 가능한 모델 실현을 위하여, 일회용 플라스틱 폐기물을 줄이기 위한 정책을 시행하며 확대 중이다.

HOW OTHER COUNTRIES PUT US TO SHAME

	Deposit scheme	Money back	Recycling rates
Germany	Plastic bottles; glass; aluminium cans	22p	98.5%
Norway	Plastic bottles; glass bottles; aluminium cans	9-24p	95%
Netherlands	Large plastic bottles; beer bottles; plastic beer crates	9-23p	95%
Finland	Plastic bottles; glass; aluminium cans; glass bottles	9-36p	9%
Denmark	Plastic bottles; glass bottles	12-35p	89%
Sweden	Plastic bottles; aluminium cans	9-18p	85%
Canada (British Columbia)	Glass; platic bottles; Tetra Pak containers, aluminium/steel cans	6-12p	89%
USA(California)	Aluminium; glass; plastic	4-8p	83%
South Australia	All drinks containers	6p	81%
UK	None		57%

• 주요국가들의 재활용률 •

자료: http://www.dailymail.co.uk/news/article-4225292/Ministers-signal-against-plastic-bottle-deposits.html

2019년 6월 유럽연합 위원회에서 일회용 플라스틱 제품 금지, 일회용 플라스틱 용기의 디자인 규제, 일회용 플라스틱의 안정적 수거, 인식 제고 조치, 포괄적 생산자 책임제도(Extended Producer Responsibility, EPR) 등을 골자로 일회용 플라스틱에 대한 지침(Single-Use Plastics Directive, SUPD)이 제정됨에 따라 2021년부터 유럽 각국에서 자체적으로 일회용 플라스틱에 대한 지침 관련 규정이 시행되었으며 세계적으로 DRS의 제도화가 확산되고 있다.

현재 전 세계 40개 이상의 지역에서 빈용기 보증금 제도가 시행 중이며, 여기에는 노르웨이, 독일, 리투아니아, 호주의 여러 주, 미국의 10개 주, 캐나다의 거의 모든 주 등이 포함되어 있다.

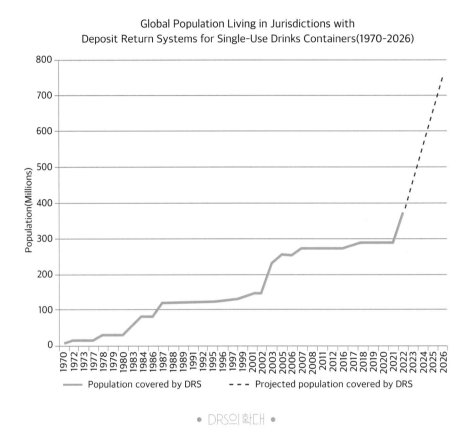

Global Population Living in Jurisdictions with
Deposit Return Systems for Single-Use Drinks Containers(1970-2026)

● DRS의 확대 ●

자료: Global Deposit Book 2022, p.11

2) 지역별 DRS 도입 시기와 성과

(1) 유럽

유럽은 1980년대부터 DRS를 가장 먼저 도입하여 검증된 성과를 바탕으로 각 국가별로 자신들의 시스템을 구체화하여 확대하고 있다.

다음 표와 그림을 보면 북유럽 지역부터 도입되어 대부분의 국가들이 90% 이상의 높은 재활용률을 달성한 것을 알 수 있다.

표 16-6. **유럽의 국가별 DRS 법률제정과 도입 시기**

국가	2021년 인구(백만)	법률제정	시스템 시작연도
크로아티아	4.1	2005	2006
도미니카	5.8	2001	2002
에스토니아	1.3	2004	2005
핀란드	5.5	1994	1996
독일	83.2	1991	1996
아이슬란드	0.4	1989	1989
라트비아	1.9	2019	2022
리투아니아	2.8	2014	2016
몰타	0.5	2020	2022
네덜란드	17.5	2003	2005
노르웨이	5.4	1993	1999
슬로바키아	5.5	2019	2022
스웨덴	10.4	1982	1984

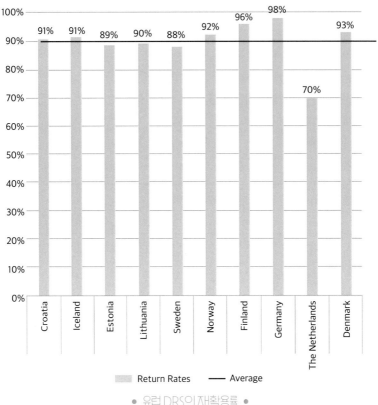

유럽 연합(EU) 내에서만 2022년 상반기에 라트비아와 슬로바키아 두 국가가 단일 사용 음료 용기를 위한 예치 환급 제도(DRS)를 도입하였으며, 말타는 2022년 11월 중순에 제도를 시행하였고, 네덜란드는 2022년 말까지 음료 캔을 DRS에 추가하였으며, 스웨덴의 시스템에는 2023년 1월부터 주스 및 시럽 제품을 포함하였다.

유럽의 다른 지역에서는 오스트리아(2025), 그리스(2023), 헝가리(2023/24), 포르투갈(2023/24), 루마니아(2023), 아일랜드 공화국(2023), 스코틀랜드(2023), 그리고 터키(2023)를 포함한 여러 지역에서 DRS 시스템이 도입되어 시행될 것으로 예상되고 있다.

또한, 아직 입법화되지 않았지만, 사이프러스(2024/25), 프랑스(2025/26), 폴란드(2024/25), 슬로베니아(2024/25), 스페인(2025/26), 그리고 잉글랜드, 웨일스, 북아일랜드(2024/25)에서도 DRS를 도입을 위한 계획을 수립하고 있다.

(2) 북미 지역

미국에서도 DRS(Deposit Return System)가 점차 확산되고 있으며, 미국의 입법자들은 연방정부 차원의 전국적인 DRS를 위한 초안 법안을 작업 중에 있다. 입법 언어와 지지 기관의 구성은 아직 진화 중이지만, 이 법안이 통과된다면 이미 DRS가 시행 중인 주는 자신들의 시스템을 유지하거나 국가 차원의 프로그램에 가입하는 선택지를 갖게 될 것으로 예상됨과 동시에 캘리포니아, 아이오와, 매사추세츠, 버몬트 등 여러 주에서는 기존 법률을 논의하고 업데이트하여 용기 예치금을 더 높이거나 운영상에 더 많은 종류의 용기를 추가할 가능성을 검토하고 있다고 한다.

다음 그림을 통해 도입된 DRS의 북미 지역 분포와 시기, 그리고 재활용률을 알 수 있다.

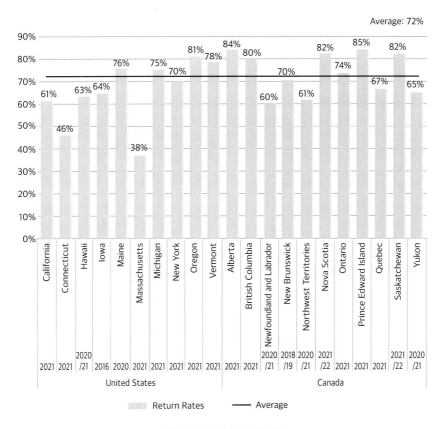

• 북미 지역의 DRS 재활용률 •

(3) 아시아와 향후 도입 예정 국가

아시아의 일부 지역에서도 예치금 환급 제도(DRS)에 참여하고 있다. 대한민국은 단일 사용 컵에 대한 계획(세계 최초)이 예상대로 2022년 12월에 세종과 제주 지역에서 시범사업으로 시행되었으며, 싱가포르는 포장 폐기물에 대처하기 위한 EPR의 첫 번째 단계로 2023년까지 음료용기에 대한 DRS를 시행할 예정이며, 홍콩 정부 또한 플라스틱 음료병에 대한 새로운 생산자 책임 제도를 도입하기로 결정하였다. 이는 사람들이 수거 지점에서 플라스틱 병을 재활용할 때 작은 환불을 받는 환급 제도를 기반으로 하고 있다.

다음 표 16-7에서는 DRS를 계획하고 곧 시행을 검토하고 있는 국가들을 설명하고 있다. 우리나라의 경우, 세종과 제주의 두 지역에서 시행되고 있는 일회용 컵 보증금 제도가 소개되고 있다. DRS는 향후 많은 국가에 빠른 속도로 확대될 것으로 전망된다.

표 16-7. DRS 도입 예정 국가

국가(관할권)	2021년 인구(백만)	법률제정	예상 시스템 시작
루마니아	19.2	2018년 7월 / 2021년 10월	2023년 11월
대한민국	51.8	2020년 6월	2022년 12월 세종과 제주 두 지역에서 시작 (추후 확대 예정)
터키	83.6	2021년 6월	2023년 1월
태즈메이니아(호주)	0.5	2022년 3월	2023년 1분기 / 2분기
스코틀랜드	5.5	2020년 5월	2023년 8월
빅토리아(호주)	6.6	2021년 12월	2023년
포르투칼	10.3	2018년 12월	2024년 2분기

3. 한국의 예치금 반환 제도(DRS)

1) 재활용률과 보증금 제도

한국의 보증금 제도는 1985년 '빈용기 보증금'을 시작으로 1992년 생산자 책임 재활용제도'가 시행되었고, 2008년 부터'자원의 절약과 재활용 촉진에 관한 법률'의 개정이 진행되어 2021년 자원순환 보증금제로 발전 이를 근거로 2021년 6월 자원순환 보증금 관리센터가 설립되었다. 한국의 보증금제도 관련 법령은 다음과 같다.

자원의 절약과 재활용촉진에 관한 법률 및 하위법령
자원의 절약과 재활용촉진에 관한 법률(법률)(제17426호)
자원의 절약과 재활용촉진에 관한 법률 시행령(대통령령)(제32148호)
자원의 절약과 재활용촉진에 관한 법률 시행규칙(환경부령)(제01007호)

보증금 제도는 1985년부터 시행되는 빈용기 보증금과 2022년 12월에 세종, 제주 두 지역을 선도지역으로 선정하여 시행되는 1회용 컵 예치금 제도가 있다. 빈용기의 재활용을 촉진하며, 자원의 순환을 유도하기 위해 도입된 빈용기 보증금 제도는 사용한 빈용기에 대해 추가적인 보증금을 지불하고 해당 빈용기를 반납할 경우 보증금을 환급받을 수 있는 제도와 함께 커피전문점 등 음료를 주문할 때 1회용 컵에 자원순환 보증금 300원을 부과하고 소비자가 컵을 반납하면 보증금을 돌려주는 제도로 시행되고 있다.

한국의 종류별 재활용률은 표 16−8과 같은데, 플라스틱은 2020년에 8백 4십만 통의 플라스틱을 생산하였으며, 이 중에서 22%만이 재활용 되었다. 전체 재활용 소재 중에서 재활용률이 가장 낮게 나타났다.

페트병의 재활용률도 51% 정도였으며, 유리병의 재활용률도 50%가 조금 넘는 정도이며, 캔의 경우 거의 80%에 가까워 재활용 수거의 편의성에 따라 차이가 나는 것을 알수 있다.

표 16-8. 한국의 종류별 재활용률

종류	재활용률
유리	55.60%
음료수 병	59.10%
플라스틱	19.60%
페트병	51.80%
음식물 쓰레기	95.10%
Fluorescent lamps	62.40%
폐 전자제품	84.30%
금속	93.70%
캔	79.1%
알루미늄 캔	N/A

자료: 한국 재활용 협회, 2020년 종류별 재활용률

2) 자원순환 보증금 관리센터(COSMO)

빈용기 보증금제도 활성화 및 소비자반환율을 제고하고, 일회용 컵 예치금 제도 조기 안정화 기반 마련을 목표로 2021년 6월 설립되었으며, 소비자 중심의 회수체계의 구축과 보증금 대상품의 자원순환 기반 조성, 그리고 일회용 컵 보증금제 시행을 위한 제도 정비를 주 목적으로 다음 표 16-9와 같이 4개 분야의 사업을 시행하는 기관이다.

표 16-9. 자원순환 보증금 관리센터 4대 사업

구분	사업내용
①	보증금 반환과 취급수수료, 처리지원금 지급, 미반환보증금 관리에 관한 사업
②	표준용기 등록 및 운영에 관한 사업

③	용기 등의 회수, 재사용이나 재활용 등을 촉진하기 위한 조사, 홍보 등 사업
④	보증금 정보관리시스템의 구축 및 운영

자료: 자원순환보증금 관리센터(www.cosmo.or.kr)

다음의 표 16-10을 보면 자원순환 보증금 관리센터(COSMO)에서 2016년부터 2023년까지 집계된 연도별 빈용기 출고 및 회수 현황이 약 평균 97%의 높은 회수율을 나타내고 있지만, 소비자 직접 반환율은 평균 60%로 전체 회수율에 대비 낮게 나타난다는 것을 알 수 있다.

표 16-10. **연도별 빈용기 출고 및 회수현황(2016~2023)**

(단위: 백만 병)

구분	2016	2017	2018	2019	2020	2021	2022	2023
출고량	5,226	5,109	4,885	4,723	4,216	3,739	4,184	4,161
회수량	4,974	4,952	4,810	4,653	4,125	3,650	4,034	4,038
전체 회수율	95.2%	96.9%	98.5%	98.5%	97.9%	97.6%	96.4%	97.1%
소비자 직접 반환율 (가정용)	29.0%	50.9%	58.8%	60.5%	61.1%	63.5%	63.8%	65.2%

자료: 자원순환보증금 관리센터(www.cosmo.or.kr)

한국의 소비자의 빈용기 수거를 위한 무인회수기는 자원순환보증금 관리센터(COSMO)와 각 지자체에 의해 설치되어 운영 중으로 자원순환보증금 관리센터에 의해 관리되는 무인회수기는 다음의 표 16-11에서와 같이 전국 192개가 설치되어 운영 중이며, 지역별로는 수도권에 110개(57%), 충청권 22개(11%), 경상권 43개(22%), 전라권 7개(4%), 강원 8개(4%), 제주 2개(1%)로 분포되어 있다.

또한, 각 지자체에 의해 설치 및 관리되는 무인회수기는 그 수가 지속적으로 증가하고 있다.

표 16-11. **COSMO 무인회수기 설치 현황**

전체	서울	경기	인천	강원	경남
192 개	39개	55개	16개	8개	17개
경북	광주	대구	대전	부산	울산
울산	2개	2개	2개	5개	5개
충남	충북	제주	전남	전북	세종
10 개	10개	2개	3개	2개	0개

자료: 자원순환보증금 관리센터(www.cosmo.or.kr)

3) 한국의 DRS를 촉진하는 기업

(1) TOMRA

노르웨이 아스커에 본사를 두고 1972년 설립된 톰라는 센서 기반 선별 기술의 선도자로 특히, 빈용기 수거에 핵심기술인 선별기술에 대한 수요는 선진시장에서 신흥시장으로 계속 확산되고 있다. 현재 전 세계에는 6,000대 이상의 톰라 광학선 별기가 재활용 분야에서 운영 중에 있으며, 이는 세계 시장의 60% 이상을 점유하고 있다. 현재 한국에서도 운영 중으로 전남 광양과 세종 등에서 무인회수기를 설치 및 운영하고 있으며, 50년 이상의 기술력으로 국내 순환경제 시장에서 두각을 나타내고 있다.

(2) 수퍼빈(SUPERBIN)

2015년 설립되어 AI기반 순환자원 회수로봇이 주력 분야인 한국기업인 수퍼빈은 순환자원 회수로봇 네프론(Nephron)을 개발하였다. 현재 국내 지자체에 설치되어 운영 중이며, 국내기업의 이점을 활용하여 2023년 기준으로 전국 983대의 무인회수기를 설치하고 운영 중이다. 수퍼빈의 네프론은 아직 법률로 제도화되지 않은 국내 빈용기 보증금 제도의 특성상 지역화폐 등의 포인트로 지급하는 체계를 구축하여 빠르게 성장 중이다.

표 16-12. **지자체별 수퍼빈-네프론 설치 현황**

전체	서울	경기	인천	강원	경남
983개	170개	213개	53개	123개	43개
경북	광주	대구	대전	부산	울산
44개	19개	64개	81개	2개	1개
충남	충북	제주	전남	전북	세종
11개	–	15개	84개	60개	

자료: 수퍼빈(www.superbin.co.kr)

4) 한국의 순환경제와 DRS 전망

한국의 대통령 소속 자문 위원회로 '2050 탄소중립녹색성장위원회'로 1기 위원회는 2021년 5월 4일 출범하였으며, 현재 2022년 10월 26일 2기가 공식 출범하였다. 2기 탄소중립녹색성장위위회는 '탄소중립 100대 핵심기술', 4대 전략, 3대 방향, 12대 추진과제 등을 발표하고 2023년 3월 21일, '탄소중립녹색성장기본계획' 초안 발표와 22일 공청회를 거쳐 같은 해 4월 10일, '제1차 국가 탄소중립 녹색성장 기본계획'이 발표되었다.

그러나 DRS와 관련해서는 현재까지 법률제정이 되어있지 않기 때문에 유럽 등 선진국의 DRS와 비교하여 제도적 지원이 미흡하다. 이 때문에 실질적인 제도 정착에 있어서 적용 범위와 제한적인 보상의 근거 등의 문제가 있으며, 소비자의 직접 반환율을 높일수 있는 무인회수기의 성능과 운영 기준이 마련되지 않아 일부 지자체에 설치된 '투명페트병 무인 회수기' 불량율(7억 예산에 '절반은 고장'... 문제의 페트병 수거기, 전주MBC, 2024.4.28.)이 빈번하게 발생함에 따라 DRS의 성공적인 정착을 위해서는 우선적으로 법제화가 필요하다고 할 수 있다.

저자소개

김도희

1. 앤에이솔루션(주) 대표
2. 연세대학교 미래캠퍼스 겸임교수
3. 한국진로창업학회 부회장
4. 창업진흥원 창업지원사업 평가위원

김윤희

1. 국회예산정책처 경제분석국 산업자원분석과 경제분석관
2. OECD 기업금융국 경제분석관 역임
3. 프랑스 에꼴드민 쌩테티엔 환경대학원 연구원 역임

김주태

1. 단국대학교 경영학과 교수
2. 서울대학교 경영학과, Miami U.MBA, 서울대 국제경영전략 박사
3. (전) 국제경영관리학회장, 국제경영학회 차기회장
4. APEC, ADBI, ERIA와 국제공동연구: 기후변화 및 지속가능성

김희

1. 포스코홀딩스 탄소중립전략담당(전무)
2. 한국여성공학기술인협회 제10대 임원(부회장)
3. (전) 포스코 탄소중립전략실장(전무)
4. (전) 포스코 생산기술전략실 생산기술기획그룹장(상무)

노태우

1. 한양대학교 국제학부/글로벌기후환경학과 부교수
2. 한국전략경영학회/한국국제경영학회 상임이사
3. Business Strategy and the Environment 편집위원

박상욱

1. 탄소중립·에너지전환 칼럼 [박상욱의 기후 1.5] 연재
2. 국립공원공단 경영정책자문위원
3. 경기도 경기 RE100 정책자문위원
4. 한국환경영영학회 대외협력이사

오대균

1. 유엔기후변화협약 파리협정 탄소시장감독기구 위원
2. (주)윈클 최고탄소책임자(CCO)
3. 서울대 에너지신산업 혁신융합대학 객원교수

임현정

1. 한국환경산업기술원 창업벤처녹색융합클러스터운영단장
2. 한국환경정책학회 이사, 국제 ESG협회 이사
3. 제2기 서울시 원전하나줄이기 실행위원
4. (전) ISO 환경경영(ISO/TC207) 위원, (전) 국회 CSR 정책연구포럼 자문위원 등

장항진

1. 한국채권투자운용 본부장/전무
2. CFA 한국협회 부회장
3. (전) 유리자산운용 마케팅 전략본부장
4. (전) 현대인베스트먼트자산운용 상품개발팀장

정준영

1. (주)다미 창업인베스트먼트 창업지원 총괄
2. 단국대학교 경영학과 외래교수
3. ESG 전문컨설턴트
4. (전) (주)GEN D&D 기업부설연구소 연구소장

진익

1. 국회예산정책처 경제분석국장

2. (전) 자본시장연구원 연구위원

3. (전) 한국은행 과장

4. 미국 라이스대 경제학 박사

한오섭

1. TOMRA KOREA 대표

허규만

1. 딜로이트 안진회계법인 One ESG 서비스그룹 파트너

2. 공인회계사

3. 서울대학교 경영학과 학사, 석사, 서울시립대학교 세무전문대학원 박사과정 수료

4. 한국공인회계사회 ESG 인증소위원회 위원

형경진

1. (주)블리스바인벤처스 대표

2. 고려대학교 첨단기술비즈니스학과 일반대학원 겸임교수

3. 미국 Duke University MBA

4. 중소기업기술혁신협회(이노비즈협회) 기술평가 외부자문위원

홍성준

1. 순천향대학교 경영학과 교수

2. 일동후디스(주) 감사

3. KT경제경영연구소 선임연구원

4. 삼성물산 인터넷디비젼 전략기획담당

탄소중립은 가능한가

초판발행   2024년 9월 10일
지은이   탄소중립 지속성장연구회
펴낸이   안종만·안상준

편 집   탁종민
기획/마케팅   장규식
표지디자인   이은지
제 작   고철민·김원표

펴낸곳   (주) **박영사**
             서울특별시 금천구 가산디지털2로 53, 210호(가산동, 한라시그마밸리)
             등록 1959.3.11. 제300-1959-1호(倫)

전 화   02)733-6771
f a x   02)736-4818
e-mail   pys@pybook.co.kr
homepage   www.pybook.co.kr
ISBN   979-11-303-2048-9   93320

정 가   24,000원